KB274341

팀, 활성화 전략과 팀장 리더십

팀, 활성화 전략과 팀장 리더십

팀, 활성화 전략과 팀장 리더십

김진혁 지음

한언

추 천 사

백만 팀장의 시대! 팀장을 위한 실천 지침서가 등장했다.

이 책은 리더(Leader)이자 팔로어(Follower)인 팀장의 조직 내 역할을 이해하고, 성과 창출을 위한 목표 공유, 동기부여, 팀워크 형성 등의 실천 과정을 명쾌한 이론과 적절한 사례를 통해 이 시대 진정한 팀장의 모습을 제시하고 있다.

– 김인철(동원CNS 상무이사)

독자가 현실적으로 팀장 리더십을 접할 수 있도록 매 장마다 '사례 연구'를 배치하고 풀어쓴 것이 매우 유용하다. 일반적인 이론을 설명하는 것이 아니라, 누구에게나 닥칠지 모르는 수많은 경우의 수를 내다보고 솔루션까지 생각하게 하는, 저자의 탁월한 식견과 경험이 돋보인다.

– 오두영(SK브로드밴드 인재개발원 원장)

급격하게 변화하는 현대 경영 환경에서 리더가 구성원에게 어떤 영향력을 발휘하느냐가 팀의 성패를 좌우하는 중요한 요소이다. 이러한 측면에서 리더의 가치는 점차 증가하고 있다.

이 책은 역할의 중요성이 더욱 증가되고 있는 리더가 알아야 하는 모든 것을 함축적으로 담아내고 있다. 자신이 현재 리더의 자리에 있고 미래에 리더가 되고자 한다면 이 책을 꼭 읽어 보길 추천한다!

— 장준연(삼성전자서비스 교육팀 차장)

신임 팀장이 된 당신에게 설득력 있는 목소리로 현장 리더십을 전달하는 책이다. 이 책은 경영학 교과서의 고리타분한 이론적 내용보다는 저자가 팀장으로 재직하면서 맞닥뜨린 생생한 리더 경험을 녹여내어 엮었다. 리더인 당신이 당장 무엇부터 해야 할지를 일깨우는 가이드 역할을 충실히 할 것이다.

— 김용모(파라다이스그룹 인재개발원 원장)

많은 팀장들은 조직을 어떻게 활성화시켜야 할지에 대해 늘 고민이다. 그렇기에 이 책이 더욱 반갑다.

이 책은 급변하는 경영 환경 속에서 팀장이 접하는 여러 상황을 탄탄한 이론과 현장 사례로 풀어내고 있다. 독자가 스스로를 파악해 가며 문제를 명확히 하고 해결안을 도출해 낼 수 있는 매우 유용한 리더의 지침서가 될 것이다.

— 이호국(동우화인켐 HRD 파트장)

팀장은 조직이 나아가는 방향을 알고 그에 맞춰 팀의 각 구성원이 같은 방향을 향하도록 이끌어 주어야 조직의 비전을 달성할 수 있음을 아주 세심하게 접근한 책이다. 자사가 유통인지 서비스 기업인지 흐름을 읽고 상하좌우를 살피면서 효과성과 효율성을 달성해야 함을 유연하게 접근한 점이 눈에 돋보인다. 글로벌한 사고를 필요로 하는 한국의 팀장과, 다국적 기업에 근무하는 모든 중간 관리자에게 적극 추천한다.

– 문동균(지멘스 인사팀장)

서 문

리더십의 개념이 변화하고 있다. 리더의 특성을 중심으로 연구가 이루어졌던 1차원적인 접근 이후, 1940~60년대를 지나면서는 부하의 유형에 따라 업무 중심으로 이끌 것인지, 관계 중심으로 이끌 것인지를 고민하게 되었다. 이제는 이 두 변인에 '환경'이라는 변인을 추가하여 리더의 행동과 사고방식의 변화가 강조되고 있다.

조직 안에는 수많은 리더가 존재한다. 그중 팀장은 조직의 허리에 해당하는 위치에서 상사를 적절히 보좌해야 하고, 부하에게 상담과 코칭을 해줌으로써 후임 양성과 업무 성과라는 두 마리 토끼를 잡아야 한다. 또한 다른 팀이나 동료들과는 좋은 협동력을 발휘해야 하고 이해관계자인 협력 업체나 외부 기관의 사람들과 파트너십도 잘 유지해야 한다.

조직은 지속적으로 팀장에게 많은 임무를 부여하고 있다. 이런 업무를 훌륭히 수행했던 몇몇 팀장들은 차후에 진급이라는 명예와 함께 후배들의 존경심을 받기 마련이다. 하지만 업무를 아무리 잘 수행하더라도 현실적으로는 상사의 업적으로 돌아가기 쉽고, 동료 또는 이해관계자와 관계를 원활하게 끌어올려 좋은 성과를 내더라도 환경의 영향으로 돌리는 경우가 흔하다. 나름 열정을 가지고 후배 양성에 혼신의 힘을 기울여 좋은 성과를 내도 명확한 가치관을 가진 후배들은 과거와 다르게 업무 성과에 따른 자신의 몫을 정확히 요구하고 있다. 이런 이유로 중간에 낀 팀장은 여기저기에서 치이고 있는 게 현실이다. 좋은 성과를 낸다 한들 표시는 나지 않고, 그렇다고 자리를 비우면 단번에 표시가 나는 팀장을 비롯한 많은 중간관리자들이 아파하고 있다.

제26회 청룡영화상에서 남우주연상을 받은 배우 황정민은 자신을 '일개 배우 나부랭이일 뿐'이라고 하면서 '60여 명이나 되는 스태프들과 다른 배우들이 멋진 밥상을 차려 놓으면 자신은 주연 배우로서 밥상 위에 차려진 밥을 맛있게 먹기만 했다'고 말했다. 그런데 모든 스포트라이트는 자신만 받아 항상 미안하다고 수상 소감을 전했다.

주연 배우처럼 자신의 모습은 드러나지 않지만 어딘가에서 항상 꿋꿋이 일하는 사람들. 그런 사람들이 있었기에 좋은 영화가 만들어져 빛을 발하고 오랫동안 관객들의 기억 속에 남을 수 있는 것이다.

기업도 마찬가지다. 어쩌면 공사 기업의 모든 팀장들은 영화를 만드는 스태프들과 같은 존재이다. 보이지 않는 곳에서 열심히 일하고 있는 팀장을 비롯한 중간관리자들이 있기에 현재의 기업들이 건실함을 유지하며 살아가는 것이다. 어쩌면 이 모든 중간관리자들도 각각의 경영자들이다.

조직 내 작은 경영자를 위한 본 책의 내용은 다음과 같다.

1부에서는 경영 환경 변화와 그 흐름에 따라 조직이 어떻게 달라지고 있는지, 그 모습을 그렸다. 또한 조직이 변화함에 따라 인재의 개념도 달라지므로 오늘날 기업에서는 어떤 인재를 원하는지를 알아보았다.

2부에서는 팀장의 미래를 다루면서 중간관리자로서 가져야 할 마인드, 즉 경영자의 입장에서 고려해야 할 점들을 정리하였다. 그러기 위하여 갖춰야 할 리더십과 성과를 위한 가장 중요한 행동 요소인 실행력에 대하여 알아보고자 한다.

3부에서는 팀장의 현재를 다루면서 좋은 팀워크를 유지하며 일하는 방법과 공유를 통해 발생하는 시너지의 장점, 상사를 보좌하는 방법, 동료와 협력을 취하는 방법 그리고 부하 육성의 핵심이 되는 열정을 불러일으키는 방법을 요약하였다.

4부는 팀장의 자기 관리 파트이다. 팀장으로서 가져야 할 균형 감각과 갈등 관리, 타인의 마음을 얻는 법, 자신의 브랜드를 만들어 가는 법, 마지막으로 심신을 다스리고 건강하게 유지하는 법에 대하여 서술하였다.

필자는 국내 대기업의 유통 현장에서 직접 대리점을 관리하고 루트 세일즈를 해본 경험을 가지고 있다. 또한 벤처 기업에서 대기업에 이르기까지의 실무와 조직 관리를 다루어 보기도 했다. 특히 6년이 넘는 팀장 경험을 통해, 향후 변화하게 될 경영 환경 속에서 나와 조직이 동시에 만족하고 더불어 살아갈 수 있는 팀장의 마인드와 행동 방식에 대해 고민하게 되어 이 책을 내게 되었다.

이 책은 공·사 조직 내에서 새롭게 시작하는 루키 팀장에게는 매우 유용한 바이블이 되어 줄 것이며, 이미 팀을 운영하고 있는 중간 관리자인 팀장이나 예비 팀장들에게도 많은 도움이 될 것이다. 업무에 필요한 수많은 서적 중의 하나라는 인식보다는 책상 위에 놓고 고민이 생기거나 아이디어가 필요할 때마다 찾아보는 책으로 사용하길 바란다.

마지막으로 이 책의 원고를 보시고 회사의 팀장들이 읽도록 하겠다며 적극적으로 출판에 응해 주신 한언출판사의 김철종 대표님과 처음부터 끝까지 함께 도와주신 권기우, 이수희 편집자에게 감사를 드린다.

CONTENTS

 ## 자기 관리가 가장 우선이다

변하지 않는 한 가지는 항상 변한다는 것

1 장

항상 변하고 있는 경영 환경

최근 사회 곳곳에서 '리더십의 부재'라는 말이 자주 들려온다. '리더는 있어도 리더십은 없다.'는 말도 흘러나온다. 오늘날 조직에서 원하는 리더상은 무엇일까?

급격한 경영 환경의 변화와 두 번의 경제적 위기를 경험하면서, 기업은 과거의 낭만적인 리더십에서 벗어나 성과로 말하는 리더가 절실해졌다. 리더가 가장 신경 써야 하는 분야는 경영 관리이다. 경영 관리란 위험을 최소화하고 각각의 업무가 효율적·효과적으로 진행되도록 만드는 것이다. 빠르게 변화하는 경영 환경의 현실을 감안하면, 최근의 조직들은 성과로 시작해서 성과로 보여 주는 리더를 절실하게 요구하고 있다. 그렇기 때문에 팀장은 조직 내 중간 관리자로서 팀 구성원들의 자원을 파악하고 가장 효과적이고 효율적으로 일할 수 있는 환경을 조성해야 한다. 팀의 시너지를 끌어낼 수 있는 영향력을 발휘하는 리더십이 필요한 것이다. 그 시너지는 단순히 업무 효율을 끌어올리는 것만이 아니라 조직의 성과에 직접적인 결과물을 가져올 수 있어야 한다.

이번 장은 최근 국·내외 경영 환경의 변화 흐름이 어떤지 알아보고, 조직 내 팀장으로서 어떤 대처 능력을 갖춰야 하는지에 대한 기초 지식을 얻는 데 목적이 있다.

또한 과거의 경영 환경과 현재의 경영 환경이 외부 요인뿐만 아니라 내부적으로도 어떻게 바뀌어 가고 있는지 알아보고자 한다. 기업 경영 필수 요소인 자원에 대한 개념도 과거와 현재, 그리고 미래로 갈수록 어떻게 변할 것인지 파악해 보도록 하겠다.

🔍 사례 연구

김 팀장은 업무를 수행하던 도중 아주 특이한 현상을 목격했다. 어떻게 보면 별일 아닐 수 있지만, 김 팀장에게는 매우 새롭게 다가왔다. 10년 전 사무직원들의 책상에는 책꽂이에 꽂힌 많은 서류들과 함께 기본적으로 긴 자, 삼각자, 다양한 펜들이 갖춰져 있었다. 당시 사무직원들은 무언가를 쓰고 긋고 자르면서 업무를 보곤 했다. 그런데 오늘날에는 컴퓨터 앞에서 자판을 두드리고 있는 모습이 전부이다. 어떤 직원의 책상에는 데스크탑 대신 자신이 개인적으로 가지고 온 노트북이 펼쳐져 있기도 하다. 업무를 보다가 오후에 거래처로 나가면, 그 자리에 다른 직원이 노트북을 펼쳐 놓고 업무를 본다.

경영을 바라보는 패러다임이 변하고 있다

예전에 한 기업에서 입사 면접을 볼 때의 일이다. 면접관이 필자에게 물었다.

"패러다임이란 말이 있는데 무슨 뜻인지 아나요?"

당시 필자는 무척 당황했고, 설명을 한다고는 했지만 명확히 하지 못해 곤혹스러웠던 적이 있다.

훗날, 팀장이 되어 신입 사원을 채용할 때 '시스템이란?', '패러다임이란?', '체계적인 구조란?'등의 복잡하고 정의하기 힘든 질문으로 면접 틀을 만들어 가고 있는 필자의 모습을 발견했다. 그 면접은 정답 자체를 맞추는 것이 아니라 어려운 질문에 어떻게 대답하는가에 대한 태도에 중점을 둔 패러다임을 가지고 있었던 것이다.

패러다임이란 한 시대를 살아가는 사람들의 견해나 사고를 지배하고 있는 이론적 틀이다. 개념의 집합체, 또는 세상을 보는 눈이라고

도 한다. 빨간색 안경을 쓰고 세상을 보면 온 세상이 빨갛게 보이고 파란색 안경을 쓰면 온 세상이 파랗게 보이는 것처럼, 세상을 바라볼 때 쓰는 사회적 안경을 일컫는 말이다.

따라서 경영 패러다임이란 기업이 경영을 할 때 어떤 기준과 틀을 가지고 경영에 임할 것인가를 말하는 관점이다. 경영 패러다임은 수요자와 공급자 간의 수많은 교류 속에서 변화를 거듭해 왔다.

기업 경영의 관점이 변한다

한때는 기업이 외형을 크게 만들어야만 자금 조달이 손쉬운 시절이 있었다. '규모의 경제(Economies of scale)'라 하여 외형이 커지면 장기 비용이 감소한다는 명목하에 무조건적인 부풀리기가 성행했었다. 하지만 기업의 목적은 계속기업(Going concern)에 있다는 관점이 생기면서, 외형을 키우기보다는 실질적인 이익을 중시하고 계속적으로 존재함에 중점을 둔 경영이 시작되었다.

최근에는 기업의 최대 목적을 '기업 가치의 극대화'에 맞춰, 주주들의 입장을 최고의 기준으로 삼은 경영이 이루어지고 있다. 기업 투자자에게 더 좋은 방식으로 대해 달라는 시대적 요구이며 그렇지 않으면 불안한 시장 환경에서 당신의 기업에 더 이상 투자하지 않겠다는 의지의 표현이기도 하다. 최근 기업 교육의 흐름도 현장 가치와 자사 핵심 가치의 극대화 측면으로 가고 있다.

이처럼 경영 패러다임은 무엇을 기준으로 기업 경영에 임할 것인가에 대한 틀이며, 시대의 요구에 따라 계속 변하고 있다. 이런 현상을 반영하여 소비자가 주권을 가지고 있다는 개념이나 주주와 소비자 간의 좋은 관계가 기업 가치를 극대화한다는 점을 간과해서는 안 된다.

소비자주권 시대의 개막

엘빈 토플러는(Alvin Toffler)는 《제3의 물결》에서 '프로슈머'란 말을 사용하였다. 생산자(Producer)와 소비자(Consumer)의 합성어로, 그는 '우리는 프로슈머(Prosumer) 시대에 살고 있다.'라고 말하였다.

과거에는 소비자가 소비 행위를 통해 제품을 평가하는 것으로 의견을 제시하였다. 그러나 오늘날은 기획에서 유통까지 소비자가 직접 참여함으로써 제품 자체에 결정적인 요소로 작용하는 소비자주권 시대가 되었다.

예를 들면, 과거에는 기업이 소비자의 관점에서 가장 사용하기 편리한 컴퓨터를 만들기 위해 노력하였다. 오늘날은 소비자가 직접 컴퓨터 제작에 참여한다. 컴퓨터를 대량생산하기 전에 제조사는 주요 고객들에게 베타버전을 먼저 사용하게 하고, 그 사용 소감을 바탕으로 최적의 컴퓨터를 만드는 방식이다. 즉, 사용하는 사람이 생산과 제작에 직접 참여하는 길이 열렸다. 이는 컴퓨터뿐만 아니라 관련 소프트웨어나 생활 속 많은 제품들에도 적용되고 있다.

한번 맺은 관계를 영원히

소비자가 제품 생산에 직접 참여하게 되면서 기업과 소비자 간의 관계는 더욱 중요해졌으며 소비자가 원하지 않는 제품은 존재 가치를

상실해 버리는 것이 현실이 되었다. 이 흐름에 따라 '관계마케팅'의 중
요성도 급부상하고 있다. 관계마케팅이란 고객을 포함한 기업의 이해
관계자와 강한 유대 관계를 형성하고 이를 유지·발전시키는 전략이다.
이제는 고객만족 극대화를 위한 필수 불가결한 개념이 되어 버렸다.

최근 마케팅 분야에서 중점적으로 바라보는 패러다임은 판매 위주
의 거래 지향적 개념에서 탈피하여, 장기적으로 고객과 경제·사회·기
술적 유대관계를 강화함으로써 기업에 대한 고객의 의존도를 높이는
것이다. 개별적 거래의 이익 극대화보다는 고객과의 우호 관계를 끌어
올려 저절로 이익을 얻는 개념으로 바뀌어 가고 있다.

소비자주권 시대를 맞이하여 조직 내 팀장들도 어떤 관점을 가지고
조직 업무에 임할 것인지 생각해 보면서 사고 틀을 재조정하는 시간
을 가져야 한다.

사회적 자본의 시대로

21세기 경쟁력, 사회적 자본

기업 경영의 외부 환경 변화를 경영 패러다임으로 정의했다면, 조
직 내부의 운영 시스템 측면에서 생각하는 제3세대 경영 키워드는 '사
회적 자본의 시대'라고 할 수 있다.

과거 산업혁명으로 나타난 물적 자본(物的 資本, Physical capital) 시
대에는 생산력을 높이는 기계와 산업 설비 등 생산재의 품질이 경쟁

력을 가졌다. 그 후, 1979년 노벨 경제학상을 받은 슐츠(Schultz)는 인적 자본(人的 資本, Human capital) 시대가 올 것이라고 말하면서 근로자의 능력과 품질이 경쟁력을 좌우한다고 하였다. 하지만 난 린(Nan Lin)은 향후 21세기의 경쟁력은 사회적 자본(社會的 資本, Social capital)이라고 칭하며 인간과 인간, 인간과 조직, 그리고 조직과 조직 사이에 형성된 관계의 품질과 수준이 경쟁력의 원천이라고 하였다.

사회적 자본의 확장

최근 경쟁력 강화를 위한 방법으로 사회적 자본의 중요성을 이야기한다. 우리나라처럼 학력이 높은 국가일수록 그 중요성은 더하다. 사회적 자본은 다음의 네 가지 구성 요소를 가지고 있다.

① 신뢰성(Trust)
② 개방성(Openness)
③ 단결성(Solidarity)
④ 진실성(Integrity)

아무리 조직 내 개개인의 인적 자원이 뛰어나다 할지라도 서로 간의 신뢰가 부족하다면, 직원들은 자신의 자원을 보여주기를 꺼려할 것이다. 또한 업무에 성실하게 임하는 태도도 기대하기 어려울 것이다. 사람은 누구나 장점과 단점을 가지고 있다. 팀장의 역할은 조직의 틀 안에서 팀원의 장점을 가장 잘 활용할 수 있는 시스템과 프로세스를 만들어, 기업이 원하는 목표를 달성하는 데 있다. 또한 각각의 팀원들이 자신의 장점을 자유롭게 활용하고 발전시켜, 열린 마음으로 직장 환경에 적응할 수 있도록 이끌어 주는 일을 해야 한다. 그렇게 된다면, 그들의 장점이 잘 결합되어 단결된 팀을 운영할 수 있다.

여러 기업에서 벤치마킹하고자 하는 1등 기업에는 뭔가 특별한 것이 있다고 한다. 서로를 신뢰(Trust)하며 품질, 원가, 생산 등에 관련된 데이터를 개방(Open)하여 공유하고, 함께 노력(Solidarity)하여 얻은 성과를 상호 배분하는 기본 원칙을 정립, 준수하는 진실성(Integrity)을 발휘한다는 것이다. 이런 의미에서 먼저 팀장 자신이 앞서 언급한 사회적 자본 구성 요소들을 유지하는 것이 아주 중요하다.

스피드경영의 가속화

한국인은 세상에서 가장 성격이 급한 민족 중 하나이다. 한국인의 '빨리빨리 문화'는 이제 전 세계가 알 정도이다. 빨리빨리 문화는 이로 인한 부작용도 적진 않지만 한강변의 기적을 일으킨 것도 사실이다. 요즘처럼 세상의 흐름이 빠르게 돌아가는 상황에서 기업 경영도 스피드경영이라는 말이 통할 수밖에 없는 시점이 되었다.

스피드경영이란

미국 시스코 시스템즈(Cisco Systems) 사의 CEO 존 챔버스(John

Chambers)는 "큰 기업이 항상 작은 기업을 이기는 것은 아니지만, 빠른 기업은 언제나 느린 기업을 이긴다."라고 말했다. 이는 쉴 새 없이 변하는 소비자의 기호에 맞춰 나아가는 기업은 살아남지만 그렇지 못한 기업은 도태될 수 있다는 말로, 스피드경영을 시사한 말이다.

최근 몇 년 사이에 기업의 신제품 출시 기간이 확연하게 줄어들었다. 과거에는 12개월에서 18개월 걸리던 휴대폰의 신제품 출시 기간이 6개월에서 9개월 정도로 짧아졌고, 닛산 자동차의 경우 21개월에서 절반으로 줄었다. 스피드경영은 빠르게 변하는 소비자의 니즈(Needs)를 경영에 접목하는 방식이다. 오래 묵은 것의 소중함도 중요하지만 더 이상 예전처럼 집에서만 TV를 보고, 영화관에서만 영화를 보고, 학원에서만 과외 공부를 하던 시대는 아니라는 것이다. 한 공간에서 여러 가지 일을 동시에 수행할 수 있는 제품을 원하는 소비자의 니즈에 맞춰 신제품 개발도 빠르게 발전하고 있다.

스피드경영의 성공 비결

2007년 3월 미국의 경제 잡지 〈비즈니스 위크〉의 분석에 의하면, 스피드경영으로 빠른 시간 내에 제품이나 서비스를 창출하는 기업은 다음과 같은 다섯 가지 공통된 비결이 있다고 한다.

첫째, "나만의 히트 상품 발굴법을 찾아내라." 남보다 먼저 히트 상품이나 서비스를 시장에 내놓기 위해서는 가능성 있는 제품이나 서비스에 대한 아이디어를 빠르게 찾아내는 능력이 중요하다. 기존의 시장 조사나 포커스 그룹을 이용하는 방법만으로는 경쟁사를 앞서가기가 쉽지 않다. 우리 기업만의 신상품 아이디어 발굴 프로세스가 필요하다. C&D(Connect & Develop)라는 프로그램을 이용해 전 세계의 외부 전문가들과 네트워크를 형성함으로써, 지난 2년간 외부에서 100여 개의 신상품 아이디어를 조달했던 P&G가 좋은 사례이다.

C&D는 기존의 R&D(Research & Development)를 대체하는 개념으로 최근 새롭게 부각되고 있다. R&D가 한정된 연구 개발을 강조했다면 C&D는 연구 개발 각 단계에서 외부 자원을 적극 활용하고 외부에도 연구 성과를 적극적으로 전파하는 것을 강조한다. 그만큼 연계 개발과 제휴 개발을 통해 성과를 내는 것이 핵심 과제로 떠오르고 있다.

둘째, "신상품 출시 팀의 민첩성을 유지하라." 아무리 좋은 아이디어라도 수많은 프레젠테이션과 검토를 거치는 동안 제품 출시의 적정 시기를 놓치거나 아예 사장되는 경우가 적지 않다. 아이디어 구상에서 제품의 시장 출시까지 걸리는 시간을 짧게 유지하기 위해서는 무엇보다도 신상품 출시 팀의 관료주의를 타파하고 민첩성을 유지하는 것이 중요하다.

미국의 레스토랑 프랜차이즈 회사 레이빙 브랜즈(Raving Brands)는 최고 경영자가 직접 참여하는 아이디어 회의를 매주 개최함으로써, 지난 5년간 6개의 레스토랑을 만들어 내는 데 성공했다. 이 회사는 본사가 따로 없기 때문에 프랜차이즈 식당을 돌아가면서 회의를 했다. 아이디어의 개발 및 실행과 관련된 위원회 같은 것도 두지 않았다. 간소화된 절차를 이용해, 1호점이 개점하는 데 걸리는 업계 평균 시간인 2년을 1년으로 단축시킬 수 있었다.

셋째, "암묵적인 규칙을 깨라." 늘 해오던 방식이라는 생각은 새로운 것을 빨리 만들어 내야 하는 상황에서 치명적인 장애물로 작용한다. 때로는 기존의 방식을 버리고 과감히 새로운 시도를 해보는 용기가 필요하다. 여기엔 '캔달잭슨'이라는 브랜드로 유명한 미국의 와인회사 잭슨(Jackson Enterprise)이 좋은 예라 할 수 있다. 2004년 말, 와인의 세계적인 과잉 공급으로 인해 시장 상황이 여의치 않자 이 회사는 특단의 조치를 내렸다. 디자인 회사 아이디오(IDEO)의 도움을 받아 단 몇 주 만에 새로운 브랜드 2개를 출시한 것이다.

이 과정에서 회사는 와인 사업에 경험이 전혀 없는 대학생들을 개발에 참여시키기도 했고, 병의 모양을 육면체로 만드는 파격적인 아이디어를 받아들이기도 했다. 회사 역사상 처음으로 모든 부문의 직원들을 외딴 곳에 모아 놓고 일주일간 브레인스토밍을 벌이기도 했다. 여러 방법을 적용한 끝에 단시간 내에 출시된 'Wine Block'과 'Dog House'는 모두 대 히트를 기록했다. 각각 1만 상자 정도가 팔릴 것이라고 예상한 것과 달리, 두 제품 모두 10만 상자 이상의 놀라운 판매고를 기록했다.

넷째, "전문 기업 아웃소싱을 활용하라." 최근 아웃소싱 기업들은 특정 업무를 싸게 수행해 주는 데서 그치지 않는다. 과업을 더 빨리,

그리고 더 잘 수행할 수 있는 전문 능력을 보유한 경우가 적지 않다.

미국 산호세의 휴대폰 디자인 전문 업체 셀론(Cellon)은 고객의 주문이 없을 때도 자체적으로 디자인 R&D를 수행한다. 사전 작업을 통해 몇 개의 기본 디자인을 미리 준비해 놓고, 특정 고객의 주문이 있을 때 요구에 맞게 디자인을 변형하는 방식으로 업무를 진행한다. 제품 디자인에서 출시까지 약 5개월이면 충분하다. 이러한 장점 때문에 세계 유수의 휴대폰 제조 기업들이 셀론과 작업하고 있다. 이처럼 전문 기업에 대한 아웃소싱은 제품 출시에 걸리는 시간을 크게 단축시킬 수 있는 유용한 수단이 된다.

다섯째, "성공했으면 반복하라." 버진(Virgin) 그룹이 사용하고 있는 방법이다. 1999년, 버진은 영국에서 처음 모바일 휴대폰 서비스를 시작할 때 새로 네트워크를 깔지 않았다. 기존의 네트워크 사업자와 제휴하는 방법을 선택함으로써 6개월 만에 서비스를 시작할 수 있었다. 버진은 이때의 성공모델을 세 나라에 똑같이 적용해 신사업 착수에 성공하였고, 앞으로도 세 나라에 추가적으로 시행할 계획이라고 한다. 이처럼 성공이 확인된 모델을 다른 지역이나 시장에서 반복해서 사용하는 것은 위험을 줄이고 효과를 배가시킬 수 있는 좋은 방법이 된다.

이 외에, 평소에도 스피드경영에 성공하기 위해서는 자사 제품의 라이프 사이클을 점검하고 분석하여야 한다. 또한 소비자와 접점 경영을 찾기 위한 배회경영(MBWA, Management By Wondering Around)도 스피드경영을 위한 중요한 방법 중 하나라고 할 수 있다. 그러나 가장 중요한 것은 속도의 중요성을 인식하고 이를 조직 문화에 깊이 뿌리내리려는 리더의 노력이다.

이제는 창조경영의 시대

창조경영의 대두

국내에 '창조경영'이라는 말이 나오기 시작한 시점은 2006년 삼성전자의 이건희 회장이 언급하기 시작하면서부터라고 한다. 1987년에 취임한 이건희 회장은 '관리의 삼성'이라고 불리게 될 만큼 회사 시스템의 효율성을 높이기 위해 온 힘을 다했다. 1993년 신경영 선포를 하면서 글로벌 기업으로 비약적인 성장을 이루었고, 2006년에는 미래에 대한 준비를 이야기하면서 키워드로 창조경영을 사용하였다. 당시 삼성의 영문 사이트에서 창조경영을 'Creative management'라고 표기했는데, 이 개념이 국내 기업들 사이에서 중요한 테마로 떠오르면서 'Creative management'를 이해하고 이에 맞춰 기업 혁신을 논하고자 하는 경향이 뚜렷해졌다.

제품이 질적인 면에서 차이가 심하던 시절에는 품질경영을 캐치프레이즈로 삼아 경영하였다. 그러나 정보통신 기술의 발달은 경쟁사 간 품질 차이를 좁혀 놓았다. 이런 시점에서 고객에게 새로운 가치를 부여하여 경영에 임해야 한다며 나타난 개념이 창조경영이다. 창조경영은 점점 더 빨리 변하는 외부 환경과 소비자의 요구에 맞춰 조직 내 인적 구성, 비즈니스의 다양화, 디자인, 마케팅, R&D가 복합적으로 결합하여 고객에게 창조적인 것을 제공한다는 점에 초점을 맞추고 있다.

창조경영의 본질과 중요성

창조경영을 위한 방법으로 제3의 가치를 창출하는 것이 무엇보다 중요하다. 일반적인 기업에서 가치 창조는 당장 눈앞에 보이지 않는 경우가 대부분이다. 만약 가치가 눈에 보이는 것이었다면 모든 경영자가 다 잭 웰치(Jack Welch)처럼 훌륭한 경영자가 되었을 것이다. 여기서 눈에 보이지 않는 가치 창조의 맥은 바로 '프리미엄'에 있다. 기업이 창조경영에서 추구해야 될 것은 '프리미엄 가치 창조'인 것이다. 우리 기업이 속한 산업군이 시장에서 읽을 수 있는 미래가치인 '프리미엄'을 정의하는 일이 창조경영의 첫걸음이 되어야 한다. 따라서 '창조경영'이란 시장에서 읽어 주는 기업의 값을 높이는 경영이며 이는 곧 주가에 반영된다고 할 수 있다. 그러나 구조적인 자산들은 이제 움직임이 둔하다. 민감도가 높은 것이 미래가치이고 이것이 기업의 '프리미엄'이다.

2008년 4월 9일, 프랑스의 축구 전문 월간지 〈프랑스풋볼〉은 데이비드 베컴(LA 갤럭시)이 지난해 3100만 유로(약 477억 원)를 벌어, 지난 2년 동안 호나우지뉴(바르셀로나)에게 내줬던 연 소득 1위 축구 선수 자리를 되찾았다고 보도했다. 지난해 여름 스페인 명문 레알 마드

리드에서 미국의 LA 갤럭시로 이적한 베컴의 연봉은 오히려 줄었지만 마케팅 계약 덕분에 총수입이 무려 82%나 증가했다. 베컴은 자신의 초상권 활용 및 이익 분배 등을 통해 LA 갤럭시와 연간 5천만 달러 (약 488억 원) 규모의 계약을 체결했다.

미국의 LA 갤럭시에서 읽어 준 베컴의 가치는 무엇일까? 지금까지 레알 마드리드에서 넣었던 골 수였을까? 아니다. LA 갤럭시에서 읽어 준 것은 지금까지의 실적을 통한 미래 달성 가치이다. 물론 여기에는 베컴이 가진 브랜드를 통해 창출될 새로운 마케팅 효과가 포함된다.

기업 관점에서의 미래가치는 앞의 사례처럼 기업이 지금까지 일구어 낸 성과를 외부의 관점에서 읽어 주는 것이다. 그러므로 '창조경영' 의 핵심은 우리의 시각이 아니라 고객의 시각, 시장의 시각으로 기업을 바라보는 것이다. 즉, 기업이 할 수 있는 것이 아니라 시장이 인정해 주는 것을 해야 한다. 또한 우리가 속한 업의 특성에 맞는 미래가치를 정의하는 일이 무엇보다 중요하다. 그러기 위해서는 산업 환경 분석의 바탕 위에서 트렌드를 명확히 읽어야 한다. 자칫 잘못하면 창조경영의 본질조차도 파악하지 못하고 그저 낭만스럽기만 한 창조의 늪에 빠지고 말 것이다.

창조경영에 대한 오해

'창조'를 언급할 때 자연스럽게 연상되는 단어들은 무엇이 있을까? 아마 자유, 유연함, 백지상태, 예술적 감각, 천재적 능력 등이 떠오를 것이다. 이는 대부분의 사람들이 창조 활동의 필수 조건으로 '제한이 없는 상태 (Unconstrained status)'를 인식하고 있음을 보여 준다. 창조를 위해서라면 '무제한적인 자유(Unconstrained freedom)'가 용인되고, 예술가들의 일탈적인 사고방식이나 행위가 종종 정당화되기도 한다. 하지만 제한이 없는 상태는 때로 창의성 발현에 부정적인 영향을 끼치기도 한다. 아무런 제약이 없는 상태가 창의성을 극대화시킬 것 같지만 오히려 제약 조건이 없어 '지적인 나태'가 일상화된다든지, 백지상태에서 오는 불안감으로 인해 창의 활동의 생산성이 떨어진다.

학생들에게 1분의 시간을 주고 흰색 물체들을 가능한 많이 나열해 보라는 실험을 진행한 적이 있다. 이때 한 그룹의 학생들에게는 아무런 제한도 주지 않았고, 다른 그룹의 학생들에게는 '냉장고'와 관련된 흰색 물체로 조건을 준 뒤 동일한 일을 수행하게 하였다. 전자의 학생들에게 주어진 해결 공간(전 세계, 어떤 것이든)이 후자(냉장고와 관련된 것)보다 훨씬 더 크기 때문에 전자 그룹의 학생들이 훨씬 더 많은 항목들을 나열할 것으로 기대했지만 결과는 그 반대였다. 제한된 조건하에서 문제를 풀었던 학생들이 더 많은 흰색 물체들을 생각해 냈다.

이 실험이 창조 활동에 주는 시사점은 아주 크다. '명확히 정리된 제약 조건'이 창조 활동의 장애물로 작용하는 것이 아니라, 창조 활동의 효율성을 제고시켜주는 질서의 안내자가 될 수 있다는 것을 알려 주고 있다. 특히 창조를 통해 기업의 가치를 획기적으로 향상시키고자 하는 경우라면 '명확히 정리된 제약조건(Clearly defined constraint)'을 갖추는 것이 중요하다. '명확히 정리된 제약 조건'을 기업의 살아 있는 전략(Living strategy)이라고 부르기도 하는데, 살아 있는 전략은 잘 다듬어진 문서 안에 정렬된 전문 용어나 경영 지표의 나열이 아니다. 최고 경영층에서부터 전 임직원들의 마음속에 살아 움직이는, 몸으로 익힌 방향이라 할 수 있다.

창조경영이 성공하기 위해서는 남들과 차별화되는 전략을 기업 창조 활동의 최우선 지침으로 제시하여 '제약에 의한 창조'를 추구해 나가야 한다.

'살아 있는 전략'의 사례들
- 컴퓨터 회사 델(Dell) 사의 창업 당시: '모든 중간층을 제거하는 것'(Eliminate all middle men!)
- 삼성의 흑색 가전: Best Buy 매장(미국 최대의 전자 제품 할인 매장)에서 소니, 마쓰시다 제품보다 나은 전시 공간을 확보
- GE 사의 제프 임멜트 회장: 'Green is Green'(녹색이 돈이 된다)

최근 경영 환경 변화의 가장 주된 변화의 예

첫째, 기업의 경영 패러다임이 변하고 있다.

둘째, 한 사람의 능력이 백 명을 먹여 살린다는 인적 자원의 중요성에서 사회적 자본인 인간과 인간, 인간과 조직, 그리고 조직과 조직 간 관계의 질이 앞으로의 경쟁력에 중요한 포인트이다.

셋째, 최근 경영 환경의 변화로 소비자와 한걸음 더 가까워지는 스피드경영의 중요성이 대두되고 있다.

마지막으로, 품질 자체에 대한 경쟁력을 확보하지 못하게 되자 고객에게 또 다른 가치를 제공하고자 시작된 창조경영이 일어나고 있다.

2 장

변해야만 살아남는 것들

조직이 변하고 있다. 동물이나 사람이 환경에 적응하기 위하여 변하듯 조직도 변하고 있다. 외형에만 초점을 두고 방만한 경영을 하던 조직도 고객에 중점을 두고 모든 제도와 체제를 개편해 가고 있으며 외부 환경에 민감하게 움직일 수 있는 구조로 새 단장을 하고 있다. 또한 커다란 피라미드식 조직 구조에서 슬림화된 구조로 결재 라인을 줄이고 있으며, 조직의 인적 자원 배치도 차장이나 과장 등 경험이 많은 직원들을 통해 고객과의 접점을 늘려 나아가고 있다.

이번 장에서는 이러한 외부 환경 변화에 대응하는 체계를 알아보고자 한다. 적절한 조직 운영 체계인 팀제의 효과적인 운영 방법과 새로운 조직 구조 개편(연공서열 파괴, 능력 위주 인사, 연봉제 도입, 직급 체계 파괴 등)에 따라 등장한 루키 팀장의 성공적인 인도 방식에 대해 살펴보도록 하겠다.

조직 변화의 원인

조직을 표현할 때 다른 말로 법인이라고 한다. 인간은 살아가는 하나의 주체로서 자연인이라 부르지만, 법인은 법적인 신분을 보장받는 단체를 뜻할 때 쓴다. 사람이 생명력 보존을 위하여 체력을 갈고 닦아 힘을 길러 온 것처럼 조직도 끊임없이 개편을 하면서 급변하는 환경에 적응하고자 노력해 왔다. 조직은 삶의 지속성을 보장받기 위하여 여러 가지로 모양을 바꾸며 세상의 생존법칙에 적응해 왔다. 앞으로도 그럴 것이며 다윈이 《종의 기원》에서 말한 적자생존의 법칙도 기업 현장에 그대로 적용될 것이다.

세상에 생존해 가는 방식

어른 아이 할 것 없이 좋아하는 TV 프로그램 중의 하나가 동물 관련 프로그램이다. 넓은 초원에서, 또는 밀림에서 자신만의 생존 방식을 익혀 살아가는 동물들의 모습은 누구에게나 흥미롭다. 어떤 세상에 살든지 사람은 기본적으로 자기 생존을 위한 강한 욕구를 지니고 있다는 사실을 부인하지 못할 것이다.

살아 있는 생명체는 약육강식의 시대에 살면서 나름대로의 생존 방식을 익혀 나간다. 카멜레온은 적이 나타나면 자기 몸의 색을 주변의 나무나 풀의 색깔로 변신시킨다. 고슴도치는 몸을 동그랗게 말아 온몸이 가시로 뒤덮이게 한다. 스컹크는 몸속의 가스를 분사하여 주변을 지독한 냄새로 물들이고, 두꺼비는 적에게 먹힐 것 같으면 독을 품은 진액을 온몸으로 뿜어내 적으로 하여금 토해 낼 수밖에 없도록 만들어 버린다.

이처럼 온 세상의 생물들은 자신을 보호할 수 있는 나름대로의 방식을 가지고 있다. 조직도 마찬가지이다. 현재 조직은 살아남기 위해 처절한 몸부림을 치고 있다. 어떤 시기에는 자신의 덩치보다 더 큰 조직을 삼키기도 하고, 어떤 시기에는 아픔을 감내하면서 도마뱀처럼 자신의 신체를 과감히 구조 조정하기도 한다.

생존법칙 모형의 기업 적용

윅스켈(Uexkuell)의 생존법칙 모형에 따르면, 동물은 자신의 생존을 위한 명확한 감지 체계를 가지고 있다고 한다. '무슨 일이 일어나고 있는가?', ' 무슨 일이 일어날 것인가?', 그리고 '그들이 우리에게 어떤 영향을 미칠 것인가?'를 본능적으로 알아차리는 경향이 있다는 것이다. 인간은 먹고자 하는 식물에 독이 있는지 없는지 구별하기 힘들지만, 동물들은 독이 있는 식물을 뜯어 먹다가 죽는 우스운 꼴은 당하지 않는다. 또한 사람들은 감각만으로 비가 올지 눈이 올지 알아차리지 못하지만, 청개구리나 개미들의 움직임이 날씨 변화를 예측한다는 것은 이미 과학적으로 알려진 사실이다. 청개구리의 피부는 기상 환경의 변화에 민감하다. 기압이 낮아지면 습도가 높아짐을 감지하여 울기 때문에 비가 올 것을 예상할 수 있는 것이다. 또한 개미가 대이동을 하거나 담을 쌓으면 비가 온다는 것도, 개미는 습기 감지 기능이 매우 예민하여 저기압 상태가 되면 비가 올 것을 예감하고 안전지대로 옮겨 가는 습성이 있기 때문이다. 즉, 동물들은 정보력과 문제의식 능력이 탁월하다고 할 수 있다.

이에 비하여 사람은 대응 체계가 발달하였다. 사람이 경영하는 조직은 인간의 대응 체계를 가지고 적절히 움직여야만 생존이 가능하다. 그 방법은 다음과 같다.

첫째, 우리의 대응이 적절한가. 우리 조직이 가지고 있는 강점이 무엇인지 명확하게 알고 적절히 활용하고 있는지에 대한 자기 관찰 부분이다. 또한 단점을 분석하고 보완하기 위하여 지속적인 개선을 하고 있는가에 대한 부분이기도 하다.

둘째, 경쟁자는 어떻게 대응하고 있는가. 경쟁 기업에서는 현재의 기업 환경에 어떻게 대응하고 있는가를 조사하고, 벤치마킹할 것은 배우고 아닌 것은 버리는 지혜이다. 자기 것만이 항상 옳다고 생각하고 경쟁자가 잘하는 것은 무시하는 마음은 올바른 대응 체계를 가졌다고 볼 수 없다.

셋째, 더 좋은 가치는 무엇인가. 소비자의 니즈는 변하기 마련이고 새로운 것을 찾는 욕구를 끊임없이 분출한다. 그런 니즈를 빠르게 발견하여 자사의 장점을 최대한 활용한 가치를 창출해 내야 한다. 기업 환경 변화에 따라 한 방향으로 정렬(Alignment)하여 전략적으로 대응해야 한다.

생존을 위해 버려야 할 것과 유지해야 할 것

인간은 누구나 행복하게 오래 살기를 원한다. 기업도 마찬가지이다. 오래도록 좋은 성과를 거두면서 기업으로서의 존재 가치를 인정받기를 바란다. 그런데 우리나라 상장 기업의 평균 수명은 실상 23.9년에 불과하다고 한다. 물론 100년이 넘은 기업들도 있지만, 그렇게 오래된 편은 아니다. 이는 우리나라뿐 아니라 다른 나라의 기업들도 별반 다르지 않다. 그만큼 하루가 다르게 변화하는 경영 환경에 대처하면서 장수하기가 쉽지 않다는 말이다.

혹자는 "성공은 순간이다. 오늘의 승자는 내일의 패자가 될 수 있다. 오늘날 우리 기업들은 오래 살아남는 것 자체가 더 큰 도전인 시대에 살고 있다."라고 말하기도 한다. 전문가들은 기업이 어려움을 겪는 주기가 일반적으로 30년이라고 한다. 어느 정도 기업이 성장하면 위기가 오게 되는데, 이를 극복하고 다시 도약해야만 새로운 전성기를 누리면서 생존할 수 있다고 보는 것이다.

그렇다면 우리나라의 장수 기업들은 어떤 특징을 가질까? 전문가들은 다음의 다섯 가지를 말한다.

가. 한 곳만 파는 한 우물 경영
나. 외형보다 숫자로 승부하는 내실 경영
다. 고객 중심의 눈높이 경영
라. 노화방지(Anti-aging)를 위한 혁신 경영
마. 사회적 책임을 다하는 윤리경영

단지 오래 유지된다고 해서 좋은 기업이라고 하기 곤란하다. 진정한 장수 기업은 오랜 기간 동안 탁월한 성과는 물론 사회적으로도 신뢰를 받아야만 가능하다.

과거의 틀이 파괴되고 있다

기존의 운영 방식을 유지하기에는 외부 환경이 급격하게 변하면서,

기업은 환경에 적응하기 위한 나름대로의 조직 개편을 이루었다. 그것은 철저한 틀 파괴 현상이었다. 외형보다는 숫자 중심의 경영인 독립 채산제 형식을 운영한다든지, 손이 많이 가고 내실화를 기해야 할 부분은 아웃소싱을 택했다. 눈높이 경영을 통해 소비자의 심리를 읽고 고객의 소리를 가까이에서 듣기 위한 개편을 하는 등 각고의 노력을 해왔다. 이 중 가장 눈에 띄는 조직의 틀 파괴 현상을 네 가지로 나누어 보았다.

연공서열 파괴

먼저 입사한 사람은 조직의 선배로서 후배들의 존경을 한몸에 받던 시절이 있었다. 어른을 공경하고 예의를 중시하는 문화 속에서 자라 온 우리에게는 그것이 당연하게 여겨졌고 하나의 미덕으로 자리 잡았다. 하지만, 1997년 말부터 시작된 IMF 한파는 조직의 틀에 엄청난 영향을 끼쳤다. 연공서열 파괴 현상이 나타난 것이다. 컴퓨터나 전자 문서의 활용을 기반으로 외부 환경이 급속하게 변하면서 기존의 연공서열에 의존하는 내부 시스템에 많은 문제가 발생하였다.

일례로 삼성에서는 조직과 인력 운용 전략에서 승진·승격 제도를 개편하였다. 대다수의 회사는 승진·승격 제도를 평가 결과 점수에 의한 포인트 제도로 하고 있었고, 일정한 비율만 승격시키는 입학 방식과 점수만 충족되면 올려 주는 졸업방식을 병행하고 있다. 삼성은 사원이나 대리까지는 일정한 근무 연수가 되면 승진시키는 졸업 방식이지만, 그 이상의 직급은 승격 시 일정한 비율을 적용한 입학 방식을 취하고 있다. 이는 조직원들이 항상 긴장감을 가지고 업무에 임하게 하는 자극제가 되었으며, 조직은 한 직위에 많은 직원이 쏠리는 현상을 방지함으로써 재무적 안정성과 건전성을 유지할 수 있게 되었다.

연봉제 도입

연봉제의 도입으로 기존의 급여 체계가 한꺼번에 뒤바뀌는 현상이 나타났다. 이 변화로 인해 조직의 구성원들은 매년 상사와 연봉 계약을 체결하게 되었고, 자신의 상사보다 훨씬 높은 급여를 가져갈 수 있는 시스템으로 변하였다. 실례로 2008년 부산광역시에서는 공무원 간부급에게 성과급제를 도입한 지 3년 만에 같은 직급의 연봉 격차가 천만 원 이상 벌어진 충격적 일화가 뉴스에 소개되기도 하였다.

이런 현상은 개인에게 연봉 협상에 대한 눈을 뜨게 만들어 주었다. 한국의 전통적인 사고방식대로라면, 협상은 한 사람이 이기고 상대방은 지는 승-패 관념인데 승-승으로 갈 수 있는 여지가 존재한다는 것을 알게 해준 것이다. 자신의 성과에 맞는 연봉을 받아감으로써 열심히 일한 사람이 연공서열 때문에 손해 보는 일이 없도록 제도적인 장치가 생겨났다고 볼 수 있다. 열심히 일했지만 먼저 입사했다는 이유만으로 그 공을 가로채 가는 조직 문화는 개인에게 동기부여의 걸림돌이 된다. 연봉제는 자신의 노력에 따른 공로를 연봉으로 가져갈 수 있다는 기대감과 자기 계발을 채찍질하는 기폭제가 되었다.

성과주의 인사

무작정 열심히 일하는 시대는 갔다. 최근 국내 대기업 임원 인사의 가장 큰 특징은 임원들의 평균 연령이 낮아지고 있다는 것이다. 비단 임원에 국한되지 않고 조직 전반의 젊은 인재들의 과감한 승진으로 이어지고 있다.

이런 현상이 나타나는 배경에는 크게 두 가지가 있다. 첫째, 많은 기업이 나이나 근속 연수에 따른 연공주의 인사에서 개인 역량과 성과를 중시하는 성과주의 인사로 제도를 바꾸고 있다. 기업은 이제 나이에 상관없이 우수한 인재를 승진시킨다. 둘째, 급변하는 경영 환경에 신속하게 대응하기 위하여 새로운 시각과 과감한 도전 정신을 갖춘 젊은 피들을 일찍 발탁하고 있다. 이들을 중요한 자리에 배치하여 조직 변화의 선봉장 역할을 맡기기도 한다.

성과주의 인사 제도로 인해 가장 먼저 나타난 현상은 부하로 있던 동료가 팀장이 되어 부서를 이끄는 모습이다. 그동안 조직 발전을 위하여 많은 공을 세웠던 상사를 제치고 한꺼번에 두세 단계를 오르는 일이 발생했으며, 중도에 입사한 사람이 창립 멤버보다 상사의 위치에 오르는 현상도 나타나게 되었다. 그 결과, 전과는 다르게 매우 젊은 나이에 팀을 맡아 이끄는 루키 팀장들이 급속하게 늘어났다. 이런 현상들은 기업의 성과를 높이고 신속한 변화를 가능하게 한다는 면에서 매우 고무적일 수 있다. 하지만 루키 팀장들은 리더나 관리자로 일할 준비가 아직 덜 되어 있기 때문에 본인에게도, 조직에도 부정적인 영향을 미칠 수 있다는 우려의 목소리가 일부에서 들려오기도 한다.

직급의 파괴

조직은 바꾸기 위하여 존재한다는 말이 있다. 사회학자 막스 베버 (Max Weber)는 "가장 통제하기 쉬운 조직은 관료제도이다."라고 말했다. 그의 말대로 사회주의 국가나 행정 조직, 군대 조직들은 대부분 관료 형태의 조직 구조와 피라미드형의 의사 결정 체제를 가지고 있었다. 그러나 변화와 혁신의 시대에 관료주의는 거추장스럽고 효율성을 잃어버린 지 오래다.

삼성에서는 이건희 회장의 취임 후, 상무에서 전무를 뛰어넘어 부사장으로 발탁되는 등의 인사가 과감하게 시행되었다. 철저히 성과와 능력 중심으로 인사 제도를 강화하면서 직급 파괴 등 인사에 대한 패러다임에 변화가 생겼다. 삼성의 직급 파괴 현상은 새로운 신분 질서의 재정립과 제로 베이스(Zero-base)에서 능력 중심의 신계층 구도로의 전환, 능력주의 인사 제도로의 대장정을 시작한 것이다. 이는 인력 유동성이 심화되고 평생 직업이 강조되는 시대적 상황을 반영한 조치였으며, 사람 중심이 아닌 일 중심의 조직 운영 형태로 과감히 전환시킨 것이다.

2007년, SK도 본부장·실장·팀장 같은 직위를 제외하고는 기존의 직급과 호칭을 모두 통일시키는 인사 혁신을 발표하였다. 매니저 단위에서는 승진의 개념이 없고 성과가 좋으면 언제든지 연봉을 올려 주는 방식을 택한 것이다.

조직은 틀을 바꾸고 능력 위주로 인사를 발탁하며 연봉제를 통해 성과를 관리하고 직급을 파괴했다. 이런 조직의 변화 속에서 팀을 이끌어 가는 리더는 또 다른 접근 방식을 생각해 보아야 할 때이다.

부서장제에서 팀제로

기업체 대부분의 조직은 팀제로 편성되어 있다고 해도 과언이 아니다. 소비자의 니즈에 가장 발 빠르게 대응할 수 있는 조직을 팀제로 보았기 때문이다. 일반 기업은 물론이고 공기업에서도 팀제를 받아들이면서 팀제를 적용하는 조직의 수가 증가하고 있다.

지난 2007년 5월, 공무원 조직 최초로 행정자치부로부터 행정 혁신 선도 지자체로 인정받은 전남 강진군은 13개 실(室)·과(課)와 56개 담당 조직을 1실 25팀으로 개편하는, 전국 최초의 팀제 도입을 전격 단행하였다. 강진군은 전면적 기구 개편에 따른 사무실 자리 재배치 등을 끝낸 뒤, 2007년 5월 7일 직원들에게 임용장을 수여하고 새로운 조직으로서의 첫 업무를 시작했다. 강진군의 파격적인 개편은 수직적 관료 조직에서 수평적 조직으로의 전환에 따른 효율성과 생산성 증대 등 긍정적 효과를 기대했기 때문에 이루어질 수 있었다.

강진군수는 "팀제 조직은 부서 간, 직급 간 장벽을 허물고 팀 내부, 팀 간의 연결과 팀워크를 강조한 조직으로 정의할 수 있다."라고 말하며 '군민에게 드리는 글'이란 제목으로 팀제 실시에 대한 담화문을 발표했다. 또한 "팀제는 성과와 고객(주민) 중심의 수평적 조직으로 생산성과 효율성을 지향하는 제도로서 다소간에 어려움이 있더라도 강진의 가난 극복과 경제 활성화를 위하여 반드시 필요하다."라고 호소했다.

이제는 공무원 조직에서도 위기 극복의 방안, 즉 경영혁신의 한 방법으로 팀제를 적극 도입하고 있다. 강진군의 개편에 영향을 받아 익산시, 우정사업본부 등 전국적으로 팀제 도입이 확산되고 있으며 대부분의 기업들이 팀제를 운영하고 있다고 할 정도이다.

조직 계층 구조의 슬림화 현상

어느 기업의 사례다. 꼼꼼한 성격을 지닌 사장님은 회사 창립 이래 일정 금액 이상의 모든 금전적인 지출은 자신의 결재를 얻으라는 지시를 내렸고, 전 직원은 그대로 실행할 수밖에 없었다. 문제는 갑자기 물품을 구매해야 할 때 발생했다. 때마침 사장님은 해외 출장 중이었고, 기존의 거래 대금까지 받지 못한 관계사는 물품을 보내 주지 않아 회사는 커다란 손실을 입게 되었다. 그동안은 결재를 받는 수순이 여러 단계로 이루어져 재무적인 부분에서 꼼꼼하다는 평가를 받아 왔지만, 과정이 복잡하여 현실적인 대응이 늦은 것이었다. 이때 얻은 손실을 계기로 대대적인 조직 개편이 불가피하게 되었다. 그 결과 획기적이고 창의적인 아이디어가 늘어나게 되었고, 작은 금액의 결재는 영업을 하는 담당자에게 직접 맡기면서 전보다 더 매출이 성장하였다.

조직은 성장하면 할수록 결재와 보고의 단계가 길어지고 복잡해진다. 상부의 지시 사항이 하부까지 내려오면 지시를 적용할 시기를 놓쳐 버린 경우가 허다하다. 따라서 최근 조직 곳곳에서 최대한 간결하게 보고 체계를 유지하며 슬림화하려는 노력이 나타나고 있다. 제조업 부분도 마찬가지지만 서비스 업계가 특히 더 그렇다. 서비스의 경우, 고객이 불편함을 느꼈다면 그 고객은 빠른 문제 해결을 원할 것이다. 하지만 조직의 구조가 슬림화되지 않아 수많은 결재 단계를 밟아야 한다면 문제를 해결하는 과정에서 고객은 떠나 버리고 만다. 따라서 고객 만족을 기본 철학으로 두고 고객에게 가장 가까이 다가가고 싶은 조직일수록 고객 관련 부서는 단계를 최대한 축소해야 한다. 그것이 고객을 만족시키는 길이고 회사에 필요한 정보나 아이디어를 최대한 빨리 수용할 수 있는 길이며 회사의 가치를 높일 수 있는 지름길이다.

슬림화를 위한 최적의 방안 – 팀제

팀제의 의미

조직의 슬림화가 중요하다는 것을 알았다면, 슬림화를 위한 최적의 방안은 무엇일까? 그것은 바로 팀제이다. 팀이란 서구 사회의 개인주의에 대칭되는 개념이다. 두 사람 이상으로 이루어지며, 공동 목표를 가진 사람들이 시너지 효과를 얻기 위해 만든 유연한 조직이다. 기존의 조직 형태인 부·과 단위 대신 팀을 조직 운영의 기본 단위로 편성하여 운영한다. 또한 팀 내부적으로는 팀장이 필요하다고 판단되면 별도의 인사 발령 없이 인력 이동 및 업무 조정을 할 수 있게 하는 조직의 일종이다. 즉, 조직의 목표를 달성하기 위해 함께 일하면서 문제를 처리·개선하는 식으로, 스스로 관리·계획·통제하는 책임 단위이다.

팀장의 역할

팀장은 단위 조직 리더로서 맡아야 할 역할이 있다.

첫째, 팀 내의 명확한 목표를 제시하고 배분해 주어야 한다. 목표를 배분하는 과정은 팀장이 혼자 결정하는 것이 아니다. 팀원과 함께 공동으로 목표를 설정하고, 할당 목표에 대한 팀원들의 동의를 얻어야 한다.

둘째, 적당한 범위 내에서의 위임이 필요하다. 처음으로 팀장의 업무를 맡게 되면 범하기 쉬운 실수 중의 하나가 팀원이 자신 없어 하거나 꺼려하는 일을 무조건 떠맡아 하려는 경우이다. 이것은 팀장의 올바른 선택이 아니다. 자신이 햇병아리 팀장이라고 경력 많은 팀장이 일을 대신 처리해 주지 않듯 팀원의 일에도 똑같이 적용해야 한다.

셋째, 직원이 하는 일이 조직의 목표에 명확하게 부합되는지 점검하는 조정자의 역할을 해주어야 한다. 팀원이 아무리 열심히 일을 해도 방향이 다르면 무용지물이 되기 때문이다.

마지막으로 자신이 모범이 되어야 한다. 어느 관리자나 마찬가지지만 솔선수범하지 않으면 팀원들은 절대로 팀장을 따르려 하지 않는다. 리더라는 자리는 항상 타인의 모범이 되어야 한다는 것을 명심해야 한다.

올바른 팀제 운영 방안

자신의 기업에 맞는 팀제를 운영하기 위해서는 다음의 네 가지 기준이 잘 발현되도록 해야 한다.

첫째, 고객을 중시하는 팀으로 운영해야 한다. 기업은 자신의 재화와 용역을 믿고 거래해 주는 고객을 중시하면서 운영되어야 한다. 고객의 마음을 놓치는 팀 경영은 그 의미를 상실한다. 고객이 부를 창출해 주고, 아이디어를 주며, 위기 탈출의 기회를 제공해 준다. 항상 고객을 중시하는 마인드를 갖추고 팀을 운영해야 한다.

둘째, 흐름을 중시해야 한다. 나의 업무가 무엇이고 나는 어떤 일을 하는 사람인가에 대한 기능적인 면에서, 기업이 어떻게 부를 창출하고 어떤 흐름을 타는 것이 올바른 경영인지를 파악해야 한다. 그 흐름 속에서 제 기능을 발휘하는 조직으로 이끌어야 하는 것이다. 즉, 프로세스를 잘 제어하는 조직으로 거듭나야 한다는 이야기이다. 그러기 위해서는 자사의 생태와 통찰력 그리고 가치 창출 능력이 선행되어야 한다.

셋째, 팀원 개개인의 능력을 중시해야 한다. 개인의 능력이 존중되고 발휘되려면 조직 내의 수직적 위계보다는 개인이 가진 강점을 100% 발휘할 수 있는 분위기와 환경 조성이 필수적이다. 일반적으로 조직 내 위기나 문제가 발생하면 조직 내부 자체에 답이 있는 경우가 허다하다. 하지만 대부분의 경영자들은 그 해답을 외부에서 찾으려는 경향이 있다. 조금만 더 자신의 조직원들의 능력을 살피고 잘 발휘되도록 도와야 한다.

넷째, 개인의 자율성을 중시하여야 한다. 누군가의 지시가 없어도 구성원들이 알아서 자기 혁신을 추구하고 처리하는 자율성이 발휘되도록 해야 한다. 조직 내에 학습 조직을 구축하여 직원들이 꾸준히 자신을 통찰할 수 있도록 동기부여하는 것이 중요하다.

루키 팀장의 문제점과 그들을 성공으로 이끄는 길

팀제의 확산이 가져온 성과는 많지만, 연공서열의 파괴와 성과주의 인사가 가져온 폐해도 없지 않다. 루키 팀장의 양산이 그 적절한 예이다. 루키 팀장은 조직에서 팀을 이끌지만 남을 인솔해 본 경험이나 체계를 갖추지 못한 햇병아리 팀장을 일컫는다. 그들이 실패를 하는 원인과 성공으로 이끄는 방안에 무엇이 있는지 알아보도록 하자.

루키 팀장들의 실패 원인

루키 팀장들이 실패를 하는 원인과 유형은 크게 세 가지로 분류할 수 있다.

① 나 홀로 업무 스타일

루키 팀장들이 가장 많이 하는 실수는 팀장들이 일하는 방식인 '팀원들을 통한 업무 수행'에 적응하지 못하는 것이다. 미국 와튼스쿨의 웨버(Webber) 교수는 '루키 팀장들이 겪게 되는 문제는 혼자서만 잘 해서는 높은 성과를 낼 수 없고, 좋은 평가를 받을 수도 없다는 사실을 인식하게 되는 순간에 다가오는 도전'이라고 이야기한다. 승진이 되기 전까지 루키 팀장들은 모두 일반 사원들이었다. 주로 개인으로서 조직에 공헌했다. 그러나 팀장들의 1차적이고 가장 중요한 일 처리 방식은 업무를 직접 수행하는 것이 아니라 남을 리드하여 업무를 수행하게 만드는 것이다. 물론 루키 팀장의 경우에는 경계선이 좀 애매할 수 있지만, 다른 사람에게 업무 지시를 내릴 수 있는 공식적인 권한과 팀의 성과에 의하여 자신의 성과가 결정된다는 점에서 일반 사원일 때와는 근본적인 차이가 있다. 그러나 처음으로 관리자의 위치에 서게 된 루키 팀장들 중 상당수가 기존의 일 처리 방식에서 벗어나지 못하고 모든 일을 혼자서 다 처리하려고 하다 지쳐 버린다.

② 성과에 대한 과도한 욕심

루키 팀장들은 단기간 내에 성과를 내서 자신의 능력을 인정받고자 하는 의욕이 너무 강해 실수를 범하는 경우가 있다. 그런데 팀장의 업무는 일선에서 직접 할 때와는 다르게 성과가 쉽게 드러나지 않는 것이 현실이다. 이를 알면서도 가시적인 무언가를 보여 줘야 한다는 압박감에 루키 팀장들은 종종 실수를 범하곤 한다.

루키 팀장들은 대부분 젊은 나이에 승진을 한 우수한 인재들이다. 그러나 이들의 우수함이 발목을 잡기도 한다. 팀원들에게 업무를 부여하고 도전하도록 할 때, 자신의 과거 경험만을 생각하고 그에 따른 기준을 팀원들에게 요구하는 경우가 많다. 때문에 아랫사람들은 따라오질 못하거나 지쳐 버리는 상황이 종종 발생한다. 그러나 루키 팀장들은 성과에 대한 압박을 강하게 느끼면서 구성원들에게 점점 더 과도한 요구를 하고 만다. 또한 도움이 필요한 상황에 처하더라도 루키 팀장들은 도움을 청하는 것을 스스로 실패를 인정하는 것이라 생각하여 상사에게 솔직하게 털어놓고 도움을 청하지 못하는 경우가 허다하다.

③ 미숙한 대인 관계

자신의 업무만 잘 처리하면 되던 시절과 다르게, 팀장이 되면 팀원들과 대화를 나누어야 하는 시간이 무척 많아진다. 이 과정에서, 아무리 의사소통에 능한 사람이라도 업무 성과가 나쁜 팀원에게 피드백을 주다 보면 상대의 감정을 고려하지 못한 언행이 나타날 수 있다. 특히 루키 팀장들은 최근까지 자신도 일반 사원이었기 때문에 팀원들의 입장을 이해하고 그들의 생각을 잘 알고 있다고 생각한다. 그러나 사실 그들의 경험과 입장은 매우 제한적인 것이었기 때문에 오히려 팀원들의 다양한 생각을 이해하지 못하는 실수를 범할 수 있다.

또한 자신보다 나이가 많은 팀원들과 일을 해야 되는 상황이 관계 형성의 장애 요인으로 작용할 수 있다. 한국 사회에서는 나이라는 것이 아직도 중요한 기준 중의 하나로 여겨지고 있다. 젊은 사람이 너무 빨리 승진한 경우에는 주변의 질시가 따를 수 있으며, 자신보다 나이가 많은 직원들을 팀원으로 데리고 일을 해야 하는 데 어려움을 느낄 수 있다. 이런 문제는 다른 팀과의 관계에서도 나타날 수 있는데, 자신보다 나이가 많은 다른 팀의 팀장들에게 의견을 표현하는 것이 쉽지 않아 너무 강하게 표현하거나 아예 말을 하지 못하는 일이 발생한다.

루키 팀장을 성공으로 이끄는 길

① 엄격한 선발

무엇보다도 팀장을 선발하는 평가 과정에서 세심한 주의를 기울여야 한다. 많은 회사들이 착각하는 것이 있다. 가장 뛰어난 성과를 보이는 구성원을 팀장 자리에 승진시켜 놓으면 원만한 변신과 적응 과정을 거쳐 팀을 제대로 이끌 것이라는 비현실적인 기대이다. 문제는 팀원으로서 성과를 내는 핵심 성공 요인과, 팀장이라는 관리자로서 성과를 내는 핵심 성공 요인은 전혀 다르다는 데 있다. 팀원 시절의 성과는 개인의 업무 능력에 따라 달라지지만, 팀장이 된 순간부터는 팀원들의 성과를 어떻게 이끌어 내느냐에 따라 자신의 성과가 결정된다는 것을 빨리 인지해야 한다.

따라서 아무리 탁월한 성과를 보인 승진 대상자라 할지라도 평소에 어떤 방식으로 성과를 만들어 내는지 살펴볼 필요가 있다. 업무 성과는 매우 탁월하지만 혼자서 일하길 좋아하는 사람도 있는데 이런 사람들은 팀장이 될 준비가 아직 부족한 것이다. 팀장으로 적합한 유형은 팀워크를 잘 발휘하여 성과를 내는 사람이다. 경우에 따라서는 자신이 부족한 부분은 도움을 받고 남의 부족한 부분은 채워 줄 수 있어야 하며 팀 전체를 보고 조율할 수 있는 능력을 갖추고 있어야 한다는 말이다.

만약 승진 대상자 평가에서 아직 부족하다고 판단되면 과감하게 승진을 미루는 결정을 내려야 한다. 기업의 입장에서는 승진의 문턱에서 좌절한 젊은 인재가 다른 회사를 찾아 떠나 버릴 수도 있기 때문에 이런 결정을 내리기가 쉽지 않다. 하지만 동료들과 협상하는 능력, 위기 상황에서 자신의 감정을 다스리는 능력, 변화를 위한 지지를 이끌어 내는 능력 등과 같은 감성적 역량은 충분한 시간과 경험을 통해서 얻어지는 것들임을 간과해서는 안 된다. 비슷한 맥락에서 보스턴 대학의 크램(Kram) 교수는 '인간관계 기술과 감성 역량 등을 발전시킬 충분한 시간이 없던 상황에서 많은 기업들이 젊은 인재들을 너무 빨리 승진시킴으로써 오히려 그들의 발전 가능성을 없애버리는 실수를 하고 있다.'고 지적한 바 있다.

② 지속적인 교육 훈련

승진 초기는 지속적으로 적절한 교육 훈련이 제공되어야 한다. 일반적으로, 많은 기업들이 루키 팀장들에 대한 교육을 약 일주일간 집중적으로 진행한다. 하지만 이런 방식으로 기업이 기대한 효과를 거둘 수 있는가에 대해서는 매우 회의적이다. 일주일이라는 시간은 루키 팀장들이 필요한 내용을 흡수하기에 매우 부족하다. 교육 후 첫 주는 대체로 현업의 상황을 파악하고 따라잡는 데 시간을 투자하기 때문에 교육 내용이 머릿속에서 거의 사라지고 없기 때문이다.

선진 기업들 중에는 이런 문제를 해결하기 위해 루키 팀장들의 교육 훈련을 1년 단위로 구성하는 곳이 많다. IBM 사의 경우, '학습은 한 번의 교육으로 완성되는 것이 아니라 지속적으로 이어질 때 그 효과가 나타난다.'는 철학을 가지고 12개월에 걸쳐 'Basic Blue for Managers'라는 프로그램으로 교육을 진행하고 있다. 뛰어난 리더를 양성하는 곳으로 유명한 GE 사 역시 루키 팀장들에게 필요한 교육 기간을 1년 정도로 잡고 있다. GE 사의 독특한 점은 승진 후 6개월 동안은 집합 교육이 없다는 것이다. 승진 초기보다 승진 후 6~12개월 사이의 기간에 교육이 이루어질 때 효과가 극대화된다는 판단에 의한 것이다. 대신 루키 팀장들은 승진 첫날에 'Starter Kit'를 받게 된다. 이 안에는 초기 6개월 동안 루키 팀장들에게 도움이 될 만한 CEO와 다른 선배 관리자들의 조언이 담긴 오디오 테이프, GE 사의 관리 시스템과 프로세스에 관한 소책자, 팀장으로서의 조언이 적혀 있는 달력 등이 들어 있다고 한다.

③ 상사의 코칭

많은 회사들이 관리 기법에 대한 교육을 제공하고 있기는 하지만 효과는 그리 만족스럽지 않다. 따라서 이를 보완할 수 있는 상사들의 적절한 코칭이 필요하다. 이제 막 승진한 루키 팀장들에게 상사들이 가장 많이 하는 말은 아마도 "이야기할 게 있으면 언제든지 말해라. 문제가 있으면 주저하지 말고 도움을 청해라."일 것이다. 그러나 앞서 언급했듯 루키 팀장들은 도움을 청하기를 꺼려할 수 있기 때문에 상사들의 적극적인 관심이 필요하다. 루키 팀장이 어떻게 일을 해나가고 있는지 항상 살펴보고 지도한다는 것은 불가능한 일이다. 하지만 위에서 제시했던 루키 팀장들이 겪는 전형적인 실패 유형을 알고 있다면 사전에 충분히 예측을 하고 도움을 줄 수 있을 것이다.

코칭 시 주의해야 할 점은, 젊은 인재들은 자신들에 대한 비판을 듣는 데 익숙하지 않다는 것이다. 자신감이 매우 강하고, 그 전까지 부정적인 피드백을 들어 본 경험이 많지 않기 때문일 수 있다. 이런 경우 상사는 다음처럼 솔직한 제안을 하는 것이 좋다. "당신이 지금 처음으로 관리자의 역할을 맡게 되어 어려워하고 있다는 것을 안다. 나 역시 그 과정을 겪어 봤다. 내 역할은 당신이 그 역할에 훌륭하게 적응하도록 돕는 것이다. 만약 당신이 나에게 문제를 솔직하게 이야기해 주지 않는다면 내가 해줄 수 있는 조언이 별로 없으며, 거짓을 말했을 경우에는 잘못된 조언을 해주게 될 위험도 있다."

또한 상사와 루키 팀장에게 '적극적인 청취법(Active listening)'과 같은 커뮤니케이션 기술에 대한 교육이 병행된다면 더욱 효과적인 코칭이 가능할 것이다.

기업의 성공에 있어 리더의 중요성은 이미 널리 알려진 사실이다. 기업의 영속성을 보장하기 위해서는 지속적으로 새로운 리더들을 발굴하고 육성할 수 있어야 한다. 루키 팀장들이 낙오되지 않고 성공적으로 적응할 수 있도록 조직 차원에서 적극적으로 지원하는 노력이 필요하다.

팀제의 사례

가장 효율적이고 효과적인 팀을 운영한다는 것은 무엇인가? 문제는 팀제 자체가 아니라 팀으로 운영되는 경영이다. 팀제를 하나의 스포츠 경기인 농구 경기에 맞추어 이해해 보면 쉽게 알 수 있다. 다섯 명으로 구성된 농구 팀은 선수 각자의 위치가 모두 정해져 있고 그 위치에서 할 일이 분업화되어 있다. 그런데 그들이 경기할 때를 보면, 가드의 자리에서는 슛을 쏘고 센터의 자리에서는 리바운드를 잡아낸다. 공격과 수비 위치에 따라 자기 역할이 달라지는 것이다. 오늘날 분업화된 기업 조직에서 말하는 팀은 바로 이러한 팀과 매우 유사하다. 농구 팀을 팀제의 의미에 적용해 보면 이렇게 정리할 수 있다.

- 팀장은 감독이 아니라 농구 팀의 주장이다. 코트 밖에서 손가락으로 지시를 내리고 호령만 하는 것이 아니라, 현장에서 같이 뛰면서 자신도 하나의 역할을 맡는다. 각 선수들을 연결하고 감독의 작전 지시를 실현하며 팀을 리드해야 한다.

- 선수는 감독과 주장의 판단에 따라 자유롭게 교체가 가능하며 이를 위해 결재를 받거나 공식 절차를 거치지 않아도 된다. 조직의 경우에는 팀원의 수도 제한이 없어서 경우에 따라 2명의 팀, 30명의 팀으로 구성할 수도 있다.

- 개인 성적보다 팀 성적이 훨씬 중요하다. MVP가 있지만 팀 성적으로 성패를 가른다.

❥ 게임 중에는 감독이 코트에 들어오지 못한다. 작전은 지시할 수 있지만 팀원의 일에 직접 간섭하지 않는다.

❦ 주장과 선수의 관계는 지시, 복종의 관계가 아니라 서로 대등한 파트너 관계이다. 주장이라고 해서 일방적으로 명령만 내리고 선수는 주장에게 아무 말도 못하는 관계가 아니라는 것이다.

❧ 팀은 그 종류에 따라 구성, 규모, 경기 방식, 개별 선수의 처우 등이 천차만별이다.

❧ 선수 개개인은 일전다기형(一戰多技形)의 인재여야 한다. 리바운드는 잘하는데 슛을 할 줄 모른다거나, 슛은 잘하는데 패스를 할 줄 모르는 사람은 팀에 별 도움이 안 된다.

1. 조직은 환경 변화에 따라 경영 방식을 바꾸고 있다. 그 생존 방식이 기업에서는 기존의 틀을 파괴하는 현상으로 나타나고 있다.
   ① 연공서열 파괴
   ② 연봉제 도입
   ③ 능력에 의한 성과주의 인사
   ④ 기존의 직급 파괴

2. 조직 계층을 슬림화하기 위한 최적의 방안
   1) 팀제의 확산
   2) 팀의 리더로서의 역할
      ① 조직의 목표를 팀원과 함께 배분 및 위임
      ② 조직의 방향이 한 방향이 되도록 조정자의 역할 수행
      ③ 항상 모범이 되어야 함

3. 루키 팀장들이 가장 많이 하는 실수
   ① 나 혼자 일하는 업무 스타일
   ② 성과에 대한 과도한 욕심
   ③ 미숙한 대인 관계

4. 루키 팀장을 성공적으로 이끌어 나가는 방법
   ① 엄격한 선발
   ② 지속적인 교육
   ③ 지속적인 상사의 코칭

3 장

기업이 원하는 인재의 개념도 변한다

지식 업무에 종사하는 사람들 가운데 높은 성과를 올리는 사람은 극히 드물다. … 머리 좋은 사람들이 종종 '창조성'과 혼동하기도 하는 열정과 분방함 속에 빠져 있는 동안, 다른 사람들은 동화 속의 거북이처럼 한발 한발 나아가 결국 목표 지점에 먼저 도달한다. 지능, 상상력, 그리고 지식이 필수 요소인 것은 분명하지만, 그런 요소들을 결과로 연결시키려는 목표 달성 능력이 필요하다. 지능, 상상력, 그리고 지식 그 자체는 성과의 한계를 설정할 따름이다.

《피터 드러커의 자기경영노트》 중에서

이번 장에서는 지식자본주의 시대에 조직 내에서 지식근로자가 어떤 모습으로 살아가야 하며, 기업이 원하는 인재상과 연결하여 어떤 정신을 가지고 변화해야 하는지에 관하여 알아보도록 하겠다.

김 팀장을 비롯한 전 팀원이 모인 가운데, 오늘도 회의는 진행 중이다. 팀장은 상부에서 받아 온 목표에 대하여 열심히 설명하며 아이디어를 달라고 팀원들을 독촉하고 있다. 하지만 대부분 묵묵부답이다. 더 이상의 진행이 곤란하다고 판단한 팀장은 다음 회의 때까지 아이디어를 준비해 달라고 간곡히 부탁하며 회의를 종료한다.

회의가 끝난 후, 커피 자판기 앞에서는 김 대리와 박 과장이 이야기를 나누고 있다. 이들은 같은 명문대를 나온 선후배 사이다 보니 아주 친밀하다. 박 과장은 입사 동기인 김 팀장이 먼저 승진한 점이 항상 거슬린다. 아이디어 회의 때에도 전혀 입을 열지 않고 있으며 협업하는 분위기는 찾아보기 힘들다. 후배 김 대리와 커피를 마시던 박 과장은 "저래 가지고 뭐 되겠어? 생각하는 수준하고는……" 하면서 혀를 차고 있다.

지식자본주의의 도래

지식자본주의란 지식을 소유한 개인·조직·국가 등이 자본주의를 지배해 지식기반의 경제로 나아감을 의미한다. 따라서 현재의 지식기반 경제는 생산 요소로서 지식이 등장했음을 의미하며 지식이란 요소에 컴퓨터와 네트워크 기술이 접목된 것으로 볼 수 있다. 지식이나 정보로 대변되는 현재의 경제적인 쟁점은 《제3의 물결》을 통한 엘빈 토플러의 정보혁명에 대한 인식이라든지, 피터 드러커 교수의 《자본주의 이후의 사회》를 통한 경제적 세계화에 대한 고찰 등을 통해 충분히 논의되어 온 주제이다.

지식자본주의 시대의 지식근로자

오늘날은 선진국은 물론이고 우리나라도 인구의 반 이상이 고등교육을 받으며 지식사회로 진입하고 있다. 지식이 지식과 결합하여 또 다른 지식을 창출하는 단계로 접어들고 있는 것이다. 피터 드러커는 이를 '지식혁명', 또는 '경영혁명'이라고 명명했는데, 제3차 지식혁명을 일컫는다. 역사적으로 한 시대는 그에 걸맞은 시대정신을 구현하는 주요 노동력 집단이 존재하였다. 농업사회에는 농민이, 산업사회에는 육체노동자였으며, 지식사회에는 지식근로자가 주된 노동력이 될 것이다.

피터 드러커는 다음과 같이 주장했다.

"다음 사회는 지식사회일 것이다. 지식이 핵심 자원일 것이고, 지식근로자가 노동자 가운데 지배적 집단이 될 것이다. 지식사회의 세 가지 주요 특성들은 다음과 같다.

첫째, 국경이 없다. 지식은 돈보다 훨씬 더 쉽게 돌아다니기 때문이다. 둘째, 상승 이동이 쉬워진다. 누구나 손쉽게 정규 교육을 받을 수 있기 때문이다. 셋째, 성공뿐만 아니라 실패할 가능성도 높다. 누구나 성공할 수 있는 사회가 된다.

그렇다고 해서 모두가 승리할 수는 없다."

고대 사회에서 고등교육을 받을 수 있는 사람은 양반의 자제들이었다. 산업사회에서는 부유한 사람들이었다. 그러나 지식사회에서는 국민 모두는 아니라 해도 대다수가 고등교육을 받을 수 있다. 이러한 현상은 사회 구성원이 성공 가도에서 더 이상 차별을 받지 않는다는 것을 의미한다. 지식사회에서는 누구라도 '생산 수단'을 이용할 수 있다. 즉, 직무 수행에 필요한 지식을 획득하고, 휴대할 수 있으며, 자신의 지식과 능력을 필요로 하는 곳이 있다면 전 세계 어디든 접근하거나 소속될 수 있고, 혹은 아웃소싱 업무를 위임받을 수 있다.

지식근로자는 소위 새로운 유목민(New nomadic)처럼 살아가게 된다. 관료든, 기업이든, 교육계든, 정치계든 적성이 맞는 분야를 스스로 판단해야 한다. 이제 성공은 더 이상 과거처럼 타고난 신분에 구속되지 않는다.

프리드리히 하이에크(Friedrich Hayek)가 "우리 모두가 기업가다."라고 말한 것처럼, 개개인 모두가 진정한 CEO인 시대가 도래한 것이다. 요컨대 지식사회에서 지식근로자는 자신의 인생 방향을 스스로 결정하고, 성공을 하든 실패를 하든 간에 결과에 대해 책임을 져야 한다. 달리 말해, 결정과 성과에 스스로 책임을 진다는 말이다.

지식자본주의 시대의 일곱 가지 인재 유형

유연한 사고와 창의력을 지닌 사람

빠른 판단력과 상황에 적절히 대응하며 행동하는 사람을 말한다. 아무리 적극적이고 자기 계발에 열심인 사람이라도, 기존의 자기 방식에만 얽매여 보수적으로 받아들인다면 상황을 해결하는 것이 불가능할 수밖에 없다.

긍정적이고 진취적인 사람

어떠한 난관에 부딪치더라도 굴하지 않고 목표한 일을 묵묵히 완수해 나갈 수 있는 도전 의식과 성취 욕구를 지닌 사람이다. 매사를 밝고 긍정적으로 생각하며, 실천력을 앞세워 일한다. 진취적인 행동과 사고는 기업에 다가오는 갖가지 상황을 헤쳐 나갈 수 있는 힘의 원동력이 되며, 기업 내외에서 회사를 떠받치는 기초가 된다.

친화력이 있는 사람

자신의 생각을 표현할 줄 알고 주변 사람들의 의견에도 귀를 기울일 줄 아는 사람이다. 기업은 결코 어느 한 사람의 힘만으로 운영될 수 없다. 따라서 시너지를 내기 위한 조직 구성원들의 팀워크가 무엇보다 중요하다. 자만하는 수재보다는 자신을 조직에 맞춰 목표 달성에 투철할 수 있는 사람을 필요로 한다. 집단 토론 면접을 실시하는 이유도 결국은 조직 구성원으로서 친화력을 얼마나 원만하게 발휘할 수 있는지를 살피는 데 목적이 있다고 할 수 있다.

인간관계가 좋은 사람

일을 할 때 순조롭게 진행하는 사람도 대인 관계에서는 의외로 소극적이거나 심지어 배타적일 수 있다. 기업의 모든 활동이 결국은 사람을 매개로 이루어지는 만큼 능숙한 대인 관계 능력은 기업 내외의 물적 바탕이 된다. 인간관계가 좋은 사람은 의사 표현 능력도 뛰어나다고 볼 수 있다. 언어는 의사소통의 수단이다. 자기 의사 표현이 제대로 이루어진다는 것은 상호 의사 전달이 원활하여 기업 내외의 관계가 물 흐르듯이 잘 이루어진다는 것을 의미한다.

책임감이 있는 사람

책임감이란 맡은 일을 최선을 다해 해내려는 적극적인 의지와 자기 역할에 대한 자각의 결합에 의해 형성된다. 책임감이 있는 사람은 주어진 일을 100% 완수하지 못하더라도 최대한의 노력을 아끼지 않는다. 또한 실패를 하더라도 그 원인과 결과를 세밀히 분석하여 자신의 잘못으로 인해 조직에 피해가 가지 않게 노력한다.

올바른 가치관을 가진 사람

세계와 자신을 바라보는 눈이 보편적이면서 균형 잡혀 있어야 한다. 균형이 잡혀 있다고 해서, 모든 일에 대해 좋은 것이 좋다고 생각하는 것을 뜻하진 않는다. 뚜렷한 주관이 있되 다른 사람의 의견 중 수용할 것은 적극적으로 수용하고, 자신의 생각과 반대되는 주장에 대해서는 명확히 차이점을 설명할 줄 알아야 한다는 것이다.

자기 계발 능력이 있는 사람

기업은 급격하게 변화하는 주변 환경 속에서 자신의 꿈을 키우고자 부단히 자신을 연마하며 자기 계발에 힘쓰는 도전적인 사람을 원한다. 기업의 최고 경영층이 변화에 대응하기 위해서 아무리 몸부림을 쳐도 사원들이 스스로 자기 계발을 꾀하지 않는다면 그 조직은 서서히 죽어 갈 수밖에 없기 때문이다.

지식근로자의 성공 방법

"지식근로자는 어떻게 성공할 수 있을까?" 피터 드러커는 이 질문에 대해 자기 관리(Self management), 관계 책임(Relation responsibility), 방법론(Methods) 등의 몇 가지 지침을 제시하고 있다. 지식사회의 특성 중 과거 사회와 다른 점이 길어지는 근로 생활과 짧아지는 조직 수명이기에, 자기 관리가 무엇보다도 중요하다.

자기 관리를 효과적으로 하려면 다음의 질문에 스스로 대답해야 한다.

첫째, 나의 강점은 무엇인가?

둘째, 나는 어떻게 성과를 올리고 있는가?

셋째, 나는 읽는 자인가, 듣는 자인가?

넷째, 나는 어떻게 배우는가?

다섯째, 나의 가치는 무엇인가?

여섯째, 나는 어디에 속하는가?

일곱째, 인생의 후반부(제2의 인생)를 미리 생각하고 시작하려고 하는가?

지식근로자는 대부분 집단을 이루어 업무를 수행하기 때문에 조직 내에서 좋은 관계를 유지해야 한다.

첫째, 나는 일을 어울려서 하는 편인가, 혼자 하는 편인가?

둘째, 자신이 일하는 방식을 다른 사람에게 알리고 협력을 구하는가? 반대는 어떠한가?

셋째, 상사의 성공을 위해 협조하고, 나의 성공을 위해 상사의 협력을 받을 줄 아는가?

지식근로자가 지식 작업을 효과적으로 수행하는 방법은 다음과 같다.

첫째, 지식이 결과를 산출하기 위해서는 목표를 높게 잡아야 한다.

둘째, 지식을 생산성 있게 만들려면 지식은 집중되어야 한다.

셋째, 지식들 간의 연결이 지식 생산성 향상의 비결이다.

넷째, 과업을 규정하여 불필요한 일은 제거하고 한 가지 업무에 집중한다.

다섯째, 지속적인 학습과 교육은 지식근로자의 책임이다.

여섯째, 지식을 생산성 있게 사용하기 위해서는 시간 관리가 필요하다.

지식근로자는 '보다 현명하게 일하기'를 통해 자신의 목적을 달성할 수 있다. 간단히 말해, 더 열심히 또는 더 오래 일하지 않고서도 더 높은 생산성을 내는 작업을 의미한다.

기업가 정신으로 무장한 사람

현대그룹 정주영 회장과 관련된 유명한 일화가 있다. 과거 우리나라 발전을 위하여 필요한 사업 중의 하나가 조선업이었다. 조선소를 만들어 세계를 상대로 무역 거래를 하기 위해서였다. 하지만 현대 조선소 설립 당시 돈이라는 큰 문제가 있었다. 1971년 9월, 정주영 회장은 영국 버클레이 은행으로부터 차관을 얻기 위해, 영국으로 날아가 A&P 애플도어의 롱 바톰(Long Bottom) 회장을 만났다. 조선소 설립 경험도 없고 선주도 나타나지 않은 상황이니 영국의 입장은 당연히 "No."였다. 그때 정주영 회장은 자신의 바지 주머니에서 500원짜리 지폐를 꺼내 보이면서 "이 돈을 보시오. 이 돈에 그려진 그림이 바로 거북선이란 배인데, 이는 영국보다 300년 전인 1500년대에 만들어진 철갑선이오. 쇄국정책으로 산업화가 늦었을 뿐, 잠재력은 충분히 가지고 있소."라는 재치 있는 임기응변으로 롱 바톰 회장을 감동시켰다.

문제는 이제 선주에 있었다. 정주영 회장은 황량한 바닷가에 소나무 몇 그루, 초가집 몇 채만이 있는 미포 백사장 사진을 가지고 돌아다니다가 그리스 거물 해운업자 리바노스(Livanos)를 만나 26만 톤짜리 배 2척을 주문받았다. 그는 세계 조선사에서 조선소 건립과 동시에 배 2척을 진수시킨 유일한 인물로 기록되었다.

기업이 원하는 인재의 개념에는 어떤 것이 있을까? 기업에서는 역시 기업가 정신으로 무장한 사람을 원할 것이다. 기업은 어디까지나

자선 사업과 다르다. 자선 사업가는 사업 자체가 남을 돕기 위한 목적이지만 일반 기업은 이윤의 추구와 지속적인 경영이 목적이다. 그렇기 때문에 기업가 정신으로 무장한 인재를 원하는 것은 인지상정(人之常情)이다.

기업가 정신이란

'기업가 정신(Entrepreneurship)'에 대해 이야기하기에 앞서, 이 용어에 대한 정의는 안철수 의원이 사용한 뜻이 아주 적절하지 않은가 싶다. 企業家, 起業家, 機業家는 모두 우리말로 '기업가'라고 읽으며, 언론에서는 '企業家'를 주로 쓰고 있다. 하지만 안철수 의원은 '기업가 정신(Entrepreneurship)'의 기업가는 '企業家'가 아니라 '起業家'라고 강조했다.

'企業家'는 영어로 'Business man'이며, '起業家'는 'Entrepreneur'이다. '企業家'는 회사를 운영하는 사람을 뜻하며, '起業家'는 새로운 가치나 일자리를 창출하는 사람을 뜻한다. 여기에서 이야기하는 '起業家(Entrepreneur)'는 꼭 창업자나 발명가만 뜻하는 게 아니다. 회사원이나 자영업자도 기존에 없던 새로운 가치를 만들어 내면 '起業家'가 될 수 있다.

하지만, 많은 '企業家(Business man)'들, 특히 대기업에 있는 '企業家'들은 시장에서 이미 확보한 기득권에 안주하는 경향 탓에 '起業家(Entrepreneur)'와는 거리가 먼 경우가 많다. 대기업 사장들이 '기업가 정신'을 고취해야 한다고 나설 때에는 분명한 정의가 필요하다.

올바른 기업가 정신을 고취하려면

여기에서 우리가 헷갈리지 말아야 할 점은 '비즈니스 친화적인 (Business friendly)' 것과 기업가 정신은 전혀 다르다는 것이다. 흔히 우리가 기업가 정신을 이야기할 때 미국의 실리콘밸리를 자주 언급한다. 하지만 정작 실리콘밸리의 사례에서 배워야 할 것은 성공 사례 뒤에 숨겨진 실패 사례이다. 이 점을 외면하면 우리는 배울 것이 없다. 실리콘밸리의 강점은 실패한 기업가에게 다시 기회를 준다는 것이다. 새로운 아이디어를 가지고 도전하는 기업가가 많이 나오게 하려면 그곳의 성공 사례만으로는 곤란하다. 장밋빛 미래만을 꿈꾸다가 오히려 비참하게 추락할 수도 있기 때문이다. 실패를 두려워하지 않고 사례를 거울삼아 새로운 도전을 하고 교훈을 얻는 문화가 존재해야 한다.

한국은 젊은 사업가가 좋은 아이디어를 가지고 나와 사업을 하다 실패하면 평생 금융 사범이라는 멍에를 안고 살아가야 하는 것이 현실이다. 도덕적으로 떳떳하게 운영을 하였음에도 불구하고, 대표이사의 연대보증이라는 책임 때문에 실패를 안고 가야 함으로써 올바른 기업가 정신을 구현하지 못하는 것이다. 따라서 올바른 기업가 정신을 구현하려면 상생의 정신이 필수적이다. 대기업이 혁신적인 아이디어와 기술을 계속 공급받기 위해서도 중소기업과의 상생이 필요하다는 이야기이다.

상생의 정신을 잘 실천하고 있는 기업은 미국 구글(Google) 사가 좋은 예이다. 한국인의 상식에서라면 미국에서 인터넷 벤처기업을 세우는 것은 어리석은 짓이다. 시장을 장악한 거대 기업인 구글이 있으니 신규 창업 기업이 버틸 수 있는 여유가 없을 것이라고 생각하기 때문이다. 하지만 미국에서 새로운 인터넷 기업이 계속 탄생하고 있는 이유는 구글 사가 독창적인 기술과 아이디어를 지니고 시장에 새로 진입하는 기업에게 적절한 이익을 보장하는 정책을 취하고 있기 때문이다. 구글 사가 특별히 착해서 그런 것일까? 그렇지 않다. 새로 창업한 벤처기업과 상생하는 것이 장기적으로 이익이기 때문이다. 어느 나라에서건 혁신적인 아이디어의 90%는 중소기업에서 나온다는 것을 알고 있기 때문에 나타날 수 있는 현상이다.

이미 성공을 거둔 대기업에서는 기존의 방법으로 좋은 아이디어를 얻기 힘들다. 신규 창업자가 시장에 진입할 수 있게 공간을 열어 두고 서로 협력해야 대기업은 혁신적인 아이디어를 꾸준히 공급받을 수 있다. 이런 구조가 만들어지지 않으면 산업 자체가 망해, 결국 대기업도 함께 망할 수 있다.

부정적 사례를 들어 말한다면, 대기업에 물건을 납품하는 중소기업에게 이윤을 최소한으로만 보장해 주는 경우이다. 계약 체결 과정에서 대기업 실무자가 중소기업 쪽에 "집에서 쓸 프린터가 필요하다."는 식의 요구를 하는 경우도 있다. 이런 요구를 들어주고 나면 그나마 남은 이윤도 사라지고 만다. 결국 중소기업이 장기적으로 생존할 수 없는 구조가 된다.

이런 구조에서는 대기업도 오래 버틸 수 없다는 것이 불 보듯 뻔하다. 사슴들이 사는 곳에 사자들을 풀어 놓으면 사자들은 한동안 포식을 할 것이다. 그러나 얼마 뒤 사슴이 멸종하고 나면 사자끼리 서로 잡아먹게 될 것이고, 마지막으로 살아남은 사자 한 마리는 굶어 죽고 말 것이다.

기업 생태계도 이와 비슷하다고 이야기할 수 있다. 현재 구조에서 대기업은 중소기업에게 돌아갈 이익을 대신 챙겨 몸집을 키울 수 있지만, 중소기업의 씨가 마른 뒤에도 대기업이 계속 성장할 수 있을지는 또 다른 문제이다. 따라서 대기업이 먼 미래에도 생존하고자 한다면 중소기업과 상생하는 길을 찾아야 한다. 이것이 올바른 기업가 정신을 구현하는 상생의 구도이다.

기업가 정신으로 무장한다는 의미

앞에서 서술한 바와 같이 기업가 정신으로 무장한 좋은 인재로 성숙시키기 위해서는 다음과 같은 인재상이 되도록 노력하여야 한다.

혁신적인 아이디어와 도전 정신

일상생활을 하다 보면 문득 문득 좋은 아이디어가 떠오를 때가 있다. 하지만 그 아이디어를 실현할 수 있도록 도전하는가는 별개의 문제이다. 기업가 정신을 가진 사람이란 아이디어를 비즈니스에 적용시킬 수 있도록 개념화하면서 도전하는 사람이다.

실패를 성공의 어머니로 생각하는 마음

"실패는 성공의 어머니"라는 말이 있다. 자전거를 잘 타기 위해서는 타다가 넘어지고 일어서기를 반복해야 한다. 하지만 넘어지는 것과 실패에 대한 두려움 때문에 도전하지 않고 주저앉아 있다면, 그 사람은 평생 자전거를 타지 못할 것이다. 실패를 거울삼아 성공으로 이끌 수 있는 마음가짐이 필요하다. 세계적인 홈런왕 베이브 루스(Babe Ruth)는 실제로 최고의 삼진왕이도 했다.

상생하는 마음가짐

사람은 혼자서 살 수 없다. 또한 기업도 혼자서 살아남기 힘들다. 하나의 자동차가 완성되기까지 2만여 개의 부품이 필요하듯, 기업과 기업이 지속적으로 생존하기 위해서는 상생의 패러다임을 유지해야 한다. 단순히 눈앞의 이익을 위해 서로를 잡아먹는 경쟁의 줄다리기는 체력의 소진과 아픔만이 있을 뿐이다.

전문성을 바탕으로 성과를 창출하는 사람

다음으로 기업에서 원하는 인재는 전문성을 바탕으로 성과를 창출하는 사람이다. 대학을 졸업할 때가 되면 학생들이 받는 가장 큰 스트레스 중의 하나가 취업이다. 때문에 취업 시즌이 되면 필자의 메일함에는 어떻게 자신을 표현해야 하는지, 이력서나 자기소개서를 어떤 식으로 작성해야 하는지에 대한 조언을 구하는 메일이 가득하다.

그 대답은 항상 같다. 기업에서 신입 사원을 채용할 때 채용 담당자가 가장 중요하게 보는 것은 입사 희망자가 가지고 있는 역량 중 기술적인 면이다. 인간관계가 원활하고 좋은 환경에서 공부를 했다는 것은 면접을 통해 판단할 일이다. 기업에서 당장 필요한 자원은 업무를 빨리 파악하고 성과를 내는 데 필요한 기술을 가지고 있는 사람이다. 대부분의 채용 담당자들은 타인과의 관계는 기본적으로 잘 유지할 것이라는 전제하에 채용을 고려하기 때문이다.

성과 창출의 원동력은 몰입

좋은 인재가 많지만 기대한 만큼의 성과를 내지 못하는 기업들이 많이 있다. 여러 가지 이유가 있을 수 있지만, 근본적으로는 현재 적용하고 있는 동기부여 강화 방안들이 구성원들의 몰입을 이끌어 내기에 충분하지 않기 때문이다. 동기부여란 조직 내에서 개인에게 만족감을 느끼게 해 바람직한 행위를 유발하고 지속시키는 과정이다. 핵심은 구성원들이 신바람 나게 일하고 열정적으로 일에 매진할 수 있게 유도하는 것에 있다.

허츠버그(Hertzberg)는 동기부여에 관한 2요인 이론을 주장했다. 그의 이론에 따르면, 직무 만족을 이끌어 내는 요인들은 직무 불만족을 이끌어 내는 요인들로부터 분리되어 있다고 한다. 직무 불만족을 일으키는 요인들을 없애는 시도는 작업장에 평화를 가져올 수는 있으나 동기부여 향상에 영향을 주진 않는다는 것이다. 직무 불만족을 일으키는 요인들을 '위생요인'이라고 부르는데, 이 요인들이 충족되면 사람들은 불만족하지 않게 될 뿐 동기부여를 일으키진 않는다. 자신의 일에 동기를 부여하려면 직무 만족을 일으키는 내부적인 요인인 '만족 요인'이 끌어올려져야 한다.

기업들이 동기부여를 위한 노력의 일환으로 과거에 선택했던 방식은 주로 평가와 보상에 관한 제도들을 개선하는 것이었다. 평가, 보상을 통해 구성원들의 직장 만족도를 높이는 것이 인사 관리의 중요한 과제라고 인식되어 왔기 때문이다. 그러나 최근에는 단순히 구성원들을 만족시키는 것을 넘어, 구성원들이 업무에 보다 열정적으로 '몰입'할 수 있게 유도하는 방향으로 이루어지고 있다.

구성원의 진정한 몰입은 외부 요인 때문이 아니라 일 자체에 대한 의미와 재미에서 온다는 주장이 있다. 일본 동경대의 다카하시 노부오 교수 역시 구성원의 몰입을 이끌어 내는 가장 바람직한 방법은 '구성원을 믿고 자기 완결적 일을 맡기는 것'이라 주장했다.

이러한 주장을 하는 사람들 사이에서는 다음과 같은 실행 방안이 공통적으로 언급되고 있다.

기업의 비전에 공감할 수 있는 명확한 목표 제시

기업이 가고자 하는 방향에 대하여 공감하고, 수행하고 있는 일의 결과가 주변 사람들과 사회에 공헌한다고 느낄 때 구성원의 몰입도는 올라간다.

일의 전반적인 과정에 구성원의 의견을 반영, 책임 및 권한 위임

사람은 일이 주어지면 남들로부터 성공적으로 일을 완수할 수 있을 만큼 유능하다고 인정받았을 때 일에 몰입하게 된다. '이 일은 내가 결정할 수 있는 일이 아니야.'라는 생각이 들면 책임을 다른 사람에게 미루게 된다. 일의 시작부터 결과가 나올 때까지 구성원의 의견을 반영하고 권한을 위임하면 몰입도는 상승할 것이다.

필요한 정보의 공유와 인적, 물적 자원의 제공

충분한 정보와 자원을 제공받아 일을 주도적으로 결정할 수 있을 때 구성원의 몰입도는 높아진다. 리츠칼튼 호텔의 경우, 고객의 불평을 해소하기 위해서라면 직원이 별도의 승인 없이 최고 2500달러까지 사용할 수 있는 제도를 시행하고 있다.

업무 진행 과정 전반에 대한 피드백과 인정 제공

흔히 피드백은 일의 결과에 대한 의견을 제시하는 행위로 인식되고 있다. 일을 성공적으로 완수했을 때 이에 대한 인정을 해주는 것은 당연하다. 여기서 구성원의 몰입을 이끌어 내기 위해 추가적으로 필요한 것은 일의 결과가 좋지 않더라도 일을 하는 과정에서 위험을 감수하고 새로운 시도를 했을 경우를 인정해 주는 행동이다. 이를 통해 구성원들은 실패에서 배울 점을 얻고, 두려움 없는 자세로 일에 몰입할 수 있게 된다. 구성원들의 몰입을 높이기 위해서는 무엇보다 리더들의 노력이 선행되어야 한다.

제너럴리스트와 스페셜리스트

자신이 제너럴리스트(Generalist)인지, 아니면 스페셜리스트(Specialist)인지 살펴볼 필요가 있다. 제너럴리스트는 팔방미인처럼 이것저것 전부 다룰 줄 안다. 하지만 어느 한 분야에 대한 전문성을 가지고 있지 못하다는 단점이 있다. 스페셜리스트는 오직 그 일만 잘할 뿐 다른 분야는 문외한인 사람을 말한다.

최근 기업이 원하는 인재는 이것을 절충한 T자형 인재이다. 자신의 분야에서는 스페셜리스트이면서 조직원을 다루는 리더로서는 제너럴리스트가 되지 않으면 안 되기 때문이다.

리더는 다른 사람의 업무 성과를 통하여 급여를 받는다고 해도 과언이 아니다. 개인적으로는 한 분야의 스페셜리스트로 성장해 왔지만, 팀장이 된 상황에서는 조직 구성원의 성과를 높일 수 있는 제너럴리스트가 되어야 한다. 조직 구성원의 성과가 자신의 성과와 바로 직결되기 때문이다. 제너럴리스트가 가진 멀리 내다볼 줄 아는 능력은 필수적으로 습득해야 한다.

기업의 인재상과 한 방향 정렬하기

한국에서는 명절이 되면 화투를 많이 친다. 이 화투 제조를 시작으로 엄청난 발전에 발전을 거듭하고 있는 회사가 있다. 바로 닌텐도라는 기업이다. 다른 기업들이 불황이라고 난리를 치는 와중에도 꾸준히 성장을 하고 있는 모습에 많은 기자들이 성장 비결을 묻곤 한다. 하지만 대답을 얻지 못하기 일쑤이다. 닌텐도는 항상 명확하게 정해

놓은 전략이나 비전이 없다고 말하기 때문이다. 그나마 성의껏 작성했다고 하는 자료도 겨우 A4 용지 반 장 분량이라고 한다.

하지만 필자는 여러 기업을 다니면서 교육을 했던 경험에 비추어, 명확하게 이들의 미션과 가치를 정의할 수 있다. 닌텐도의 비전은 '가족이 함께 하는 게임 인구 확대'이며, 창의성, 유연성, 그리고 성실성이 핵심 가치이다. 이렇게 정의내릴 수 있는 이유는 교육을 받는 직원들의 행동에서 이미 미션과 핵심 가치를 실현하려는 모습이 배어 있었기 때문이다.

기업이 추구하는 바를 '목표 몇 % 달성'이나 '어떤 모습으로 가자.'라고 무한정 외치는 것은 뜬구름 잡는 이야기일 뿐이다. 이념과 핵심 가치를 열심히 강조해도, 핵심 가치를 기억하기는커녕 왜 중요한지도 모르고 출퇴근하는 직원들이 많다.

기업 현장에서 많은 교육을 해본 필자의 관점에서 보면, 닌텐도의 직원 한 사람 한 사람은 기업 경영자가 원하는 행동 방식을 잘 알고 실천하고 있다.

사람들은 자라 온 환경이 모두 제각각이기 때문에 다른 모습을 보이고 다른 행동을 하기 마련이다. 하지만 조직이라는 테두리에서는 그 조직이 원하는 인재상과 태도, 방식에 맞추어야 한다. 기업이 원하는 행동은 성실성인데 '나는 그러지 않아도 돼.'라는 사고방식을 가진 사람은 그 기업이 추구하고자 하는 모습을 흐리게 만들 수 있다. 그래서 기업의 철학이 중요하고 이념이 중요한 것이다.

아무리 급변하는 시대에 살고 있다고 해도, 조직의 행동 방식을 명확히 알고 실천하지 못하면 급류의 물살에 휩싸여 금세 좌초되어 버릴 것이다.

1. 지식자본주의란 지식을 소유한 개인·조직·국가 등이 시장을 지배할 것이라는 개념으로, 지식기반의 경제로 나아감을 뜻한다. 현재의 지식기반경제는 생산요소로써 지식이 등장했음을 의미하며 지식이란 요소에 컴퓨터와 네트워크 기술이 접목된 것으로 볼 수 있다.

2. 지식근로자는 소위 새로운 유목민(New nomadic)처럼 살아가게 될 것이다. 관료든, 기업이든, 교육계든, 정치계든 적성에 맞는 분야를 스스로 판단해야 한다. 이제 성공은 더 이상 과거처럼 타고난 신분에 구속되지 않는다.

3. 지식자본주의 시대의 7가지 인재 유형은 다음과 같다.
   ① 유연한 사고와 창의력을 지닌 사람
   ② 긍정적이고 진취적인 사람
   ③ 친화력이 있는 사람
   ④ 인간관계가 좋은 사람
   ⑤ 책임감이 있는 사람
   ⑥ 올바른 가치관을 가진 사람
   ⑦ 자기 계발 능력이 있는 사람

4. 지식근로자의 성공 방식 세 가지는 다음과 같다.
   ① 자기 관리를 효과적으로 해야 한다.
   ② 지식근로자는 대부분 집단을 이루어 작업을 하기 때문에 집단 내에서 관계를 설정하고 관계 책임을 져야 한다.
   ③ 지식 작업을 효과적으로 수행하는 방법을 익혀야 한다.

5. 대기업이 먼 미래에도 생존하고자 한다면 중소기업과 상생하는 길을 찾아

야 한다. 이것이 올바른 기업가 정신을 구현하는 상생의 구도이다.

6. 기업가 정신으로 무장한 좋은 인재가 되기 위해서는 다음과 같은 인재상
   이 되도록 노력해야 한다.
   ① 혁신적인 아이디어와 도전 정신
   ② 실패를 성공의 어머니로 생각하는 마음
   ③ 상생하는 마음가짐

7. 동기부여를 위한 노력의 일환으로 다음과 같은 실행 방안이 공통적으로 언
   급되고 있다.
   ① 기업의 비전에 공감할 수 있는 명확한 목표 제시
   ② 일의 전반적인 진행 과정에 구성원의 의견 반영, 책임 및 권한 위임
   ③ 필요한 정보의 공유와 인적, 물적 자원의 제공
   ④ 업무 진행 과정 전반에 대한 피드백과 인정 제공

8. 팀장이 되기 전에는 한 분야의 스페셜리스트로 성장해 왔지만, 팀장이 된
   상황에서는 제너럴리스트가 되어야 한다. 조직 구성원의 성과를 높이기
   위하여 노력하는 것이 자신의 성과에 바로 직결된다고 할 수 있기 때문이
   다. 제너럴리스트가 가진 멀리 내다볼 줄 아는 능력을 필수적으로 습득해
   야 한다.

진정한 리더의 모습, 경영자 연습

1 장

경영자의 입장에서 생각하라

팀장은 조직의 중간에 있는 관리자로서 어쩌면 경영자로 가기 위한 첫 수업을 받고 있는 단계라고 할 수 있다. 어느 조직이든지 팀장이 되면 경영자와의 직접적인 미팅 시간이 늘어난다. 또한 경영자와 단 둘이서 만나는 시간도 생긴다. 그렇기 때문에 조직의 한 부문을 담당하고 있는 팀장이 경영자와 이야기를 나누는 과정에서 그의 마음을 읽지 못하고 입장을 고려하지 않으면 곤란하다. 팀장이라는 직책을 가지고 있으면서 일개 부서의 팀원처럼 행동하면 전반적인 사업 윤곽을 보지 못하게 된다. 결국 조직 전체에 부정적 영향을 끼치게 될 것이다.

이번 장에서는 경영자가 항상 하고 있는 고민은 어떤 것이 있으며, 그를 보좌하는 팀장으로서 어떠한 마인드와 자질을 향상시켜야 하는

지 살펴보도록 하겠다.

모든 직원들이 퇴근한 사무실에 김 팀장 혼자 남아 있다. 오랜만에 즐거운 마음으로 야근을 하다 보니 시간이 밤 10시를 넘어 11시로 가고 있다. '벌써 이렇게 시간이 흘렀구나.' 하는 마음에 서둘러 가방을 챙기며, 집에 가면서 볼 서류들을 모은다. 내일 아침에 보고할 사항에 관하여 마음속으로 프레젠테이션도 해본다. 막 사무실을 나가려는 찰나 옆 부서의 이 팀장이 들어온다. 이 팀장은 김 팀장보다 입사 선배이면서 나이도 4살이나 많다. 이 팀장은 지난해 임원 진급에서 탈락한 경험이 있어, 승진한 동기들을 생각할 때면 마음이 착잡할 것이다. 이 팀장의 눈에서 올해는 기필코 임원으로 진급하겠다는 마음이 간절하다.

지하철에 몸을 싣고 집으로 향하던 김 팀장은 마음 한구석이 불편해지기 시작한다. 그리고 생각한다. '3년이 지나고 5년이 지나면 나는 어떤 모습일까? 옆 부서의 이 팀장처럼 임원 진급을 위하여 정신없는 하루하루를 보내게 되겠지. 이 팀장은 다행히 버티고 있다지만 수많은 동료들이 회사를 떠난 것처럼 나도 언젠가는 떠나가야 하겠지?' 김 팀장은 갑자기 우울한 마음이 들기 시작한다.

경영의 흐름을 읽자

조직 구성원으로서 경영의 흐름을 읽는다는 것은 여러 가지로 해석이 가능하다. 각자의 입장에 따라서 그 중요성도 크게 차이가 난다. 그중에서 가장 기초적이고 보편적인 의미로 경영의 흐름을 이해한다는 것은 경영자의 입장에서 할 고민을 생각해 보면 간단하게 구조화시킬 수 있다. 첫째는 우리 회사의 자금을 읽는 것이고, 둘째는 우리 회사의 재화와 용역(서비스)의 흐름을 읽는 것이며, 셋째는 우리 기업의 트렌드를 읽는 것이다.

물론 기업에서 자라 온 환경과 입장의 중요성을 모르는 것은 아니지만 다음의 세 가지 흐름을 명확하게 이해하면 경영자의 입장을 이해하는 데 더 큰 도움이 될 것이다.

자금의 흐름을 읽으라

'흑자도산'이라는 말이 있다. 영업이 잘되고 이익률이 우수한 회사라도 들어오는 자금과 나가는 자금 흐름이 원활하지 못해 시기를 놓치게 되면 부도가 나고 만다. IMF 시절, 우리나라는 큰 기업이 무너지면서 그간 튼튼하던 중소기업도 자금줄이 막혀 어쩔 수 없이 파산하는 경우가 많았다. 이처럼 자금의 흐름을 잘 읽지 못하면 일을 잘해 놓고도 회사가 위험에 빠지게 된다. 따라서 팀장이라면 당연히 알아야 할 것이 기업 자금의 흐름이다.

기업이 경영에 필요한 자금을 조달하는 방식에는 두 가지가 있다. 하나는 회사 내에 있는 내부 유보 자금으로 충당하는 것으로 자기금융이라 하고, 다른 하나는 내부 자금만으로 부족해 외부로부터 자금을 충당하는 외부금융이다.

외부금융은 다시 직접금융과 간접금융으로 구분된다. 직접금융은 자금 조달 과정에서 금융기관의 개입 없이 주식이나 회사채를 발행해 직접 자금을 조달하는 방법이다. 신주를 발행하여 자금을 조달하는 방법, 거래소나 코스닥 시장에 기업을 공개하여 대규모 증자 자금을 조달하는 방법, 그리고 MBO, 트레이드 세일즈(Trade sales), Buy-Back, M&A 등을 통해 자금을 조달하는 방법으로 분류된다. 간접금융은 금융기관을 통해 자금을 조달하는 방법을 말한다. 각 정부 부처에서 실시 중인 정책금융을 통한 조달과 은행 등 일반 금융으로부터의 조달, 불특정 다수로부터의 사채발행을 통한 자금 조달로 구분된다.

경영자는 항상 기업의 자금 흐름을 파악하고 있어야 한다. 혹시나 자금흐름이 막히지는 않을지, 이미 약속된 어음이 부도 처리되진 않을지, 새롭게 주식을 발행해야 한다면 기존 주주들과의 관계는 어떻게 조율해야 할지 항상 고민하고 있어야 한다.

재화와 서비스의 흐름을 읽으라

우리의 제품은 무엇인가? 그 제품의 수명 주기는 어떠한가? 우리 회사의 제품은 경쟁사의 제품과 비교했을 때 시장에서 어떤 평가를 받고 있으며, 얼마나 오랫동안 지속 성장이 가능한가?

서비스 품질은 어떠한가? 그 서비스가 꼭 필요한가? 남이 하기 때문에 어쩔 수 없이 실행하는 서비스인가?

일반적으로 제품의 마케팅 전략이라고 하면 4P's Mix를 말하는 경우가 많다. 제품 전략과 가격 전략, 유통 전략, 촉진 전략이다. 이 네 가지 전략을 제대로 믹스하여 소비자의 니즈에 정확히 맞춰 제품으로서 성공을 거두고 소비자에게는 만족을 주는 일련의 활동이다. 이 흐름을 읽는 것이 매우 중요하다.

우리의 제품·재화는 어디에서 오는 것이며, 그 재화는 다른 재화로 대체될 수 있는가? 만약 대체가 가능한 상품이라면 우리가 그 대체 상품의 우위를 점할 수 있는가? 아니면 우리에게 위협적인 요소로 작용하는 경쟁 상품인가? 팀장은 이와 같은 상황을 꼼꼼히 따져 보아야 한다.

기존의 제품 전략에 브랜드의 기능적인 부분을 강조하면서 브랜딩을 했다면, 타사 제품보다 경쟁 우위에 있는 우리는 이제 좀 더 고가의 제품을 출시하면서 상징성을 강조할 수 있다. 유통 전략을 짤 때, 전에는 오직 하나의 채널만을 고집했다면 이제는 다른 매체를 통하여 소비자에게 접근이 가능한지를 살펴보아야 한다. 또한 새로운 소비자 창출을 위한 광고 기법도 개발해야 할 것이다.

서비스로써 우리 제품의 경쟁력을 높일 수 있는 영역이라면, 서비스의 흐름을 아는 것도 매우 중요하다. 한때는 색다른 서비스를 제공한다고 여겨졌던 한 패밀리 레스토랑의 고객 응대 방식은 이제 어디서나 볼 수 있는 진부한 서비스가 되어 버렸다. 그런 서비스를 기본적으로 제공하지 않는 패밀리 레스토랑이 있다면 종업원들의 태도 자체에 문제가 있는 것처럼 인식되어 버린 것이다. 고객이 왕이 아니라 황제가 되었다. 이제는 별 것도 아닌 일에 대해 문제를 제기하고 서비스의 품질을 지적하면서 대가를 바라는 고객도 등장했다. 불량 고객 리스트(Black list)를 만들어 리스트에 오른 고객이 전화나 방문을 하면 전담 담당자가 응대하도록 방침을 만든 기업도 늘어가는 추세이다.

이처럼 팀장은 자신의 관점이 아닌 경영자의 관점에서 우리 회사의 재화와 서비스의 흐름을 바라보며 제대로 관리해야 한다.

사업 트렌드를 읽으라

기업의 변화 관리를 파악하기 위해 필요한 부분 중의 하나가 트렌드를 읽는 것이다. 비즈니스 트렌드를 읽는 기업과 그렇지 못한 기업은 성과 면에서 차이가 극명하게 드러난다. 우리 기업의 흐름을 읽어 나아간다는 것은 지속적으로 성장해 간다는 것과 일맥상통하기 때문이다. 흐름을 잘 읽어 성장을 거듭하는 회사가 있는가 하면, 외부의 흐름을 읽기보다는 자가당착에 빠져 제품 자체가 사라지거나 기업이 위험해진 사례도 한두 개가 아니다.

트렌드를 읽기 위해서는 다음의 세 가지 눈을 가지라고 권한다.

첫째, 새의 눈을 가져라.
둘째, 곤충의 눈을 가져라.
셋째, 물고기의 눈을 가져라.

첫째, 새의 눈을 가진다는 것은 거시적인 안목을 가진다는 것이다. 소설가 리차드 바크는 "가장 높이 나는 새가 가장 멀리 본다"고 말했다. 높이 올라가 세상을 바라보는 눈과 바로 앞에 있는 산도 제대로 보지 못하는 눈은 비즈니스 세계에서 극명하게 차이가 난다.

우리나라의 주식 시장은 외국의 증시에 영향을 받는다. 따라서 우리나라 증시를 제대로 보기 위해서는 국제 주식 시장을 읽고 아시아 주식 시장을 읽고 난 뒤 국내 주식 환경을 읽어야 한다. 단지 그 기업의 상황만을 통해 증시를 읽으면 대관소찰(大觀小察)하지 못한 실수를 저지르게 된다. 비즈니스는 현실이다. 정확하게 분석하지 않고 직감만으로 조직을 이끄는 것은 중간 관리자로서 바람직한 모습이 아니다.

둘째는 곤충의 눈을 갖는 것이다. 곤충은 사람의 눈이 볼 수 있는 것보다 작게는 50만분의 1 크기에 해당하는 물질까지 또렷하게 볼 수 있다고 한다. 사람으로서는 전혀 불가능한 일이지만 곤충들은 이런 깊이 있는 눈을 소유하고 있다. 곤충의 눈은 현실을 대충 바라보는 것이 아니라 세밀하게 관찰하는 능력이다.

3M의 효자 상품이라고 불리는 '포스트잇'은 원래 접착제를 만들려다가 실패를 거듭할 때 탄생한 물건이다. 한동안 버려져 있던 제품과 소비자가 필요로 하는 반영구 접착식 책갈피의 아이디어가 결합하여 떼었다 붙였다가 가능하게 만들어진 것이다. 마찬가지로 전 세계시장을 휩쓸고 있는 화이자(Pfizer)의 비아그라는 원래 심장 치료제를 만들려고 개발하던 상황에서 나온 제품이다.

위의 두 사례는 어떤 것이든지 실패한 것의 용도를 다시 한 번 생각해 보고 세밀하게 관찰을 해보면 좋은 용도를 새롭게 발견할 수 있다는 것을 증명한다. 창의적인 아이디어는 완벽한 무에서 유를 창조하는 것이 아니라 기존의 것을 다른 시각으로 접근할 때 발견된다. 평소 지나치기 쉬운 곳을 세심히 관찰하여 응용하는 눈이 바로 곤충의 눈이다.

셋째는 물고기의 눈이다. 물고기의 눈을 가지라는 의미는 단지 물고기처럼 바라보라는 것이 아니다. 물고기는 옆줄이라는 것이 있다. 이 옆줄은 감각 기관인데, 어디에서 한류가 흐르고 어디에서 난류가 흐르는지 직감적으로 느끼고 그곳을 찾아 주는 역할을 한다. 이런 감각을 키우는 것이 물고기의 눈을 가지라는 의미이다.

1980년대 초반, 우리나라에 보리음료가 대 히트를 친 적이 있다. 당시 음료 업계에서 메이저 3사로 불리던 회사들은 작은 기업에게 보리음료 시장을 잠식당하고 있다는 사실에 배가 아팠다. 이런 상황이 발생하면 경쟁 업체에서 가장 많이 사용하는 방법이 유사 상품을 출현시켜 2~3년 동안 소비자의 입맛을 지치게 하는 것이다. 그리고 그 사이 자신들이 준비한 비장의 카드를 꺼내 놓는다. 당시 보리음료 경쟁 업체들은 우유탄산음료 시장으로 과감하게 진입을 시도하였다. 2~3년 동안 보리음료에 지친 소비자는 이제 보리음료하면 질렸다는 소리를 하면서 우유탄산음료 시장에 본격적으로 유입되었다. 보리음료로만 승부를 걸던 그 기업에게는 심한 타격이 아닐 수 없었다.

어느 정도 시장이 성숙기에 이르면, 제품 수명주기(Product life cycle)를 관리해야 한다. 기존의 제품에 지속적으로 투자를 하여 더 많은 시장점유율(Market share)을 얻어 갈 것인지, 그렇다고 한다면 그만한 시장의 매력도를 가지고 있는지를 판단해야 한다. 만약 그렇지 않다면 그 제품은 자금 젖줄(Cash cow)로 놓아둔 채 금전적인 투자는 생략하고 다른 대치 상품 개발을 위한 신상품 전략을 세워야 한다.

이것이 제품의 프로세스를 관리하는 방법이며, 크게는 사업의 트렌드를 관리하는 방식이다. 팀장은 자금과 재화 및 서비스를 관리하고 트렌드를 제대로 파악하고 있어야 한다.

비전과 전략을 이해하자

전략이란 무엇인가?

비즈니스에서 사용되는 경영전략, 마케팅 전략, 재무전략 등을 비롯해 심지어는 부동산전략, 주식매매 전략, 매장 운용 전략 등까지 많은 분야에서 전략이라는 단어가 사용되고 있다. 하지만 그 의미를 명확히 알고 사용하는 사람은 드물다. 전략이란 명확한 목표를 어떻게 달성할 것인지에 대한 대답이다. 전략을 구성하는 네 가지 기본 요소는 다음과 같다.

첫째, 전략에는 기업이 지향하는 구체적 목표가 담겨 있어야 한다. '우리 기업은 올해 고객만족을 극대화하여 고객에게 가치를 전달하는 진정한 기업이 될 것이다.'라는 식의 뜬구름 잡는 애매한 목표는 곤란하다.

둘째, 전략적 목표가 선정되면 기업의 활동 범위가 정해져야 한다. 활동 범위란 기업이 활동 중인 산업(혹은 제품), 지역 그리고 수직적 통합 정도의 세 가지를 의미한다.

셋째, 경쟁 기업을 이기기 위한 우리 기업의 경쟁 우위가 어디에서 올 수 있는지를 생각해야 한다. 즉, 경쟁 기업을 제압하기 위해 원가 절감 및 효율성을 추구하는 비용 우위 전략을 취할 것인지, 아니면 특정한 상품이나 서비스를 제공함으로써 차별화 전략을 추구할 것인지를 결정해야 한다는 말이다.

위에서 언급한 세 가지 요인들이 결정되면 마지막으로 해야 할 일은, 언급한 세 가지 요인들을 체계적으로 연결하는 비즈니스 로직 개발이다. 비즈니스 로직의 개발은 기업 내의 자원과 환경적 조건을 감안해 현실적이면서도 효과적으로 전략적 목표를 이루어 나아가는 로드맵을 제시하는 것이다. 따라서 앞서 언급한 세 가지 요인이 같은 기업이 두 곳 이상 존재한다고 하더라도, 전략적 목표를 이루는 로직은 다를 수 있다.

전략적 리더십

전략의 명확한 개념을 알았다면, 전략적 리더십은 상위 개념을 정확하게 이끌면서 영향력을 행사하는 리더십이라고 보면 된다. 따라서 다음과 같은 전략적 리더십 모델을 만들 수 있다. 전략적 리더십은 명확히 구체화된 목표, 즉 비전을 향하여 그 기업의 활동 범위를 정하고, 자사의 경쟁 우위가 어디에서 나올 것인지를 파악하여 의사 결정을 해야 한다. 자사의 자원을 확보하는 방법이나 환경적 여건을 고려하여 효과적이면서도 실현 가능하도록 구성원들에게 영향력을 행사하는 과정인 것이다. 이때 리더는 팀원들이 자사의 목표에 따라 잘 가고 있는지를 살피면서 조직 구성원들을 한 방향으로 정렬시켜 주어야 함을 명심해야 한다.

전략 구상을 위한 비전의 확립

비전은 여러 가지로 말할 수 있지만 명확하게 정의하면 지금 우리가 어디로 가고 있는지를 설명해 주는 말이다. 사람은 사람 나름대로, 기업은 기업 나름대로 자신이 정한 목적지가 있듯이, 자신이 가고자 하는 이상적인 그림이 있다. 이상적 그림은 궁극적으로 도달하고자 하는 꿈의 세계를 말한다. 또한 개인이나 조직의 열정을 담아 구체적으로 펼친 그림이라고 할 수 있다.

비전을 확립하는 일은 중요하다. 1960년대에 마틴 루터 킹 목사는 미국 전역을 돌면서 비전을 강조했다. 그가 꿈꾸던 미국의 미래상은 그 사람이 청교도인지 이교도인지, 신교도인지 구교도인지, 피부색이

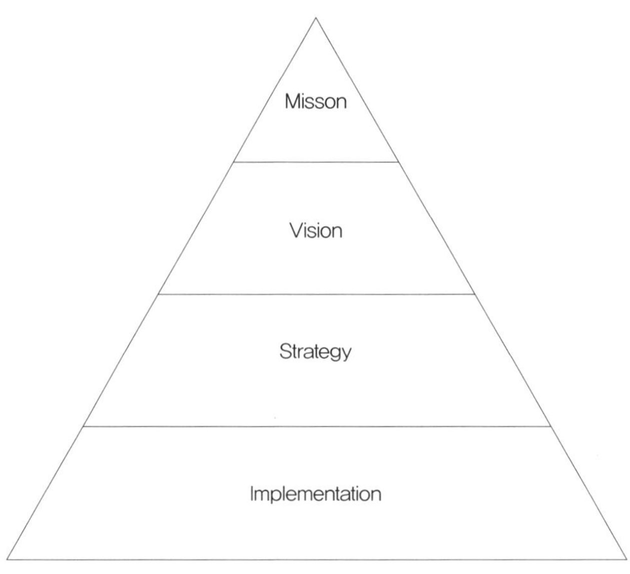

검은색인지 하얀색인지 등으로 평가받는 것이 아니라, 자신의 성격과 품성으로 평가받는 미국을 만들자는 것이었다. 이런 세상을 건설하기 위한 각고의 노력으로, 2008년 말 버락 오바마 대통령이 탄생되었다고 볼 수 있다.

이렇게 원하던 바를 현실로 만드는 좋은 꿈은 아래의 다섯 가지 규칙을 지키면 좋은 목표라고 할 수 있다. 이니셜을 따서 SMART 원칙이라고도 한다.

① Specific

② Measurable

③ Attainable

④ Realistic

⑤ Time-oriented

일의 핵심과 본질의 이해

경영자의 입장에서 생각한다고 할 때, 비전과 전략을 이해했다고 해서 끝난 것이 아니다. 가장 중요한 것은 우리가 하고 있는 사업의 핵심과 본질을 이해하는 일이다. 이것은 기업의 철학과 직결되는데 다음과 같은 질문을 통하여 구체화시켜 알아볼 수 있다.

1. 우리는 어떤 일을 하고 있는가?

2. 그 일을 왜 하는가?

3. 우리 말고 다른 사람이 하면 더 잘할 수 있는 일인가?

4. 우리가 하는 일의 본질적인 부분은 어떤 것인가?

5. 우리가 이 일을 함으로써 누가 혜택을 받을 것인가?

6. 우리가 하는 일은 사회에 공헌이 되는 일인가?

7. 우리가 하는 일은 사회적인 가치를 통하여 볼 때 올바른 일인가?

이런 질문을 토대로 비즈니스를 하게 되면, 하는 일을 더 구체화시키는 데 도움이 될 것이며 잠시의 이익을 좇아 유혹에 넘어가는 일도 없을 것이다. 혹시 어려운 일이 닥치더라도, 하고 있는 일의 사회적인 책임감과 가치를 느끼며 목표를 더욱 공고하게 해주는 계기가 될 것이다. 이것이 경영자와 조직을 이끄는 리더들에게 동기부여가 되는, 지속적인 성공을 이루게 해주는 지침이다.

경영자의 입장에서 생각해 보자

'역지사지(易地思之)'는 서로의 입장을 바꾸어 생각해 보라는 말이다. 조직의 한 구성원으로서 서로의 입장을 바꾸어 생각해 보는 일은 정말 중요하다. 상대의 입장에 서서 보게 되면 당연히 자신도 상대방처럼 생각하게 된다는 논리가 숨어 있기 때문이다. 비즈니스를 하는 사람이라면 경영자는 직원이 되어 보고 직원은 사장이 되어 보는 일은 꼭 한 번 생각해 볼 문제이다.

회사에 대한 나의 이해

회사를 다니면서 꼭 생각해 보아야 할 문제 중 하나가 '회사는 왜 나를 채용했을까?'이다. '회사가 나에게 요구하는 것은 무엇일까?' 이것은 아주 중요한 질문이다. 만약 당신이 이 질문에 대해 생각해 보지 않았다면 지금 당장 스스로에게 질문해 보아야 한다.

회사는 '나'라는 사람들이 모인 공동체이다. 수많은 '나'라는 존재들이 하나의 법인으로 만들어 운영되고 있다. 기계의 부속품 하나하나가 모두 가치 있듯 채용된 나 자신도 분명 가치 있는 사람이다. 또한 그 일에 꼭 필요하여 뽑았으며 가장 적격자라고 판단되어 현재의 자리에 배치한 것이다.

이때 주어진 업무를 이해하고 성공적으로 성과를 달성하는 것은 기본적인 자신의 책무이다. 조직 구성원으로서 나와 회사의 상관관계 속에서 제 역할을 찾고, 나의 능력 중 회사에 기여할 수 있는 부분을 찾아 성과와 연결되도록 역량과 잠재력을 발휘하는 일은 당연한 것이다.

자신의 역할을 잘 알지 못한다면, 다음과 같은 방법으로 조직 속의 나를 찾을 수 있다.

첫째, 자신을 조직 안에 비추어 통찰해 본다. 물론 이런 일이 가능하려면 조직의 흐름을 잘 알고 있어야 한다.

둘째, 자신의 상사를 찾아가 물어본다. 상사는 나의 역할을 가장 잘 알고 있다.

그래도 모르겠다면, CEO를 찾아가 직접 물어 보는 것도 좋은 방법이다.

내가 사장이라면 직원에게 요구할 것

여러분은 어떤 사람과 일하고 싶은가? 특히 어떤 상사와 일하고 싶은가?

2014년 4월 취업포털 잡코리아는 출판사 알키와 함께 직장인 1889명을 대상으로, "왜 일보다 사람이 힘들까?" 라는 주제로 설문조사를 실시했다. 직장인들이 원하는 상사 유형에 대해 질문한 결과,

> ① 말을 잘 들어주고 장점을 살려줄 것 같은 '유재석'(51.6%)
>
> ② 확실한 리더십으로 나를 프로로 만들어 줄 것 같은 '양현석'
>   (27.3%)
>
> ③ 꼼꼼한 성격으로 일을 잘 가르쳐 줄 것 같은 '손석희'(10.3%)
>
> ④ 끊임없는 변화와 혁신을 가져다 줄 것 같은 '이건희'(7.4%)
>
> ⑤ 강하게 훈련시켜 줄 것 같은 '강호동'(3.4%)
>
> 출처: http://moviejoy.com/it/e_view.asp?db=it&num=1191

순이었다. 이는 2007년 7월 잡코리아가 조사한 ① 부하를 전문가로 후원하는 상사(34.1%), ② 부하에게 책임과 권한을 위임하는 상사(30.6%), ③ 의사 결정 시 부하 참여를 허용하는 상사(13.6%)와 시기만 다를 뿐 일맥상통한다.

하지만, 정말 아이러니하게도 "그럼 당신은 현재 당신의 부하에게 어떤 상사입니까? 혹시 상위의 3위를 차지한 행동들을 하고 있습니까?" 라는 질문을 하면 대부분 고개를 젓고 만다. 그러면서 "우리 직원들은 아직 그런 단계가 아니다. 아직 더 배워야 한다. 조직을 잘 모른다. 마인드가 약하다."라는 말을 한다. 현재 당신의 상사나 CEO도 당신을 그렇게 보고 있을지 모른다. 이것은 그 어떤 누구에게도 적용이 되는 말이다. 기업 현장에 가서 리더십 교육을 하고 나면 임원들이 곧잘 하는 말이 "우리 직원들이 이런 교육을 받아야 한다."이다. 그런데 직원들을 상대로 리더십 교육을 하면 똑같이 "우리 상사가 이런 교육을 받아야 한다."고 말하고 있다.

내가 만약 사장이라면 직원에게 요구하고 싶은 것, 그것이 지금 우리 회사 사장이 나에게 원하는 것이다. 그리고 지금이 그 일을 실천할 때이다.

경영자의 입장에서 생각한다는 것

기업에서 근무할 때 CEO를 도와 채용 업무에 참여한 적이 있다. CEO는 수많은 지원자들 중 몇몇 사람들은 학력과 자기소개서를 제쳐둔 채 이력서만 가지고 면접을 실시하였다. 이 지원자들의 공통점은 자기 사업을 직접 해봤다는 점이었다. CEO는 이들에게는 어떤 일을 맡기더라도 자신이 CEO라는 마인드를 가지고 비즈니스를 전개할 것임을 알고 있었다. 문제가 발생하면 분명 위험인자를 찾아 자신의 일처럼 처리할 것이라고 생각했다. 모든 사람에게 해당되는 것은 아니지만 CEO의 행동을 관찰하면 우리는 아주 중요한 것을 발견할 수 있다. CEO는 자신의 일처럼 업무를 처리해 주고 자신의 입장에서 조직을 바라볼 사람을 원한다는 것이다. 어떻게 보면 아주 단순하면서 당연한 것 같지만, 그런 인재를 찾는다는 것은 쉽지 않은 일이다.

경영자의 시선으로 바라보는 일은 우리가 조직의 한 구성원으로서 또는 중간 관리자로서 가져야 할 마인드의 가장 중요한 요소 중 하나이다. CEO가 자신의 입장에서 생각하고, 바라보고, 의사 결정을 내리는, 즉 내 일처럼 업무를 처리하는 사람을 선호한다는 것은 틀림없는 사실이다.

요 약

1. 가장 기초적이고 보편적인 방법으로 경영의 흐름을 이해한다는 것은 다음
   과 같이 말할 수 있다.
   ① 우리 회사의 자금을 읽는 것
   ② 우리 회사의 재화와 용역(서비스)의 흐름을 읽는 것
   ③ 우리 기업의 트렌드를 읽는 것

2. 분명 회사는 이익이 나고 있으며 영업도 잘되어 가고 있다. 하지만 들어오
   는 자금과 나가는 자금 흐름이 원활하지 못해 시기를 잘못 맞춰 문제가 발
   생하면 망하게 된다. 이를 '흑자도산'이라고 한다.

3. 트렌드를 읽기 위해서는 세 가지의 눈을 가져야 한다.
   ① 새의 눈
   ② 곤충의 눈
   ③ 물고기의 눈

4. 전략을 구성하는 네 가지 기본 요소는 다음과 같다.
   ① 전략에는 기업이 지향하는 구체적 목표가 담겨 있어야 한다.
   ② 전략적 목표가 선정되면 기업의 활동 범위가 정해져야 한다.
   ③ 경쟁 기업과 경쟁에서 승리하기 위한 우리 기업의 경쟁 우위가 어디에
      서 올 수 있는지 생각해야 한다.
   ④ 위에서 언급한 세 가지 요인들이 결정되면 요인들을 체계적으로 연결하
      는 비즈니스 로직을 개발해야 한다.

5. 전략이란 명확한 목표를 향하여 어떻게 달성할 것인지에 대한 대답을 말
   한다.

6. 좋은 비전을 만들기 위한 다섯 가지 SMART 원칙이다.

① Specific

② Measurable

③ Attainable

④ Realistic

⑤ Time-oriented

7. 기업이 하는 일의 본질과 핵심을 이해하는 질문으로는 다음과 같은 것들이 있다.

① 우리는 어떤 일을 하고 있는가?

② 그 일을 왜 하는가?

③ 우리 말고 다른 사람이 하면 더 잘할 수 있는 일인가?

④ 우리가 하는 일의 본질적인 부분은 어떤 것인가?

⑤ 우리가 이 일을 함으로써 누가 혜택을 받을 것인가?

⑥ 우리가 하는 일은 사회에 공헌이 되는 일인가?

⑦ 우리가 하는 일은 사회적인 가치를 통하여 볼 때 올바른 일인가?

8. '역지사지(易地思之)'는 서로의 입장을 바꾸어 생각해 보라는 말이다. 조직의 한 구성원으로서 역지사지의 자세를 가지는 것은 정말 가치 있는 일이다. 상대의 입장에 서서 보게 되면 당연히 자신도 그렇게 생각하게 된다는 논리가 숨어 있기 때문이다.

9. 직장인들이 원하는 상사 유형에 대해 질문한 결과, 많은 사람들이 이렇게 대답했다.

① 말을 잘 들어주고 장점을 살려줄 것 같은 '유재석'(51.6%)

② 확실한 리더십으로 나를 프로로 만들어 줄 것 같은 '양현석'(27.3%)

③ 꼼꼼한 성격으로 일을 잘 가르쳐 줄 것 같은 '손석희'(10.3%)

④ 끊임없는 변화와 혁신을 가져다 줄 것 같은 '이건희'(7.4%)

⑤ 강하게 훈련시켜 줄 것 같은 '강호동'(3.4%)

10. 경영자의 입장에서 생각한다는 것은 역지사지해 보는 것, CEO의 시선으
로 보는 것, 내 자신이 회사의 주인이라는 마음을 갖고 일하는 것이다.

2 장

실행력을 갖춰라

기업이 성공하거나 실패하는 이유로 가장 많이 언급되는 말은 그 기업의 비전이나 전략, 그리고 시스템이다. 하지만 LG화학의 대표이사였던 노기호 사장은 비전과 전략의 차이보다는 실행력의 차이가 기업 간의 격차를 벌이는 근본적인 이유라고 했다.

이번 장에서는 실질적으로 실행력이 떨어지는 이유를 진단하고 그에 따른 실행력 향상 방안에 대하여 알아보겠다.

생각을 성공으로 만드는 힘, 실행력

성공한 사람과 그렇지 못한 사람 간에 확연하게 차이가 나는 것 중의 하나가 실행력이다. 누구든지 생각은 한다. 누군가의 성공담을 미디어나 타인에게 전해 듣고, '아, 나도 그런 생각했었는데……'라는 생각을 안 해본 사람이 드물 것이다. 두 사람에게서 찾을 수 있는 성공과 실패의 차이는 '생각한 바를 행동에 옮겼는가? 아니면, 생각으로 끝났는가?'이다.

실행력이 떨어지는 이유

NATO족이라는 말이 있다. 'No Action, Talk Only'라는 말의 약자로, 말만 그럴듯하고 행동은 하지 않는다는 뜻이다. 우리가 가십거리로 자주 사용하는 말이지만, 실제로 조직의 관리자가 NATO족이라면 그것은 아주 치명적이다. 조직은 무언가를 그리고 만들어 실행하려고 모인 조직이다. 말만 앞세우며 입으로 일하는 사람들로 가득하면 곤란하다.

우리는 말로만 일을 해서는 안 된다는 사실을 잘 알고 있다. 그런데도 불구하고 실행력이 떨어지는 이유는 무엇일까? 실행력을 향상시킬 수 있는 방법을 크게 두 가지로 나누어 보면, 실행력 향상을 위한 전략적 접근 방법과 동기부여법이 있다.

실행력 향상을 위한 전략적 접근법

실행력 향상을 위한 전략적 접근법은 다음과 같이 네 가지로 나누어 볼 수 있다.

명확한 방향과 목표

어느 조직에서나 나오는 이야기지만 무언가를 실현하기 위해 가장 바탕이 되는 것은 명확한 목표와 방향이다. 목표는 추진력 있게 밀고 나아가기 전에 꼭 확인해야 하는 부분이다. 방향이 명확하지 않으면 실행을 하지 않음만 못한 결과를 초래한다. 조직원들이 가장 힘들어하는 리더는 앞은 정확히 보지 못하면서 추진력만 부지런하게 발휘하는 사람이다. 열심히 앞을 향해 나아가지만 도달점이 회사의 방향과 어긋나거나 엉뚱한 곳이어서 조직에게는 큰 손실을, 구성원에게는 커다란 피로감을 주기 때문이다.

끝까지 밀고 나가는 열정과 추진력

리더들도 실제로 해보기 전까지는 성공 여부를 알기 어려워 실행을 주저하게 된다. 특히 실행력이 부족한 리더는 잘못된 결정을 내리게 될까 봐 두려워한다. 때문에 제때 기회를 포착하지 못하거나 의사결정이 지체되는 경우가 많다. 자신의 의견이 옳다고 생각하더라도 상대방이 강하게 나오면 쉽게 주장을 굽히거나 결정을 번복하는 경우도 잦다. 따라서 실행력 강한 리더가 되기 위해서는 방향이 옳다고 판단되면 과감하고 신속하게 목표한 바를 추진해 나가야 한다. 실행의 맥을 짚고 확고한 의지를 구성원들에게 보이면서 밀고 나가는 리더십이 필요하다.

커뮤니케이션을 통한 컨센서스(Consensus) 확보

아무리 훌륭한 사업이라도 함께하는 사람들의 지지를 얻지 못하면 제대로 실행하기 힘들다. 따라서 조직 구성원들의 합의를 이끌어 내기 위한 기술이 필요하다. 그것이 커뮤니케이션 기술인데, 자동차 기업 닛산의 CEO 카를로스 곤은 커뮤니케이션의 달인으로 인정받는 사람 중의 한 명이다. 그는 닛산에 취임한 뒤 초반 6개월은 회사의 전 직원들과 이야기를 나누는 데 시간을 할애했다. 의사소통의 중요성을 잘 알고 있었던 것이다. 닛산의 한 임원이 "곤 사장의 영어가 때로는 역대 경영자의 일본어보다 알기 쉽다."라고 말할 정도로, 그는 자신의 말로 정확하고 알기 쉽게 메시지를 전달하고자 노력했다고 한다.

구성원의 실행 역량 계발

실행력이 강한 조직을 만들기 위한 리더의 중요한 역할 중 다른 하나는 구성원들이 역량을 계발할 수 있는 적절한 기회를 제공해 주는 것이다. 이 활동을 통해서 얻은 자신감을 토대로 팀원들이 새로운 일을 의욕적으로 추진할 수 있게 만들어 주어야 한다. 단순히 목표를 높여 구성원들에게 달성하라고 요구하는 것은 매우 무책임한 일이다. 목표만 잡는다고 저절로 실행되는 것이 아니다.

GE 사는 BMC(Business management course)를 통해 실행력 강한 리더들을 육성하고 있다. BMC는 현실적인 경영 문제에 대해 해결책을 검토하는 'Action Learning'의 일종이다. 여타 기업의 임원 연수와 다른 점은 3주간의 연수 마지막 날에 있다. CEO를 포함한 최고 경영층 앞에서, 각 조별로 주어진 과제에 대해 직접 작성한 해결 방안을 발표한다. 그 자리에서 방안의 실행 여부가 바로 결정되기도 한다. 연수인 동시에 GE 경영전략의 실행 방향을 결정하는 자리인 것이다.

이러한 과정을 통해 참가자들은 문제 해결에 필요한 기법을 습득하고, 실제로 활용해 보는 기회를 갖게 된다. 자신들의 역량을 높이고 향후 조직을 이끌 때 필요한 자신감도 얻는다. 또한 그룹의 우수한 멤버와 토론을 하면서 자신의 강점과 약점을 파악하고 계발해야 할 부분도 찾을 수 있다.

동기부여법

건전한 실패를 용인

조직에서 한 번의 실패는 당사자에게는 물론 조직에도 피해를 준다. 하지만 그 실패가 다음 업무를 수행하는 데 걸림돌이 되면 곤란하다. 실행을 하기까지는 수많은 시행착오와 실패가 수반된다. 그러나 그 실패가 경력에 치명적인 오점이 된다면 누구도 앞장서서 도전적인 일을 하려 들지 않을 것이다. 건전한 실패는 용인해 주고 차기 성공을 위한 도움이 되는 발판으로 활용할 수 있게 만들어 주는 기업 문화가 바탕이 되어야 한다. 이를 위하여 리더는 새로운 것을 시도하는 사람을 적극적으로 지원해야 한다. 때로는 실패보다 행동하지 못한 것에 대한 책임을 묻는 것도 필요하다.

지속적 자극을 통한 실행 강화

실행력을 강화할 목적으로 현장에 있는 팀원들에게 권한을 위임을 하는 경우가 있다. 팀원들은 업무에 대한 위임 또는 전결권을 얻었다는 마음에 동기부여가 되고 열심히 일하게 된다. 하지만 시간이 지날수록 빠르게 처리하는 것을 능숙한 업무처리로 오해하고 환경 변화에 대해 무뎌지는 경우가 발생한다. 즉, 근시안적 사고와 매너리즘에 빠지고 마는 것이다. 조직이 아무리 수평적으로 변하였다 하더라도 기본적인 위계는 필요하다. 따라서 리더는 구성원의 마음을 자주 살피고 실행에 대한 결과를 주기적으로 피드백하며 지속적으로 자극을 주는 역할을 해야 한다.

성과 중심의 보상

회사의 일은 문서화(Documentation)와 발표(Presentation)가 전부라고 해도 과언이 아닐 정도로, 기업 내 업무 처리는 이 두 가지에 집중되어 있다. 문제 분석과 방법 모색에 대부분의 시간을 할애하고 화려한 말로써 이를 제시하는 사람이 높은 평가를 받는 조직 문화는 실행에 걸림돌이 된다. 문제가 생기면 토론하고 결론을 내려 계획을 세우는 것이 문제 해결이라고 착각하고 있는 것이다. 문제 해결 회의는 실행을 위한 사전 단계에 불과하다.

결국 실행이 강화되기 위해서는 말로만 하는 것이 아니라 실행의 경쟁이 일어나도록 유도하고 성과 중심으로 인재를 평가해야 한다. 그리고 그 성과를 바탕으로 보상을 제공하는 체계가 이루어져야 한다.

조직의 성공적 실행 프로세스

대부분의 실행 프로세스는 다음의 네 단계로 이루어진다.

① 아이디어를 창출하는 단계

② 실행 단계

③ 가치 창출 단계

④ 혁신으로 변화시키는 단계

그렇다면 각각의 단계에서는 어떤 일들을 해야 하는지, 그리고 그것을 정착화시키기 위해 팀장으로서 어떤 일들을 해야 하는지 점검해보도록 하겠다.

실행의 첫 번째 관문, 아이디어 창출

실행을 위한 첫 번째 관문은 아이디어 창출이다. 아이디어가 없으면 어떠한 계획도, 실행도 이어 나갈 수 없다. 많은 기업이 일을 할 때 아이디어가 없어서 항상 고민한다. 회의 석상에서 가장 흔하게 하는 말이 "무슨 좋은 아이디어 없어?"이다. 그래서 최근 많은 기업들이 아이디어를 내는 데 도움이 되는 창의력 프로그램을 개발하고 있다. 제품으로 승부를 걸던 기업들도 창조경영이라는 캐치프레이즈 아래 창의력이 좋은 직원들을 채용하려 한다. 좋은 아이디어는 한순간에 발휘되는 것이 아니다. 여러 가지 문제를 대입해 보기도 하고 엉뚱한 상상력들을 서로 연결하거나 묶어 보기도 해야 한다. 논리성과 별개의 생각을 가지고 접근하는 것이 필요하다. 따라서 조직 구성원의 창의력을 계발하기 위해서는 평소 엉뚱하고 기발한 상상력에 힘을 실어 주는 것이 필요하다. 팀장은 논리성과 무관한 일과 놀이를 즐길 줄도 알아야 한다.

실행의 두 번째 관문, 실행

아무리 좋은 아이디어라도 실행하지 않으면 무용지물이다. 일찍이 GE 사는 리더의 조건으로 4E인 활력(Energy), 동기부여(Energize), 결단력(Edge), 실행력(Execute)을 제시하였다. 처음에는 Energy, Energize, Edge의 3E를 리더십의 덕목으로 설정하였다. 그러나 세 가지로는 경영자들에게 무언가 부족하다고 생각해, 주어진 일을 끝까지 수행해 나아가는 능력인 Execute를 추가했다.

팀장으로서 실행력을 높이기 위해서는 다음과 같은 기술을 연마해야 한다. 자신이나 구성원들의 실행력 향상에 효과적이다.

구체화된 언어를 사용하라

평소 조직 내에서 구체적인 언어를 사용하는 습관을 들인다. 오후에 회의를 시작하자는 말보다는 오후 3시 정각에 회의를 시작하자는 말이 실행을 더욱 명확하게 해준다. 그리고 시간 관리에 관한 아이디어를 내는 것보다 평소 시간을 뺏어 가는 시간 도둑 찾기를 해야 한다. 시간의 낭비 요인을 빨리 발견하고 시간 관리에 관한 많은 정보를 얻을 수 있다. '스피드란 일을 빨리 끝내는 것이 아니라 불필요한 시간을 없애는 것'이라는 톰 피터스(Tom Peters)의 말처럼, 조직 업무상 중요하지 않은 일들은 과감히 없애는 것이 실행력을 높이는 길이다. 숫자를 활용하는 것도 아주 좋은 방법 중 하나이다.

자신의 작은 성과를 칭찬하라

작은 칭찬에 인색하게 되면 큰 업무를 수행하고 나서도 칭찬을 많이 해주지 못한다. 아주 작은 일이라도 칭찬과 격려의 말을 해주면 자연스럽게 힘이 나고 열정을 쏟기 마련이다. 주변 사람을 칭찬하는 것도 중요하지만 자신이 이룬 자그마한 일부터도 긍정적인 메시지를 주면 자연스럽게 동기부여가 되고 실행력이 높아진다.

다이어리를 활용하라

비즈니스 현장에서 일하다 보면 서로 약속을 해놓고도 기억을 못하는 경우가 있다. 중요한 거래처와의 약속은 더욱 그렇다. 평소 다이어리를 활용하면서 메모하는 습관을 가지면 실행력에 좋은 밑거름이 된다. 메모를 하면서 생각하게 되고 다시 써보면서 실행 방안을 구상하게 되기 때문이다. 그러다가 불현듯 좋은 방안이 떠올라 현실화가 빨리 이루어질 수도 있다.

실행의 세 번째 관문, 가치 창출

좋은 아이디어를 실행으로 옮겼을 경우 그것이 가치 있는 것인지 그렇지 않은 것인지 판단하는 단계를 거쳐야 한다. 제품이든 서비스든 우리의 관점이 아니라 소비자가 평가했을 때 가치 있는 것이어야 한다. 좋은 아이디어를 직접 실행에 옮겼을지언정 그것을 사용하는 소비자에게 참다운 가치를 제공하지 못하면 외면을 당할 것이기 때문이다. 예를 들면, 이미 양방향 통신(휴대폰)으로 기술의 흐름이 바뀐 시점에서는 최고의 기술력을 가지고 음성으로 거는 무선 호출기를 만들었다 하더라도 소비자에게 아무런 가치를 주지 못한다. 소비자의 마음에 드는 제품이나 서비스는 고객에게 필요성과 편리성, 경험성, 상징성의 가치를 주어야 한다.

- 필요성: 고객에게 반드시 필요한 물건이면 사게 된다.
- 편리성: 고객에게 편리함을 주면 구입하게 된다.
- 경험성: 오락 등 기호에 맞으면 경험하고 싶어 한다.
- 상징성: 가지고 있는 것 자체나 품위 유지를 위해 필요하면 구입하게 된다.

실행의 네 번째 관문, 혁신

기업이 외부 변화에 적응하기 위해서는 여러 가지로 변화를 추구하면서 고객에게 가치를 부여하는 쪽으로 창의성을 발휘하여야 한다. 우리는 그것을 혁신이라고 한다. 혁신은 기존의 방식에서 벗어나 새롭게 접근한다. 생산성과 능률을 높여 효과적으로 일을 하게 만든다. 고객에게 더 나은 가치를 제공하여 성과로 이어진다면 우리는 그 기업을 혁신에 성공한 기업이라고 부른다.

하지만 오로지 부를 창출하기 위한 목적으로 창의성을 발휘하는 기업이 있다. 이러한 경우는 고객의 사랑을 받지 못하고 차라리 사장되는 편이 나을 지도 모른다. 고객에게 진정한 참가치를 주는 것이 아니라 그 제품을 생산하는 사람의 부를 쌓기 위해 순간적으로 고객의 눈을 속여 제공할 확률이 높기 때문이다. 그리고 그런 재화나 용역은 기업의 부와 연관성이 떨어지는 순간 잘못된 창의성으로 발전할 가능성이 크다.

이것은 기업의 창의성이 변질된 형태라고 할 수 있다. 어쩌면 이런 현상은 실행력이 나타나지 않느니만 못하다고 할 수 있다.

경영은 실행에 의해 움직인다

성과 향상을 위한 경영

의사 결정이 원활하지 못하거나 구성원들의 기여도가 예상보다 저조할 때, 경영자들은 모범적인 다른 기업을 벤치마킹하여 그 기업의 조직 구조나 업무 프로세스, 문화에서 해답을 찾아내려고 노력한다. 하지만 대체로 근본적인 해답은 찾지 못한다. 단순한 벤치마킹은 오히려 역효과를 불러일으킨다. 실행에 관한 명확한 개념을 인지하지 못하고 무엇을 찾으려 하는지조차 모른 채 벤치마킹을 하기 때문이다.

노벨상을 수상한 유명인들의 공통점을 보면, 그들은 남들이 아직 발견하지 못한 패턴이나 상관관계를 밝혀냈다. 그리고 다른 사람들이 모방할 수 있거나 검증할 수 있는 부분까지도 직접 행동으로 입증했다. 아인슈타인도 상대성 이론을 밝혀내기 위하여 10년 동안이나 세부적 근거를 마련했다. 치밀한 수학적 계산을 통해 세부적인 근거를 마련하는 것, 그것이 바로 실행의 본질이다. 명확하지 않으면 어떠한 법칙도 효력을 인정받을 수 없다. 아인슈타인도 자신의 이론을 입증하기 위한 실행 과정을 다른 사람에게 의존하지 않았다.

기업도 외부에서 실행력의 해답을 찾으려고 하기보다는 조직 내부의 시스템과 문화, 기업 방침에서 찾아야 한다. 잘못된 부분을 찾아 실행에 방해가 되는 원인을 밝혀 내고 수정해 나가야 한다.

실행력이 부족하여 실패한 사례들

리처드 토먼(Richard C. Thoman)은 제록스(Xerox)에 입사하기 전 IBM의 회장 겸 CEO인 루이스 거스너가 가장 총애하던 인물 중 한 명이었다. 1999년 4월, 토먼은 CEO로 승진하여 상품 및 서비스 업체였던 제록스를 솔루션 공급 업체로 변모시키기로 결정했다. 소프트웨어와 하드웨어, 서비스를 통합함으로써 고객들에게 총체적인 전자 정보 서비스를 제공하겠다는 것이 그의 목표였다. 이를 위해 마이크로소프트나 컴팩과 같은 업체들과 제휴하여 시스템을 구축하기로 했다.

제록스는 새로운 경영 활로를 모색하는 중이었고, 토먼의 비전은 소비자들을 열광시키기에 충분했다. 투자자들은 동조하였고 주식은 상종가를 달렸다. 하지만 토먼의 비전은 현실을 반영하지 못했다. 제록스가 수십 년간 실행력의 부재에 시달려 왔다는 현실을 간과한 채

도저히 소화하기 힘든 먹이를 덥석 문 게 실수였다.

토먼은 CEO로 취임한 지 얼마 되지 않아 두 가지 프로그램을 섣부르게 도입하였다. 하나는 회계와 결제 관리, 고객 서비스와 콜센터 등 무려 90여 개에 달하는 관리 조직을 네 개의 조직으로 통합한 일이었다. 그리고 또 하나는 거의 3만 명에 이르는 지역기반의 영업 인력 절반을 산업기반으로 재편한다는 계획이었다.

한 해가 가기도 전에 제록스는 혼란에 빠졌다. 관리 조직에 변화를 주면서 결제 관리가 엉망이 되었고 주문이 감소했다. 고객의 서비스 요청에도 제대로 대응하지 못했다. 영업 팀 역시 새로운 방식에 적응하느라 본연의 업무 시간이 대폭 줄었다. 고객 전담 팀도 대거 교체되어 오랫동안 좋은 관계를 유지해 온 고객들마저 고개를 돌렸다. 구성원들의 사기도 땅에 떨어졌다. 현금흐름이 좋지 않자, 투자자들이 재무 건전성에 의문을 던졌고 64달러의 주가는 7달러까지 주저앉았다.

조직의 역량에 비해 적용하기 어려운 두 가지 프로그램을 한꺼번에 도입한 것이 문제였다. 토먼이 프로그램을 실행하는 사람들과 직접적인 교류를 하지 못했다는 이야기도 있지만, 제록스의 배타적인 기업 문화는 외부인에게 결코 우호적이지 않았다. 기업은 토먼이 CEO의 자리에 오른 뒤에도 경영진을 직접 선임할 권한조차 부여하지 않았다. 변화를 시도하는 기업에서는 적재적소에 인력을 배치하는 일이 무엇보다 중요하다. 저항을 완화하고 계획을 실행할 수 있는 방향으로 핵심 프로세스를 운용해야 한다. 하지만 제록스는 둘 중 어느 한 가지도 제대로 이루어지지 않았다(래리 보디시, 램 차란, 2004).

1. 성공한 사람과 그렇지 못한 사람의 차이는 실행력이다.

2. 실행력 향상을 위한 전략적 접근법에는 명확한 방향과 목표, 끝까지 밀고 나아가는 추진력, 커뮤니케이션을 통한 컨센서스 확보, 그리고 팀원들의 실행력 강화를 위한 역량 계발이 있다.

3. 실행력 향상을 위한 동기부여법은 건전한 실패 용인과 지속적 자극을 통한 실행력 강화, 성과 중심의 보상이 있다.

4. 조직의 성공적 실행 프로세스는 다음과 같다.
   ① 아이디어를 창출하는 단계
   ② 실행 단계
   ③ 가치 창출 단계
   ④ 혁신으로 변화시키기는 단계

5. 일찍이 GE 사는 리더의 조건으로 4E(Energy, Energize, Edge, Execute)를 제시했다. 처음에는 Energy, Energize, Edge의 3E를 리더십의 덕목으로 설정하였다. 그리고 이 세 가지에 이어, 주어진 일을 끝까지 수행해 나아가는 능력인 Execute를 추가했다.

6. 팀장으로서 구성원의 실행력을 높이는 방법은 다음과 같다.
   ① 구체화된 언어를 사용한다.
   ② 작은 성과를 칭찬한다.
   ③ 다이어리를 활용한다.

7. 실행을 통해 가치를 창출하는 단계에서 기업이 고려해야 할 네 가지는 다
   음과 같다.

   ① 필요성: 고객에게 반드시 필요한 물건이면 사게 된다.

   ② 편리성: 고객에게 편리함을 주면 구입하게 된다.

   ③ 경험성: 오락 등 기호에 맞는 것이면 경험하고 싶어 한다.

   ④ 상징성: 가지고 있는 것 자체나 품위 유지를 위해 필요하면 구입하게
      된다.

8. 기업은 변화하는 외부의 환경에 적응하기 위하여 여러 가지로 변화를 추구
   하면서 고객에게 가치를 부여하는 쪽으로 창의성을 발휘하여야 한다. 그것
   이 바로 혁신이다.

3 장

리더십도 준비되어야 한다

최근까지 리더십과 리더십 개발 연구에 따른 이유와 개념의 이론적 틀을 고찰해 보면 다음과 같이 일곱 가지의 리더십으로 요약할 수 있다. 개인적 특성이론(Trait theory), 행동이론(Behavior theory), 거래적 이론(Transactional theory), 변혁적 이론(Transformational theory), 문화적 이론(Cultural theory), 성과 문화적 차이 이론(Gender & Cultural Difference theory) 그리고 윤리적 리더십(Ethical leadership) 이 그것이다(최은수, 2006).

리더십에 관한 여러 개념은 개인적 특성에서, 행동의 틀에서, 문화와 조직 사이에서, 남녀 간의 차이에서 각각 다르게 만들어진다. 리더십은 언제나 개발된다는 뜻이다. 그러므로 리더가 되고자 하는 사람은 리더십 발휘를 위해 언제나 준비되어 있어야 한다.

이번 장에서는 개인적으로나 조직에서나 리더는 준비된다는 개념을 명확히 이해하고, 훌륭한 리더로 성장하기 위해 준비해야 하는 덕목에 관하여 알아보도록 하겠다.

최 팀장은 요즘 들어 고민이 생겼다. 회사가 자신의 성과를 평가해서 영업 부서의 팀장으로 갑자기 발령을 낸 것이다. 나름대로 쌓아 온 경험치로 혼자 영업을 하라면 얼마든지 성과를 낼 자신이 있다. 하지만 다른 사람을 관리하면서 이야기하고 들어주는 일은 자신의 적성과 맞지 않는다고 생각한다. 한 번도 리더십에 관한 책을 읽거나 교육을 받은 적이 없어 흐름을 잡기도 어렵다. 상사는 다른 사람을 관리해 보아야 더 크게 성장할 수 있다고 용기를 주지만, 팀장이 되어 다른 사람에게 영향력을 행사한다는 것이 아무래도 부담스럽다.

준비된 리더, 준비되지 않은 리더

어느 누구나 한 조직의 관리자가 되면, 직급이 올라 기쁘기도 하지만 다른 사람을 관리해야 하고 그 사람의 성과에 따라 자신이 평가받는다는 사실에 대한 부담감도 적지 않다.

조직의 입장에서 보자면 더 효과적으로 리더 역할을 할 수 있는 사람만을 골라야 할 것이다. 그렇다면 리더 역할을 하지 못하는 사람은 영원히 팀원으로만 남아야 하는 것일까? 리더가 될 수 있는 사람들은 따로 있는 것일까?

한 조직의 리더는 태어나는 것인가, 길러지는 것인가에 대한 연구는 끊임없이 이어져 왔다. 그리고 많은 연구의 결과에 따라, '리더는 선천적으로 타고난 면도 있긴 하지만 대부분 길러진다.'는 것이 정설로 받아들여졌다. 그렇다고 아무나 리더 자리에 앉혀 놓으면 모두가 리더 역할을 충실히 해낼 수 있는 것은 아니다. 그러므로 리더는 자신의 이상적인 리더상을 정해 놓고 항상 준비하는 과정이 필요하다. 준비되지 않은 리더는 준비된 리더에게 지배당하거나 뒤쳐질 수밖에 없다.

준비된 리더

그렇다면 준비된 리더란 무엇일까? 최근까지의 리더의 모습은 크게 두 가지로 요약해 볼 수 있다.

첫째, 품성과 역량을 제대로 갖추는 리더이어야 한다. 둘째, 앞에서 말한 일곱 가지 리더십을 명확하고 있어야 한다. ① 개인적 특성 리더십, ② 행동 리더십, ③ 거래적 리더십, ④ 변혁적 리더십, ⑤ 조직 문화 리더십, ⑥ 성과 문화 차이의 리더십, ⑦ 윤리적 리더십이 그것이다. 리더십의 개념과 특징을 제대로 파악하여야 리더로서 자신이 속한 조직에 응용할 수 있기 때문이다.

능력은 있으나 존경받지 못하는 리더

오래전 TV에서 방영된 드라마 중 '하얀 거탑'이라는 프로그램이 있었다. 주인공은 능력 있는 의사로서 성과는 인정받았지만 후배들이 배울 만한 소양을 갖춘 리더인가에 대해서는 논란이 있었다. 이유는 그가 가진 품성 때문이었다. 어느 조직에서든 사람은 실력으로 인정받고자 한다. 실력을 갖추지 못하면 금세 그 조직에서 도태되어 버릴 수 있기 때문이다. 조직 내에서 실력을 인정받으면 그 능력을 기초로 조직 발전에 기여한다고 생각하기 때문에 조직은 그 사람과 오랫동안 함께 있고 싶어 한다.

그런데 실력을 갖춘 사람이 조직의 시너지에 기여하지 못하거나 다른 사람이 능력을 발휘할 영역을 저해하는 요소를 가지고 있다면 어떠할까? 실력은 인정하지만 품성에 문제가 있으면 상위 리더는 한참을 고민하게 된다. 그 사람을 방출시키자니 조직 성과에 있어서 당장 부담이 될 것이다. 그러나 같이 업무를 하자니 그 사람으로 인해 발생하는 문제도 적지 않다. 다른 구성원들의 동기부여가 저해되기 때문이다. 결국 상위 리더는 그가 긍정적인 조직 문화를 해치는 요인으로 작용할 수 있다고 판단하게 된다.

리더의 평가 기준이 되는 두 가지 축

조직에서는 바람직한 리더의 모습을 수시로 평가한다. 가장 일반적인 방법이 역량이라는 축과 품성이라는 축으로 평가하는 것이다.

첫 번째 축은 역량의 축이다. 리더는 자신이 가진 역량이 뛰어나야 제대로 성장할 수 있다. 역량이 부족한 상태에서 다른 사람을 이끄는 것은 자신에게도, 팀원들에게도 정말 힘든 일이다. 때문에 조직에서 필요로 하는 전문적인 영역에서 능력을 인정받아야만 리더로서의 기초도 닦을 수 있게 된다. 그것이 재무든, 마케팅이든, 영업이든, 인사든 상관없다. 출발점은 비슷하지만 조직 내에서 자신의 실력을 행사하기 시작하면 영향력은 점점 커지기 때문이다.

두 번째 축은 품성의 축이다. 품성은 개인이 가진 능력처럼 금방 드러나지 않는다. 구성원들과 함께 협력하여 일하고 땀을 흘리는 과정에서 나타난다. 품성이 바른 사람은 어떤 일을 하든 서로가 윈윈할 수 있는 방법을 모색한다. 승패 정신에 물든 사람은 문제가 발생하면 항상 외부 요인을 탓하면서 자신은 문제없다고 핑계를 댄다. 또는 문제의 원인이 자신에게 있으니 돌을 던지라고 말하면서 원래 자신은 이런 사람이니 이해해 달라고 말한다. 그러나 윈윈의 마인드를 가진 사람은 항상 제3의 해결 방안에 관심을 가지며 조직과 구성원들이 함께 즐거울 수 있는 방법을 찾아보려고 노력한다.

일곱 가지 리더십의 명확한 이해

올바른 리더로 성장하기 위해서는 리더십에 대한 개념을 이해해야 한다. 현장에서의 실무적인 리더십 기술을 익히기 이전에 개념을 파악하는 것이 더욱 중요하기 때문이다. 다음의 일곱 가지 리더십은 지금까지 연구해 온 리더십의 개념과 특징을 요약한 것으로, 자신의 조직에 맞게 응용이 가능하게 정리했다.

개인적 특성 리더십

20세기 전반에 걸쳐 학자들의 관심 대상이었으며 리더십 연구를 위한 최초의 체계적인 시도였다. 무엇이 사람들로 하여금 위대한 리더가 되게 하는가를 알아보기 위한 연구를 하였다. 리더가 가진 자질과 특성은 무엇인가를 알아보는 개념이 개인적 특성 리더십의 본체라고 할 수 있다. 이 연구의 결과, 주요한 리더십의 특성은 다음의 다섯 가지이다.

- 지능(Intelligence): 리더는 비(非)리더보다 지능이 높음(언어 능력, 지각 능력, 추리력 등)
- 자신감(Self-confidence): 자신의 유능성이나 역량을 확신함
- 결단력(Determination): 일을 완성하겠다는 욕망(진취성, 지속성, 지배성, 추진력 포함)
- 성실성(Integrity): 정직성과 신뢰성
- 사교성(Sociability): 즐거운 사회적 관계의 추구(친절, 개방적, 예의, 재치, 외교적, 복지에 관심)

행동 리더십

개인적 특성 리더십은 리더가 가진 특성의 관점에서 바라본 것이라면, 행동 리더십은 행동유형으로 방향을 전환했다. 리더십 유형 연구에 참여한 연구자들은 리더십은 기본적으로 두 가지 행동으로 이

루어져 있다고 단정했다. 과업 행동(Task behavior)과 관계성 행동 (Relationship behavior)이다. 이를 기준으로 만들어진 리더십 그리드 (Leadership grid)는 리더가 과업 중심인가 아니면 인간관계 중심인가 를 가지고 다섯 가지 유형을 제시하고 있다(Blake & Mouton, 1991).

거래적 리더십

거래적 리더십은 리더가 상황에 따라 보상을 지급하면서 부하들 에게 영향력을 행사하는 과정이다. 리더와 부하의 관계는 일상적 인 업무 수행 과정에서 복종과 보상을 주고받는 거래 관계를 의미한 다. 그 하부 요인으로 조건적 보상(Contingent reward)과 예외적 관 리(Management by exception)가 있다. 조건적 보상은 구성원들의 업

리더십 그리드

출처: Blake & Mouton(1991), p.30

무 성과가 가치 있다고 여겨질 때 보상하는 형태로 교환하는 것이다. 긍정적 보상이 될 수 있는 것은 칭찬이나 임금 인상, 승진, 인정 등이다. 예외적 관리는 어떠한 일이 조직의 목표와 다른 방향으로 가고 있을 때 수정하려고 개입하는 행위이다. 리더의 개입은 때로 부정적인 피드백이나 처벌을 수반하기 때문에 조건적 보상과 예외적 관리를 잘 병합하여 활용해야 한다. 간혹 관리자가 범하기 쉬운 실수가 예외적인 관리에만 치중하는 일이다.

변혁적 리더십

변혁적 리더십은 구성원 스스로가 자신의 과업에 대한 가치를 알고 중요성을 갖도록 만들어 준다. 그들의 사적 이익을 조직의 이익에 일치시키도록 구성원을 변혁시키는 리더십이라 할 수 있다. 본질적으로 변혁적 리더십은 추종자들의 기존 태도와 인식에 큰 변화가 일어나도록 영향력을 행사하는 과정이다. 자신이 속해 있는 조직의 사명과 목표, 전략에 대하여 몰입할 수 있도록 동기를 부여해 준다. 변혁적 리더십을 구성하는 하위 요소로 카리스마, 개별적 배려, 지적 자극 그리고 영감적 동기부여가 있다.

> ▣ 카리스마: 자기 확신적이고 지배적이며 타인에게 영향을 미치는 욕구가 강한 것
> ▲ 개별적 배려: 구성원들이 욕구를 더 높은 수준으로 끌어올

> 릴 수 있도록 잠재력을 개발해 주는 것
> - 지적 자극: 문제에 대한 인식을 증가시켜 이해력과 합리성 증가 및 문제 해결의 틀을 제공하는 것
> - 영감적 동기부여: 리더의 이성적 판단이 타인에게 영향을 미치는 것

조직과 문화의 리더십

리더십을 발휘함에 있어 조직 상황적 분석의 주요한 관점은 조직 문화 점검이다. 예를 들어 샤인(Schein)은 리더십을 보다 넓은 상황과 관련지어 연구하면서 문화적 상징적 이론들을 체계화하였다. 이 이론은 조직의 구조와 프로세스는 발견되는 것이 아니라 창조된다는 관점에서 시작한다. 따라서 조직과 문화의 리더십은 그들이 속한 조직에서 의미와 문화를 어떻게 구성해 내는가를 생각해 보아야 한다. 그 관점에서 사건과 과정들을 어떻게 해석하는가가 중요하다. 샤인에게는 리더십의 주요 기능 중 하나가 문화의 형성이었다.

여성과 리더십

여성과 리더십이라는 주제는 최근 지속적으로 관심을 받고 있다. 남성과 여성 간에 정말 의미 있는 차이가 있는가에 관점을 두고 연구한 리더십 개념이다. 그 결과 여성은 남성에 비하여 능력에 차이가 있다는 주장, 예를 들어 여성에게는 성공적인 관리에 필요한 역량이나

특성(Skills & Traits)이 결여되어 있다는 주장이 나왔다. 하지만 여성만이 가진 우수성을 격찬하고, 공감과 더불어 실현해 가는 긍정적 관점에 중점을 두고 개발해야 한다는 이론이 주목받고 있다(노드하우스, 2009). 여성은 남성에 비하여 관계 지향적이고 기업의 분위기를 긍정적으로 바꾸는 것에 유리하기 때문이다. 또한 리더와 추종자 간의 상호 작용 본질은 기업마다 문화마다 다르다.

윤리적 리더십

근래에 나타난 리더십 관점들은 리더십을 혼란과 단절, 그리고 시대에 부합하여 사회와 연결된 관계를 맺는 구성체로 본다. 그래서 조직과 구성원들의 기능을 통해 다양한 방법으로 리더십을 재개념화하고자 한다. 사회적으로 책임감 있는 신념과 가치에 초점을 두는데, 하이페츠(Heifetz)는 윤리적 리더십에 관한 독특한 방법을 공식화하였다. 그는 리더가 어떻게 추종자들을 도와 갈등에 대처하고 새로운 변화를 이끌어 내는 데 영향을 미치는가를 중점적으로 보았다. 윤리적 리더십의 핵심은 리더가 추종자들의 특정한 요구에 깊은 관심을 기울이는 것이다. 리더와 추종자 간의 개인적 관계가 윤리의 출발점이 되어야 한다고 주장하였다.

팀장이라면 기본적으로 알아야 할 일곱 가지 리더십에 대하여 최근에 많이 등장하는 개념을 정리해 보았다. 이제 좀 더 깊이 있게 리더가 준비해야 하는 사항에 대하여 알아보자.

리더가 준비해야 할 아홉 가지

리더에게 필요한 아홉 가지 준비 사항

리더에 관한 연구는 오랫동안 진행되어 왔다. 많은 이론과 실질적인 툴에 관한 연구 결과에 따라 조직의 팀장에게 필요한 리더의 준비 사항을 정리하면 다음과 같다.

- 자신과 팀원의 능력을 파악하라.
- 조직 내 신뢰를 구축하라.
- 비전을 설정하라.
- 팀의 방향을 조직의 방향에 맞게 조정하라.
- 자주 칭찬하고 격려하라.
- 자신이 먼저 모범적으로 행동하라.
- 임파워링(Em-powering)하라.
- 상사에게 복종하라.
- 자신감을 심어 주고 경험하게 하라.

이제부터는 리더가 준비해야 하는 아홉 가지 사항에 관하여 하나하나 정리해 보도록 하겠다.

자신과 팀원의 능력을 파악하라

어느 조직에서나 자신과 조직의 능력을 파악하는 일은 가장 중요한 사항 중의 하나이다. 《손자병법》에서는 "지피지기(知彼知己)면 백전불태(白戰不殆)"라고 하였다. 적을 알고 나를 알면 백 번을 싸워도 위태롭지 않다는 뜻이다. 상대방을 아는 것은 가장 기본이 되는 일이며 그러기 위해서는 먼저 팀장 자신의 특성과 강점을 알아야 한다. 철저한 자기 분석을 통해 조직에 이익이 될 수 있는 능력을 파악하고 이를 기반으로 조직에 헌신할 수 있는 토대를 잡아야 하기 때문이다.

또한 구성원들의 강점과 약점도 알고 있어야 한다. 팀원들의 집안일 대소사까지 알고 있어야 리더십을 발휘하는 데 유리하다. 직원들의 상황을 알면 알수록 영향력을 발휘할 수 있는 힘이 강해지고 그 힘은 조직의 힘으로 작용할 수 있다.

조직 내 신뢰를 구축하라

신뢰가 없는 조직은 존재하지 않는 것이나 마찬가지다. 부부가 서로 간의 믿음이 없다면 혼자 사는 것만 못하다. 조직 내에서도 불신이 존재한다면 구성원들은 행동할 때마다 불편함을 겪게 되고 주변의 눈치를 살피면서 업무에 임할 것이다. 이러한 상황은 다분히 정치적으로 움직이기 쉽다. 효과성 발휘에 걸림돌로 작용할 수도 있다. 조직 내에 신뢰를 구축한다는 것은 정직하고 투명한 마음으로 조직 운영이 유지될 때 가능하다. 그러므로 조직 구성원들은 개인적으로 신뢰성을 갖추어야 한다.

비전을 설정하라

리더가 준비해야 하는 세 번째 능력은 비전을 설정하는 능력이다. 비전은 조직이 가고자 하는 명확한 방향을 설정하는 일이다. 어느 조직이든 함께 일하는 이유는 자신들의 공동 목표를 달성하기 위해서이다. 리더는 공동의 목표를 명확히 파악하여, 그에 합당한 비전을 설정하고 목표달성에 영향력을 발휘해야 한다.

비전은 열정과 도전 정신보다 명확한 방향이 중요하다는 것에 주목할 필요가 있다. 조직에 기여하기 위해 열심히 도전하고 열정을 바쳐 혼신의 힘을 다하는 리더는 흔히 볼 수 있다. 그러나 명확하게 그 초점을 바로 세우고 시작하는 리더는 드물다. 열정을 다해 구성원들을 이끌어 가지만 방향이 분명하지 않다면 다시 시작해야 하는 곤란한 경우가 발생한다.

팀의 방향을 조직의 방향에 맞게 조정하라

조직 내 모든 팀들이 움직이는 모양새는 하나의 그림을 맞추는 퍼즐 게임과 같다. 퍼즐의 한 조각 한 조각은 전체의 그림을 완성하기 위해 꼭 필요하다. 팀도 전체를 위한 필요성이 인정되기에 만들어진 조직이다. 그런데 그 팀이 전체의 그림에 위반되는 행동을 한다면 필요성을 인정해 줄까? 절대 그렇지 않다. 따라서 팀을 이끄는 팀장은 커다란 조직의 윤곽(비전)을 명확히 알고 그에 맞게 방향을 일치시켜 나아가는 능력을 가지고 있어야 한다.

자주 칭찬하고 격려하라

리더가 칭찬에 인색하면 안 된다. 리더의 역할 중 하나가 지속적으로 부하들에게 자극을 주는 것인데 그 행위를 힘들어하거나 게을리하면 곤란하다. 인간은 자신이 속한 조직에서 공식적이든 비공식적이든 서로에게 인정을 받았을 때 동기부여가 일어난다. 따라서 팀장은 팀원들을 격려하고 칭찬하는 습관을 가져야 한다. 이미 좋은 성과를 내고 있다면 아낌없는 칭찬을 보내 주고, 성과에 미진하거나 방향을 잘못 잡아 실패를 한다면 한걸음 다가가 격려해 주어야 한다.

먼저 모범적으로 행동하라

팀을 이끌다 보면 행동보다는 말로 지시하는 경우가 많다. 그러다 보면 팀원은 이론과 실제가 다르다는 둥, 예전과 지금은 일하는 방식이 다르다는 둥 하면서 실무의 고통을 호소한다. 이럴 때 팀장은 자신이 먼저 모범을 보여 줄 필요가 있다. 말로만 이야기하기보다는 행동으로 보여 주면서 팀을 이끄는 모습은 누가 보아도 바람직할 것이다. 리더는 자신만의 강력한(전문성을 요하는) 무기가 있어야 한다. 실무적인 면에서 전문성으로 인정받고 관계적인 면에서 먼저 다가가 모범을 보여주면 후배들이 따르는 본보기가 될 수 있다.

임파워링(Em-powering)하라

팀장이 되었을 때 하기 쉬운 실수 중 하나가 사원 시절 자신이 담당했던 업무를 그대로 가지고 올라와 다루는 것이다. 조직이 그럴 수밖에 없는 상황이라면 어쩔 수 없지만, 리더가 되어서도 자신이 직접 해야만 직성이 풀리는 사람들이 있다. 이러한 행동은 팀원들의 능력 신장에 저해 요인으로 작용한다. 마마보이는 엄마 없이는 아무것도 할 수 없다. 자신의 팀을 팀장 없이는 아무것도 할 수 없게 만들고 싶은 팀장은 한 명도 없다. 그렇기 위해서는 적당한 시기에 적당한 업무를 팀원들에게 나누어 주고 관리하는 능력이 필요하다. 이것이 임파워링이며 말 그대로 힘을 실어 주는 행동이다. 팀원이 직접 일을 책임지고 잘할 수 있도록 용기를 북돋아 주는 자세이다.

상사에게 복종하라

현재 직장 상사에게 하는 행동이 미래에 자신이 팀원들에게 받을 행동이라는 말이 있다. 팀원들은 팀장이 상사를 어떻게 대하는가를 보고 배우며 그대로 행동할 확률이 높다. 혹시나 갈등이 생기더라도 감정을 조절하면서 문제를 해결해야 후배들에게 이상적인 리더로 보일 수 있다. 또한 자신이 높은 자리에 올라갔을 때 후배들이 따라 했으면 하는 이상적인 모습이 될 것이다. 후배들에게 복종을 얻기 위해서는 먼저 상사에게 복종하는 모습을 보여야 한다.

자신감을 심어 주고 경험하게 하라

자신감은 자신이 하는 행동에 대하여 확신을 가지고 업무를 처리하는 것이다. 확신을 갖기 위해서는 그 업무에 관한 많은 경험이 필요하다. 팀장은 구성원들이 다양한 경험을 할 수 있도록 도와야 하고 그 경험이 훗날 좋은 리더의 씨앗이 될 수 있게 보듬어 주어야 한다. 아무리 탄탄한 이론으로 무장한 사람이라도 직접 전장에 나가 싸워 보지 않고는 전쟁에 대해 말하기 곤란하다. 평소 작은 것부터 직접적으로 또는 간접적으로 경험할 수 있는 기반을 만들어 자신감을 심어 주어야 한다.

후배 리더 양성에 대한 책임

리더가 준비해야 할 것들 중에는 후배 양성도 중요하다. 간혹 "구관이 명관이다."라는 말을 듣기를 좋아하는 사람들이 있다. 과거의 리더가 좋았다는 뜻이다. 하지만 그 이면에는 큰 문제가 있다. 리더가 차기 리더 자리를 위한 후배를 양성하지 못했다는 뜻이며 크게는 자신의 입신만을 생각한 모양새로 비추어 질 수도 있기 때문이다. 진정한 리더라면 후배 양성도 중요한 책임이다. GE 사를 이끌었던 잭 웰치 회장도 미래의 CEO를 양성하기 위하여 수많은 시간을 들였다고 알려져 있다.

리더십은 하루아침에 생기지 않는 것

이 세상을 살아가는 모든 사람은 리더가 되기를 희망한다. 또한 모두가 리더가 된다. 그러나 존경받는 리더가 되는 것은 쉽지 않다. 좋은 리더라고 칭송받는 사람도 하루아침에 좋은 리더가 된 것이 아니다. 수많은 시련을 이겨내고 단련한 결과 그런 모습으로 다시 태어난 것이다. 우리가 잘 알고 있는 거스 히딩크 감독도 처음에는 국내 언론과 많은 팬들에게 비난을 받고 쫓겨날 위기까지 겪은 대표적인 인물이다. 하지만 비가 온 뒤 땅이 단단해지듯 시련을 이겨 낸 리더가 더욱 그 빛을 발한다.

리더십은 기술이다

리더십은 스킬이다. 바로 사람을 다루는 기술이라는 것이다. 더 깊이 이야기하면 사람을 움직이도록 영향력을 행사하는 기술이다. 리더십을 발휘한다는 것은 구성원들의 마음을 움직여 성과를 내도록 독려한다는 의미이다. 다른 표현으로 피플 스킬(People skill)이라고 한다. 이런 기술을 연마를 위해서는 사람의 마음을 잘 알아야 한다. 사람의 심리적인 측면을 잘 파악해야 한다는 말이다. 사람의 이성과 감성의 움직임, 설득과 협상, 사람의 행동을 이끌어 내는 방법 등 다양한 인간 심리를 알고 있으면 구성원들에게 쉽게 다가갈 수 있다. 때문에 많은 리더십 관련 책들은 인간 심리를 다루지 않고는 접근할 수 없다. 리더는 자신의 마음을 다루는 기술, 또한 타인의 마음을 다루는 기술 등 인간 심리를 파악하는 법을 알아야 한다.

리더는 길러지는 것(과정의 법칙)

다시 말해 리더십은 계발이 가능하다. 언어에 적응하지 못해 옹알이를 하는 어린아이의 말은 아무리 이야기를 해도 상대가 알아주지 않는다. 하지만 포기하지 않고 주변 사람들의 이야기를 귀 기울여 들으며 표현하기를 거듭하니 어느덧 말이 트이기 시작한다.

이와 같이 리더십도 길러지는 것이다. 리더십 전문가 존 맥스웰(John. Maxwell) 박사는, 리더는 일정한 단계를 거치면서 길러지는 과정의 법칙이라고 말했다.

숙성된 리더십과 영향력

리더십을 잘못 이해한 사람들은 리더는 누구에게나 잘해 주고 좋은 점만 이야기한다고 착각한다. 하지만 조직 관리를 하다 보면 항상 좋은 일만 일어나고 칭찬할 일들만 생기진 않는다. 안 좋은 일이 생겼을 때 명확하게 지적하면서 교정을 해주는 피드백이 필요하다. 그런 기술을 연마하지 못하면 성숙되지 못한 리더로 남아 있을 확률이 다분하다. 성숙된 리더십은 발전적 피드백(부정적 피드백)을 하면서도 구성원들의 마음에 상처를 주지 않고 영향력을 발휘해야 하는 것이다. 구성원의 성격에 따라서 오기를 발동시키는 것도 동기부여의 한 방법이다. 이런 면에서 미 국무장관을 지낸 콜린 파월의 말은 성숙된 리더십의 중요성을 부각시켜 준다.

사람을 화나게 만드는 것도 리더의 임무 중 하나다. 리더십은 인기 경쟁이 아니다. 아무도 화나게 하지 않고, 모든 사람을 다 만족시키려고 애쓰는 것은 범인(凡人)이나 할 법한 일이다.

인기에 영합하는 리더는 맞설 필요가 있는 사람들에게 대항하지 못한다. 그리고 업무실적에 따라 보수를 주지 못하고, 현 상황에 도전하는 법도 없다. 그리하여 결국 조직 내 신뢰감과 성취도를 떨어뜨린다.

- 《콜린 파월 리더십》, 오런 해러리

요 약

1. 준비된 리더는 품성과 역량을 제대로 갖추어야 한다.

2. 주요한 리더십 특성으로 다음의 다섯 가지가 있다.

    ① 지능(Intelligence): 리더는 비(非)리더보다 지능이 높음(언어능력, 지각 능력, 추리력 등)

    ② 자신감(Self-confidence): 자신의 유능성이나 역량을 확신하는 것

    ③ 결단력(Determination): 일을 완성하겠다는 욕망(진취성, 지속성, 지배성, 추진력 포함)

    ④ 성실성(Integrity): 정직성과 신뢰성

    ⑤ 사교성(Sociability): 즐거운 사회적 관계의 추구(친절, 개방적, 예의, 재치, 외교적, 복지에 관심)

3. 행동 리더십은 관점을 행동 유형으로 전환한 것이다. 리더십 유형 연구에 참여한 연구자들은 리더십은 과업 행동(Task behavior)과 관계성 행동(Relationship behavior), 이 두 가지로 이루어져 있다고 단정한다.

4. 거래적 리더십은 리더가 상황에 따라 보상을 지급하면서 부하들에게 영향력을 행사하는 과정이다. 리더와 부하의 관계는 일상적인 업무 수행 과정에서 복종과 보상을 주고받는 거래 관계를 의미한다. 여기에는 조건적 보상(Contingent reward)과 예외적 관리(Management by exception)가 있다.

5. 변혁적 리더십은 추종자들의 기존 태도와 인식에 큰 변화가 생기도록 영향력을 행사하는 과정이다. 추종자들로 하여금 자신이 속해 있는 조직의 사명과 목표, 전략에 대하여 몰입할 수 있도록 동기를 부여해 주는 것이다. 변혁적 리더십을 구성하는 하위 요소로 카리스마, 개별적 배려, 지적 자극

그리고 영감적 동기부여가 있다.

6. 조직의 팀장에게 필요한 리더의 준비 사항은 다음의 아홉 가지로 정리할
   수 있다.

   ① 자신과 팀원의 능력을 파악하라.

   ② 조직 내 신뢰를 구축하라.

   ③ 비전을 설정하라.

   ④ 팀의 방향을 조직의 방향에 맞게 조정하라.

   ⑤ 자주 칭찬하고 격려하라.

   ⑥ 먼저 모범적으로 행동하라.

   ⑦ 임파워링하라.

   ⑧ 상사에게 복종하라.

   ⑨ 자신감을 심어주고 경험하게 하라.

7. 현재 내가 직장 상사에게 하는 행동이 미래에 팀원들에게 받을 행동이라
   는 말이 있다. 내가 상사에게 행한 대로 훗날 대우를 받는다는 이야기다.

8. 옹알이를 하는 어린아이의 말은 아무리 이야기를 해도 상대가 알아주지 않
   지만, 포기하지 않고 거듭하니 어느덧 말이 트이기 시작한다. 리더십도 마
   찬가지다. 존 맥스웰(John. Maxwell) 박사는 '리더는 일정한 단계를 거치면
   서 길러지는 과정의 법칙'이라 말했다.

팀장의 핵심 역량은 함께함에 있다

| 1 장 |

팀워크로 일하는 리더

리더의 길은 무엇일까? 많은 대답 중에서 하나를 찾는다면, 그것은 남이 가지 않은 길을 개척해 가는 것이라고 답할 것이다. 남들이 보지 못한 길을 가는 것이다. 그리고 그 길을 두려움 없이 갈 수 있게 하는 것은 바로 리더의 자신감과 용기, 배짱이다. 자신감은 자신을 믿는 것이고, 용기는 두려움에도 불구하고 그 길을 가는 것이며, 배짱은 주저하는 와중에도 남보다 앞장서서 몸으로 부딪쳐 길을 여는 힘이다. 자신감으로 가득 찬 리더가 믿는 것은 자신의 비전과 미션 그리고 행동의 기준이 되는 가치이다.

리더십은 조직이 원하는 목표를 이루기 위해 조직 구성원들을 고무시키고 영향력을 행사함으로써 결과를 도출해 낸다. 이를 갖추기 위해서 리더는 개인의 비전과 조직의 전략적 방향(비전, 미션, 가치)을 일치시켜야 한다. 리더의 비전과 리더십 행동의 기준이 되는 조직의 가치를 아는 리더는 사람들을 움직이게 하는 힘이 있다. 이것이 리더가 조직에서 비전과 미션, 가치를 커뮤니케이션의 핵심 메시지로 삼아야 하는 이유이다.

이번 장에서는 팀워크가 왜 중요하며 어떻게 하면 높은 성과를 내는 팀을 구성할 수 있는지, 효과적으로 팀을 운영하는 방법은 어떤 것들이 있는지에 대하여 알아보도록 하겠다.

사례 연구

영업 부서에서 출발한 김 팀장은 입사 초기부터 놀랄 만한 능력을 발휘하여 항상 타인의 부러움을 샀다. 그는 성실하고 능력 있으며 인품도 뛰어나 직원들 모두가 좋아하였다. 가끔은 자신의 영업 성과를 부족한 동료에게 돌려주는 따뜻한 인간미도 갖춰 후배들에게 모범적인 선배상으로 칭찬을 받기도 했다. 김 팀장은 단기간 내에 팀장으로 승진하였고, 많은 동료와 후배들이 팀장 역할 수행에도 기대를 하고 있다.

그러나 혼자 영업을 하면서 직접 성과를 내던 시절과 달리 타인을 관리하면서 성과를 내야 하는 팀장 역할은 김 팀장의 성격상 여간 어려운 문제가 아니었다. 팀장 역할에 대한 교육은 받았다. 다른 선배의 이야기도 듣고 다양한 책을 읽어 나름 많은 지식을 가지고 있다고도 생각한다. 하지만 팀장으로서의 하루하루가 점점 힘들어지고 있다. 가끔은 예전에 일했던 영업 담당으로 돌아가고 싶은 심정이다.

팀워크의 중요성

팀워크를 한마디로 정의하면 '구성원 각자의 재능과 노력으로 공동 목표를 즐거운 분위기 속에서 이루어 가는 과정'이다. 넓은 의미로는 '경영진, 노동자, 팀원, 이해관계 집단 등이 공동의 목표를 함께 설정하고 이를 이루어 가는 과정'이라고 할 수 있으며, 좁은 의미로는 '단기간 내에 목표를 달성하기 위한 전술, 정신력, 강점, 성실성 등의 잠재 능력을 발휘하기 위한 조화'라고 할 수 있다.

조직체들마다 그들의 성격이나 특성에 따라 목표는 다를 것이다. 하지만 그 목표를 이루어 나가는 과정이 즐거워야 한다는 것에 대해서는 큰 이의가 없을 것이다. 모든 조직체는 사람들로 구성되어 있고, 그 사람들은 누구나 행복을 추구하기 때문이다. 이런 점에서 구성원 각자는 '즐거운 분위기'를 만들어 분위기가 깨지지 않도록 세심한 노력을 들이고 신중한 자세로 임해야 한다. 특히 우리나라 사람들의 경우 신바람이 나면 엄청난 시너지 효과가 나오기 때문에 더욱 그러하다.

'몹'에서 '팀'으로

일반적으로 '몹(Mob)'이라고 하면 무리를 뜻한다. 사람이든 짐승이든, 이유나 상황은 관계없이 모여만 있는 집단을 부를 때 사용한다. 하지만 최근 기업에서 사용하고 있는 '팀(Team)'이라는 단어는 그 의미가 다르다. 단지 구성체를 만들어 놓기만 한 것을 팀이라 부르진 않기 때문이다. 소위 팀을 구성했다고 하는 것은 목적의식이 있는 사람들이 모였다는 것을 의미한다.

당신은 기차를 타고 여행한 적이 있을 것이다. 어떤 사람은 여행할 목적으로, 어떤 사람은 회사의 업무를 처리하기 위해, 어떤 사람은 단순히 친구를 만나기 위해 기차를 이용한다. 그런데 타고 가던 기차에 문제가 생겨 계속 멈춰 있다고 가정해 보자. 이럴 경우 당신은 어떠한 조치를 취할 수 있을까? 아마 대부분은 회사에 전화를 걸거나 만날 친구와 이야기를 나누면서 조금 늦을 것이라고 할 것이다. 하지만, 여러분이 기차에 대한 상식이 뛰어나고 수리 능력까지 갖추고 있다고 생각해 보자. 그런 상태라면 직접 찾아가 도움을 주려고 할까? 아마도 그렇지 않을 것이다. 괜히 나섰다가 자신의 부족한 지식이 들통 날까 하는 마음에 침묵으로 일관하는 사람들이 대부분이기 때문이다. 이처럼 몹은 단지 모여 있는 집단을 표현할 때 사용하고, 팀은 목적의식을 가지고 움직이는 공동체를 말할 때 사용한다. 회사 내에서 이런 문제가 생겼다면 팀원들은 어떻게 하면 문제를 해결할 수 있을까 고민했을 것이다.

팀의 구성 요소

그렇다면, 팀이란 무엇일까? 팀은 '구성원 각자의 재능과 노력을 통하여 공동 목표를 이루어 가는 집단'이라고 할 수 있다. 단지 무리만 이루는 것이 아니라, 팀이라고 칭할 수 있는 요소가 분명하게 존재해야 한다는 말이다. 팀이란 용어를 사용하기 위해서는 Together, Each, Aim, More를 가지고 있어야 한다. 이 요소들에 대해 다음과 같이 요약할 수 있다.

Together: 함께하는 조직이어야 한다.

팀은 혼자서 일하는 사람들을 모아 놓은 것이 아니라 각자가 할 수 있는 영역이 있으면서 공동의 목표를 위해 협력하고자 하는 사람들이 모인 조직이다.

Each: 각자의 영역을 가지고 있으면서 능력이 활용되어야 한다.

사람은 누구나 가진 능력이 다르다. 개인마다 자라 온 환경과 익혀 온 지식이 다르기 때문에 팀 내에서 그 능력을 충분히 발휘할 수 있어야 한다. 팀을 이루고 있으면서 능력이 뛰어난 한 사람을 위인으로 만들고 돋보이게 해주는 것은 이미 팀이 아니며, 다른 팀원은 들러리가 되고 만다.

Aim: 공동의 목표가 확실하게 정해져야 한다.

목표에는 크게 전략목표, 본연목표, 그리고 공헌목표가 있다. 팀을 운영함에 있어 우리는 어떤 목표를 가지고 있는지, 목표를 어떻게 이루어 갈지에 대한 명확한 전략을 공유하고 있어야 한다. 목표가 공유된 팀은 방향성이 헷갈리는 것을 방지할 수 있다.

More: 팀으로 만든 성과는 개인의 합보다 높아야 한다.

More는 팀원 각자가 혼자서 이룬 성과의 합보다 팀으로 이룬 성과가 높아야 함을 뜻한다. 만약 혼자서 이룬 성과의 합보다 팀으로 이룬 성과가 낮다면 팀을 구성한 이유가 사라지게 된다. 따라서 팀은 각자의 역량을 발휘한 합이 시너지를 일으킬 때 팀워크가 이루어졌다고 할 수 있다.

요약한다면 팀은 분명한 목적의식을 가지고 각자가 가진 능력을 최대한 끌어올리기 위하여 역할을 분담하고 협력하여 시너지를 창출해 가는 조직이다. 이 네 가지의 팀 구성 요소를 가지고 움직이는 팀이 좋은 팀이라고 할 수 있다.

팀워크가 중요한 이유

필자는 한때 6인조 음악 밴드를 한 적이 있다. 그런데 그 팀은 그다지 오래가지 못했다. 악기를 연주하는 한 사람 한 사람의 능력은 뛰어났지만, 전체적인 조화를 맞추지 못했기 때문이다. 합주라는 것은 여러 개의 악기가 조율을 통해 적절한 시기에 아름다운 소리를 내주어야 한다. 어떤 부분에서는 내 악기 소리를 줄이고 다른 악기가 소리를 충분히 낼 수 있도록 만들어 주고 또 다른 부분에서는 소리가 골고루 섞이도록 맞춰 주어야 한다. 여기서 음악에서 가장 중요한 '하모니를 잃은 음악은 더 이상 합주가 아니다.'라는 결론이 나온다.

그룹으로 모여서 밴드를 하면 하나의 악기가 내는 소리보다 둘 이상의 악기가 모여 소리를 내기 때문에 음악이 더욱 꽉 차게 들린다. 한 악기의 단점을 다른 악기가 보완해 주기 때문이다. 색소폰의 음색은 건반으로도 표현이 가능하다. 하지만 색소폰이 가진 본래의 음색과는 다르기 때문에 색소폰이 존재하는 것이다. 또한 구성지고 부드러운 음색을 구현하는 데는 색소폰과 다른 플루트의 음색이 필요하기도 하다.

팀워크를 발휘하면 좋은 점

- 사업화할 수 있다. 혼자 일하는 것보다 모여서 하면 사업화가 가능하다.
- 시너지를 일으킨다. 각 영역에 따라서 장점만을 모아 부각할 수 있다.
- 단점을 보완한다. 누구나 단점은 있지만 모이면 보완이 가능하다.
- 동기부여가 된다. 혼자 일할 때보다 같이 하게 되면 긍정적 경쟁심이 생겨 동기부여가 된다.

최근 기업은 대부분 단위로 활동을 하고 있다. 팀 단위로 일을 할 때는 함께 하는 사람들의 장점을 알고 그 시너지를 활용해야 한다. 팀으로 모여 있으면서 시너지가 일어나지 않으면 그 팀은 더 이상 존재할 이유가 없다. 개개인의 강점과 장점을 잘 살려 팀이 가고자 하는 목표에 맞게 적절히 배분하고 함께 노력한다면 그 성과는 배가 될 것이다. 혼자 하는 저글링보다 집단을 이루어 하는 서커스가 관객의 동원력뿐 아니라 부가 가치도 훨씬 높다는 것은 두말 할 나위가 없다.

어떤 팀을 만들 것인가

경기의 하락으로 취업문 뚫기가 하늘의 별 따기라고 한다. 때문에 최근 신입사원들은 대부분 몇십 대 일, 아니 몇백 대 일의 경쟁률을 뚫고 입사한 사람들이다. 그런데, 뽑을 당시에는 정말 어려운 관문을 통과하여 들어왔는데도 1~2년이 지나면 그 사람이 그 사람 같다. 당차고 패기 있던 입사 초기의 마음과는 다르게 서로 비슷한 모습으로 변해간다.

그러나 어떤 회사에 입사한 사람들은 아주 다른 모습을 보인다. 그다지 똑똑해 보이진 않았지만 입사 후 동료들과 좋은 협력 관계를 유지하면서 성과도 내고 실력도 있는 사람이라는 평가를 받는다. 이는 인재가 활동하는 팀의 문화적인 차이 때문에 생기는 문제라고 판단된다.

그렇다면 어떤 팀이 성과를 잘 내고 어떤 팀이 성과를 내지 못하는지 비교해 보고, 좋은 성과를 내기 위한 방법에 대해 알아보도록 하자.

고성과팀과 저성과팀의 차이

고성과팀과 저성과팀의 가장 극명한 차이는 목표와 가치관의 공유 여부에 달려 있다

등대라는 명확한 목적지를 가지고 움직이는 선박의 구성원들과 어디로, 왜 가는지 잘 모르는 상태에서 노만 젓고 있는 선박의 구성원

구분	고성과팀의 특징	저성과팀의 특징
목표와 가치관	공통이다	흐리다
의사소통	뛰어나다	뛰어나지 못하다
협력 작업	가능하다	잘 못한다
갈등 관리	탁월하다	잘 못한다
변화 대처	탁월하다	잘 못한다
팀 외부와 네트워크 능력	뛰어나다	떨어진다
팀 기여도	높다	낮다

들은 성과 측면에서 확연한 차이를 낸다. 한참을 저어 갔지만 어디로 가는지 알 수 없는 선박의 선원은 금세 지치고 짜증이 난다. 하지만 목적지가 명확한 선박의 구성원들은 어디까지 왔는지, 얼마를 더 가면 육지에 도달할 수 있는지 가늠할 수 있어서 그만큼 동기부여가 된다. 이 상황을 통해 알 수 있는 팀장의 역할은 항상 공통된 목표와 가치관을 팀원들과 공유하는 일이다.

고성과팀은 의사소통 능력이 뛰어나다

현재 우리가 있는 위치가 어디이며 얼마나 가야 할지, 어느 쪽으로 방향을 틀어야 할지 등을 팀원들과 자주 접촉하면서 활발하게 커뮤니케이션을 유지해야 한다. 우리의 몸은 소통이 안 되면 막히게 된다. 조직도 원활한 의사소통이 안 되면 업무가 마비되고 팀원들의 의욕도 상실되어 성과에 영향을 미친다.

고성과팀은 협력 작업이 가능하다

팀으로 모였다는 것은 혼자서 독주를 하거나 한 사람을 띄워 주기 위해 만든 조직이 아니다. 함께 일하면서 더욱 많은 시너지를 내기 위해 구성한 것이다. 따라서 팀 단위 활동에서 협력은 필수적인 요소라고 할 수 있다. 팀장은 항상 팀원들 간의 협력이 가능하도록 환경을 만들어 주어야 한다.

고성과팀은 갈등 관리 능력이 탁월하다

사람은 자라 온 환경이나 지식이 제각각이다. 그렇기 때문에 다르게 생각하고 행동하는 것이 당연하다. 하지만 다르다는 것은 갈등을 유발시키는 것이 아니다. 팀장은 팀원들의 다른 점을 긍정적으로 활용하여 성과를 내도록 만들어 주어야 한다. 다름의 가치를 알고 올바르게 사용하게 만드는 것이 팀장의 능력이다.

고성과팀은 변화 대처 능력이 탁월하다

변화 대처 능력은 변화에 대한 상황 인지 능력과 어떻게 대응할 것인지에 대한 대처 능력이라고 할 수 있다(워스켈 생존법칙 모형). 이는 상황에 따라 크게 보고 주변을 잘 살피는, 즉 대관소찰(大觀小察)하여 그것을 성과에 반영하는 능력이라 볼 수 있다.

고성과팀은 팀 외부와도 네트워크 능력이 뛰어나다

팀을 운영하다 보면 자체적으로 해결이 가능한 문제도 있지만 외부의 아웃소싱 업체를 이용하거나 외부 컨설턴트와의 연계를 통해 업무를 수행해야 할 때가 있다. 이럴 경우, 팀 외부와의 네트워크를 활용하여 성과에 연결될 수 있도록 만드는 것이 중요하다. 그렇게 될 수 있도록 지휘하는 능력도 팀장은 가지고 있어야 한다.

고성과팀은 팀 기여도가 높다

팀 기여도는 다른 말로 분위기 기여도라고 할 수 있다. 자신만을 위한 동기부여가 아니라 팀 전체의 분위기가 즐거워지도록 만들어 주는 것이며 다른 사람이 성과를 낼 수 있도록 도와주는 역할을 말한다. 이기적으로 자기만을 돋보이도록 하는 것이 아니라 전체를 위한 내가 되고 모두는 하나가 되는 정신(All for One, One for All)을 가져야 한다.

고성과팀으로 가는 5단계

형성(Forming) 단계

팀이 구성되어 이제 시작하는 단계로, 팀원들은 내가 과연 팀에 어떤 식으로 기여할 수 있을지 생각하는 단계이다. 이때는 서로가 무척 조심스러운 관계를 유지하고 있다. 팀 리더에 대해 능력을 시험해 보고 어려운 문제는 리더에게 넘긴다. 이 단계에서 가장 필요한 것은 팀 리더와 팀원, 그리고 팀원 상호 간의 신뢰 형성이다. 팀의 목표와 현재 상태 간의 간극을 분명하게 따져 파악하는 것도 중요하다.

소통(Storming) 단계

영향력과 힘 간의 혼란이 오는 시기이다. 파벌이 형성되기도 하고 실패에 대한 두려움 때문에 조정에 힘이 든다. 팀장은 발생하는 문제를 명확하게 밝히고 자신의 역할을 분명하게 정의하여 의사소통에 충실해야 한다.

규범 형성(Norming) 단계

2단계를 극복한 팀이 점점 자신감을 갖는 단계로, 생산성 향상을 위해 커뮤니케이션을 활성화시켜야 한다. 팀이 자리를 잡고 팀원들이 소속감을 갖게 되면 생산성이 오른다. 상호 피드백이 오가고 신뢰도도 형성된다. 팀장은 내부 자원 및 외부 자원 활용 여부에 관해 생각해 보고 내부적 역동성을 동기부여해 주어야 한다.

실행(Performing) 단계

성과 달성에 속도를 올리는 단계이다. 우선순위에 혼동이 오고 단기간 내에 기대한 만큼 성과가 나오지 않을 수도 있다. 팀장은 팀 업무의 적절한 균형을 갖추고 팀원들이 일할 수 있는 기반을 마련해야 한다. 또한 우선순위를 명확히 하고 목표를 잘게 쪼개어 팀의 현재 위치를 공유해야 하며 지속적인 관심을 가져 주어야 한다.

조정·해체(Adjourning) 단계

현재의 목표가 달성이 된 후 다음 목표를 준비하는 단계이다. 팀원은 업무 성과 달성에 관한 새로운 시각과 지식을 습득했다. 서로 좋은 관계도 형성이 되었으며 배려하는 마음도 생겼다. 팀장은 각자의 능력을 인정해 주고 축하해 주어야 한다.

고성과팀을 향한 팀장의 지휘 능력

리더가 자신보다 우수한 팀원을 이끌기 위해서는 어떻게 해야 할까? 리더십 상황 모형을 제시한 허시와 블랜차드(Heresy & Blanchard, 1993)는 팀원의 성숙도에 따라 다른 리더십을 적용할 필요가 있다고 말한 바 있다. 성숙도가 높은 팀원, 즉 전문적인 지식을 갖추고 있고 기술의 깊이도 뛰어나며 자신감이나 자부심이 강한 팀원에 대해서는 보다 차별화된 리더십을 발휘할 필요가 있다. 우수한 직원을 이끄는 방법은 다음의 다섯 가지로 요약된다(박지원, 2007).

커뮤니케이션을 활성화하라

일본의 자동차 기업 혼다는 자유로운 의사소통을 강조하는 '와이가야 문화'를 만들었다. 와이가야란 시끌벅적하게 떠든다는 일본어 의성어인 '와이와이가야가야'에서 유래된 말이다. 와이가야 문화는 개인의 창의성이 발휘되기 위해서는 열린 공간 속에서 자유로운 커뮤니케이션이 일어나야 한다는 생각에서 비롯되었다. 혼다는 사무실마다 토론 공간을 만들고, 작은 일이라도 리더가 팀원들에게 아이디어를 구하며 자유롭게 토론하도록 유도하고 있다.

리더의 입장에서는 빠른 시일 내에 성과가 나오도록 하기 위해 일방적으로 업무를 지시하는 것이 더 효율적일 때가 있다. 그러나 우수한 팀원에게 일방적으로 지시를 하면 오히려 역효과가 날 수 있다. 우수한 팀원들은 일방적으로 업무 지시를 받을 때보다 리더와의 커뮤니케이션이 원활할 때 문제를 보다 명확하게 이해하고 효과적인 대안을 찾아낸다. 또한 리더와의 커뮤니케이션 과정에서 자신의 의견을 자유롭게 풀어놓을 때 자신이 존중받고 있다고 느낄 뿐만 아니라 신바람이 나서 업무에 몰입하게 된다.

따라서 리더는 이들과의 커뮤니케이션을 활성화하고 건설적인 논쟁을 통해 성과를 창출할 수 있도록 해야 한다. 이를 잘 실천한 리더의 좋은 예는 인텔(Intel) 사의 앤디 그로브(Andy Grove)이다. 그는 자신의 아이디어에 도전하는 직원이 누구든 간에 방으로 초대하여 건설적인 논쟁을 즐긴 것으로 유명하다. 이때 앤디 그로브는 결코 그의 지식이나 지위로 상대방을 굴복시키지 않았다. 논쟁을 통해 아이디어를 발전시킬 수 있었고 현명한 의사 결정을 내리는 데 많은 도움을 받았다고 한다.

단점은 덮어 주고 장점은 활용하라

컴퓨터 게임으로 큰 성공을 거둔 아타리(Atari) 사에는 최고 수준의 기술력과 아이디어를 가진 개발자들이 있었다. 그런데 이들 중 일부는 말이 어눌하거나 사회성이 다소 떨어졌다. 심지어 한 개발자는 안면 근육을 습관적으로 찡그려, 커뮤니케이션을 할 때 상대방에게 조금 불쾌감을 줄 수도 있었다. 그러나 아타리의 창업자 놀란 부시널은 개발 역량과는 관계없는 이런 단점들에 대해 전혀 개의치 않았다. 만약 개발자들이 갖고 있는 이상한 습관이나 단점들을 고치라고 지적하거나 평가에 반영했다면 창조적인 성과물 창출에 오히려 부정적인 요소가 되었을 것이라고 그는 생각했다.

리더는 똑똑한 직원들의 장점을 어떻게 하면 극대화시킬 수 있는지 고민하고, 성과에 크게 영향을 미치지 않는 단점은 덮어 주는 현명함을 가져야 한다. 모든 일에 완벽한 사람은 없기 때문이다. "리더의 비판을 받고 나서 일을 더 잘하거나 더 열심히 노력하는 사람은 본 적이 없다."는 찰스 슈왑(Charles R. Schwab)의 말처럼, 리더의 비판만큼 의욕을 꺾는 일도 없다. 리더가 유능한 팀원의 장점을 인정하면 직원들의 사기도 올라가고 리더로부터 인정받고 있다는 생각에 업무 만족도도 높아지게 된다.

어떠한 아이디어라도 인정하고 칭찬하라

우수한 개발 인력을 많이 확보하고 있는 구글 사는 회사 정책으로 '구글렛(Googlettes)'이라는 이름의 '20% 룰'을 직원들에게 적용시켰다. 우수한 인력들의 아이디어를 활성화하고 개발하는 차원에서, 업무 시간의 20%를 개인 프로젝트 연구에 사용하도록 정한 것이다. 창의성을 중시하는 3M이나, 무(無)에서 유(有)를 창조하는 제약회사 제넨텍 역시 이러한 정책을 마련하고 있는 점에 주목할 필요가 있다.

요즘은 남들이 생각하지 못한 새로운 생각이 사업 성공의 핵심이 되는 때이다. 이러한 아이디어는 똑똑하면서 창의적이고 톡톡 튀는 직원들에게서 많이 나온다. 남들과 다른 시각에서 접근해 기발하거나 기이한 생각을 많이 하기 때문이다. 이들의 다듬어지지 않은 아이디어를 가공하는 데는 리더의 역할이 매우 중요하다. 미국 작가 팔스 브라이어는 "새로운 아이디어는 연약해서 비웃음이나 하품을 받으면 쉽게 죽어 버린다."라고 말했다. 만약 리더가 우수한 팀원의 아이디어를 말도 안 된다고 무시한다면 그 아이디어는 곧바로 사장되고 만다. 게다가 리더가 "지금 하는 일이나 잘해."라며 인정해 주지 않을 경우, 부하 직원들은 창의적인 아이디어가 떠올라도 더 이상 말하지 않을 것이다.

리더는 팀원들이 스스로 아이디어를 더 발전시킬 수 있도록 도움을 주어야 한다. 똑똑한 팀원들은 관심 있는 아이디어를 연구할 때 시키지 않아도 깊이 몰입하고 힘든 일이라도 즐기는 특성을 보이기 때문이다. 따라서 창의적인 아이디어가 떠올랐을 때, 이를 생각하고 연구할 수 있는 여건을 마련해 줄 필요도 있다.

팀원들의 든든한 버팀목이 되어 주라

제넨텍의 CEO인 아더 레빈슨(Arthur Levinson)은 유능한 부하 직원들의 우산이 되어 주었던 대표적인 리더이다. 제넨텍은 막대한 비용을 들여 개발하던 신약이 임상 3상 마지막 단계에서 실험에 실패하자, 주가가 10%나 급락하는 등 상당한 위기 상황에 처했었다. 조직 내부에서는 신약 개발 중지 압력을 가했지만, 당시 레빈슨은 연구원들의 의견을 수렴한 뒤 자신이 모든 책임을 질 테니 그들의 능력과 가능성을 믿어보자며 다른 임원들을 설득하였다. 그 결과 프로젝트는 계속 진행될 수 있었고, 2005년 아바스틴(Avastin)이라는 신약 개발에 성공하였다. 대장암 표적 치료제인 아바스틴은 11억 달러 이상의 경이로운 매출을 기록하였다.

조직은 우수한 인재들에게 새롭고 도전적인 업무를 맡긴다. 그러나 난이도가 높고 실패의 가능성이 매우 높은 일인 경우, 똑똑한 팀원들은 실패에 대한 두려움이 커진다. 도움을 받을 만한 사람이 없어 쉽게 외로움에 빠질 수도 있다. 특히 유능한 인재에게 고난이도의 업무를 맡기면서 실패에 대한 책임까지 지게 한다면, 제 아무리 똑똑해도 창의적인 해결안을 찾는 데 소홀할 수밖에 없다. 실패가 두려워 새로운 도전을 시도조차 하지 않기 때문이다. 따라서 리더는 똑똑한 인재들이 성과를 창출할 수 있도록 실패에 대한 회사의 질책을 어느 정도 막아 줄 필요가 있다. 리더가 실패에 대한 책임을 지고, 이를 장려하는 문화를 구축해야 한다.

예컨대, 혼다의 전 CEO 소이치로는 "실패한 경험이 없는 사람은 시키는 대로만 일을 한 사람"이라고 말했다. 구성원들의 창의적인 도전을 적극 장려하고 오히려 실패를 하라고 말하기도 했다. 따라서, 실패할 확률이 크지만 의미 있는 도전 과제가 있을 경우 리더는 팀원에게 한번 해보라고 권유를 한다든지, 업무를 조정해 주면서 새로운 시도를 할 수 있는 여건을 마련해 주는 것이 좋다.

나날이 발전하는 리더가 되라

부동산 재벌인 도널드 트럼프는 경영자가 공부를 가장 많이 해야 한다는 생각에 일주일에 28시간을 독서에 투자했다고 한다. 빌 게이츠 역시 일 년에 두 차례 '생각 주간'을 정하여, 자사의 전략, IT 업계 동향, 사업 아이디어 등이 담긴 보고서를 읽으며 집중적으로 연구하는 시간을 갖는다고 한다.

에리히 프롬(Erich Fromm)은 합리적인 권위는 능력에 기초를 둔다고 말한 바 있다. 또한 런던 비즈니스 스쿨 학장인 로라 타이슨(Laura Tyson)은 리더는 똑똑한 부하 직원을 도와줄 수 있는 능력을 보여주거나 해당 분야 전문가라는 것을 증명해야 존경받을 수 있다고 말했다.

리더가 우수한 부하 직원들로부터 존경을 받기 위해서는 리더 스스로도 실력이 있어야 한다. 물론 최고 수준의 실력을 요구하는 것은 아니다. 적어도 우수한 팀원과 커뮤니케이션이 가능하고 아이디어를 줄 수 있을 정도의 수준을 말하는 것이다. 이 정도의 실력마저도 없다면, 우수한 팀원들은 리더를 무시하게 되고 리더는 더 이상 그들을 이끌 수 없게 된다.

또한 리더는 우수한 인재들에게 조언도 아끼지 말아야 한다. 연구 역량이 상당한 연구원이 새로운 아이템을 제시할 경우, 리더는 그것이 사업화에 성공할 수 있도록 다양한 아이디어와 의견을 제시해 주어야 한다. 직원들이 갖고 있지 못한 견해나 노하우 등을 제공할 수 있어야 한다. 제약회사 몬산토(Monsanto)의 전 CEO 로버트 사피로(Robert Shapiro)는 사내 주요 프로젝트에 직접 참여하여 직원들과 토론 및 논의를 하고 아이디어를 제시하기로 유명하다.

고성과팀으로 가기 위한 팀장으로서의 지휘 능력은 다음과 같다. 팀 내의 활발한 커뮤니케이션과 장점의 활용 능력, 작은 아이디어라도 아낌없이 칭찬해 주는 능력, 부하에게 든든한 버팀목이 되어 줄 수 있는 능력, 그리고 자신 또한 나날이 발전하는 모습이다.

효과성의 원천과 효과성을 높이는 리더

조직은 직원들을 뽑을 때 아주 신중을 기한다. 또한 조직의 가치에 부합한 인재를 뽑기 위해 인사 시스템을 갖춰 선발하려 애를 쓴다. 그런데 직원 한 사람 한 사람이 모두 능력이 뛰어남에도 불구하고 시너지를 창출하지 못하고 있는 조직이 많다. 그 이유는 효과성의 부재에서 오는 경우가 허다하다.

효과성에 대한 명확한 이해와 효율성의 개념을 알아보고 효과성을 높이기 위한 사전 단계와 팀장으로서 효과성을 높이기 위한 팀 운영 방법이 무엇이 있을지 살펴보도록 하겠다.

효과성이란

효과성(Effectiveness)과 효율성(Efficiency)을 비슷한 개념으로 혼동하는 사람들이 많다. 하지만 조직이나 팀을 운영할 때 어떤 부분에 집중하여 운영을 하느냐에 따라 조직의 생산성은 큰 차이를 보인다.

효과성은 조직의 운영 목적을 정확히 이해해야 한다. 어떠한 목적 하에 운영되는지에 따라 효과성이 달라지기 때문이다. 만약 수많은 환자의 생명을 구하는 일에 이바지함을 목적으로 삼고 있는 병원이라면 그 조직에게는 다음의 행동들이 요구된다. 각 조직의 팀장들은 환자 치유를 위한 새로운 수술 기구와 위생적인 병원 운영을 위한 도구, 지식이 많고 경험이 풍부한 의료진을 구성하기 위하여 많은 투자를 할 것이다. 왜냐하면 이 병원의 운영 목적은 환자를 치유하는 것이기 때문이다. 이처럼 효과성은 조직의 목적에 부합하는 일을 할 때 나타난다.

반면 효율성은 조금 다르다. 효율성은 목적보다 목표에 부합하는 일을 할 때 나타난다. 병원의 목적이 수많은 환자의 생명을 구하는 일에 있다 하더라도, 올해의 목표가 배드(Bed) 수를 늘리는 일이거나 수익 몇 %를 달성하는 것이라면 이것이 효율성에 충실한 개념이다. 따라서 효율성에 맞는 팀 또는 조직을 운영하게 되면 효과성과는 확연한 차이를 보이는 운영을 하게 된다.

효과성을 높이기 위한 사전 단계

효과적으로 팀이나 조직을 운영하기 위해서는 목적에 부합하는 일을 해야 하기 때문에 조직의 미션(Mission)을 명확하게 이해해야 한다. 미션은 한마디로 조직의 존재 이유다. 조직이 살아가는 이유가 환자의 생명을 구하는 일에 있다면, 모든 팀장들은 그에 맞는 행동 원칙들을 만들어 목적에 부합하도록 팀원들을 이끌어야 한다. 우리 팀이 구매 팀이든, 원무 팀이든, 서비스 팀이든 목적에 부합하고 그런 일을 만들어 갈 수 있도록 도와주어야 한다. 혹시나 팀장이 부재중이 거나 팀원 혼자 의사 결정을 해야 하는 순간이 오더라도 스스로 결정 할 수 있는 행동 원칙들을 알려 주어야 한다.

효율성과의 관계와 중용

효과성을 추구하면서 효율성을 추구한다는 것은 조직을 운영하는 측면에서 쉬운 일이 아니다. 효과성을 추구하다 보면 효율성에 위배 되는 경우가 있고 효율성을 추구하다 보면 효과성에 어긋나는 일이 발생할 수 있기 때문이다. 많은 환자의 생명을 구하는 일에 목적을 둔 병원이 효과성을 추구하려고 한다면 구매 팀장은 병원에 필요한 최고의 장비를 구입하려 할 것이다. 뿐만 아니라 인사 팀에서는 최고 의 의료진 구성을 위하여 고액의 의료진을 확보하려 할 것이다. 이와 같이 운영하면 목적에 부합한 병원을 운영할 수 있다. 하지만 효율성 측면에서는 곤란한 일이 발생한다. 목적에 맞추기 위해 엄청난 비용 을 투자하면 병원은 운영난으로 힘들어질 수도 있기 때문이다. 효과 성만을 극대화하다 보면 효율성이 떨어지기도 하고 효율성을 추구하 다 보면 효과성에 도달하기 어렵다. 따라서 팀장은 효과성을 추구하 되 효율성을 항상 생각하면서 운영해 나아가야 한다. 그것이 바로 중 용(中庸)이다.

효과적인 팀 운영 방법

효과적인 팀을 운영하는 것이 팀장의 가장 중요한 역할 중 하나이다. 팀장이 알아야 할 효과적인 팀 운영 방법은 다음의 네 가지로 구분할 수 있다.

미션을 명확하게 전달하라

필자가 최근에 휴대폰을 바꿨는데 그 전자 회사에서 해피콜이 왔다. 휴대폰을 구입해 주어 감사하다는 내용과 함께, 사용에 불편한 점은 없는지 물어보았다. 필자는 휴대폰 자판을 사용할 때 조금 문제가 있다고 호소하였다. 그런데 직원은 미안하다는 이야기만 할 뿐, 정작 사후 수리에 관해서는 아무 말도 하지 않았다. 해결책을 주지 않을 거면 왜 전화를 했는지 이유를 알고 싶다고 물었지만 죄송하다는 말만 할 뿐이었다.

어느 조직에나 그 조직이 생기게 된 목적, 존재의 이유가 있다. 이 존재의 이유를 조직원들에게 명확하게 알리고, 행동 방식을 목적에 맞춰 한 방향으로 정렬시켜 주는 일이 팀장의 일이다. 자동차를 타다 보면 바퀴가 제대로 정렬되어 있지 않은 경우가 있다. 이런 문제를 해결하기 위하여 휠 얼라이먼트(Wheel Alignment)를 해주는 자동차 수리 센터가 존재한다. 바퀴가 제대로 정렬이 안 되면 기울어진 상태로 가다 보니 속력을 내려 해도 잘 굴러갈 리 만무하다. 이처럼 조직도 구성원들이 그들만의 가치를 미션에 맞추어 정렬하고, 그에 상응하는 행동 방식을 하도록 이끌어야 한다. 중역들과 회의를 하고 나서 구체적인 행동 원칙을 지시해 주는 임원도 있지만, 간혹 그 내용이 구체적이지 못할 경우도 있다. 팀장은 이를 해석하여 팀원들에게 상황을 설명할 줄 알아야 한다. 뿐만 아니라 구체적인 지시까지 내릴 줄 알아야 하는 것이 팀장의 역할이다.

목표를 함께 설정하라

역사상 가장 큰 대륙을 정벌한 칭기즈 칸이 전쟁에 나설 때마다 항상 한 말이 있다고 한다. "한 사람이 꿈을 꾸면 단지 꿈에 불과하지만 여러 사람이 동시에 그 꿈을 꾸면 현실이 된다."는 말이다.

이는 팀원들이 현재 어디에 있으며 어디로 가야 하는지를 명확하게 알고 갈 수 있어야 한다는 말과 일맥상통한다. 어디로 가고 있는지도 모르고 열심히 일만 하다 보면 전혀 다른 곳으로 가는 경우가 발생하는데 이는 대부분 팀장의 책임이다. 때문에 팀장은 목표를 설정할 때 팀원들과 함께 설정하며 형평성과 평등성에 맞게 배분되도록 도와주어야 한다. "참여하지 않으면 헌신하지 않는다."는 말도 있다. 톱다운(Top down) 방식으로 내려온 목표는 상사의 목표일 뿐 팀원들은 자신의 목표라고 생각하지 않는다.

팀장은 팀원 각자가 차지하고 있는 위치와 경력 그리고 능력을 바탕으로 개인의 목표를 정하도록 해야 하며, 이것을 토대로 방향을 조절해 이끌어야 한다. 물론 이는 차후 평가의 대상으로 분명하게 쓰인다는 말도 빼먹으면 안 된다. 사람은 적게 일하고 많이 얻으려는 경제적 동물이기 때문이다.

조직 목표를 설정할 때는 전략과 연계해, 타당성 있고 결과 지향적이며 우선순위에 있는 핵심성과지표를 선택하여 역량과 노력을 집중해야 한다. 업무 수행 결과가 얼마나 가치 있는가를 판단하는 기준에 따라 전략목표, 본연목표, 공헌목표로 구분된다.

> * 전략목표: 기업이나 사업부 전체의 비전 달성을 위하여 중장기적으로 수행해야 하는 목표
> * 본연목표: 조직이나 팀에서 자체적으로 중요하게 달성해야 하는 목표
> * 공헌목표: 타 부서의 성과 목표와 연계된 것으로 부서 이기주의를 방지할 수 있는 목표

성과를 낼 수 있도록 코칭하라

《손자병법》에 이르기를 병사의 마음은 "조기(朝氣)에는 예(銳)요, 주기(晝氣)에는 타(惰)요, 야기(夜氣)에는 귀(歸)라"하였다. 이는 병사의 마음이 아침에는 예리하고 점심때가 되면 게을러지며 밤이 되면 고향에 가고 싶어진다는 뜻이다. 이처럼 사람의 심리가 변하는 것은 당연한 일이므로, 리더는 팀원들의 마음을 빨리 조기의 마음으로 돌려놓을 수 있도록 지속적인 동기부여를 해주어야 한다. 또한, 팀장이 단지 조직 내 매니저이기 때문에 그런 일을 한다고 느끼게 하는 것보다, 인생의 선배로서 진심으로 자신들을 이끌어 주고 있다는 느낌을

받게 하면 강한 동기부여가 된다.

팀 구성원과 함께 목표 설정을 마친 팀장은 구성원들이 성과를 낼 수 있도록 도와주는 도우미 역할을 해주어야 한다. 목표 설정이 끝났으니 달성하는 것은 개인의 몫이라고 방치하면 곤란하다. 팀장은 팀의 능력을 극대화하는 데 팀원 각자가 가지고 있는 능력이 적확하게 쓰일 수 있도록 관리하는 것이 일이다. 팀원이 각자의 분야에서 어떤 강점과 단점을 가지고 있으며 다른 동료와 시너지를 낼 수 있는 부분이 어딘지를 미리 파악하고 있어야 한다. 또한 역량이 부족한 구성원에게는 그 역량을 키워 나아갈 수 있도록 코칭을 해주어야 한다. 능력이 커질수록 조직에 기여할 수 있는 기대치도 높게 설정하게 해야 하며 전문가의 수준에 이른 팀원에게는 임파워링하는 것도 중요하다.

성과를 내기 위한 도우미의 역할로서 리더는 팀원들을 주기적으로 모니터링해야 하고 적절한 시기에 성과 지향적인 코칭을 해주어야 한다. 그리고 시장 환경에 맞는 전략 수정과 지원을 아끼지 말아야 한다.

정확하고 공정한 평가를 하라

필자가 대학원에서 공부할 때의 일이다. 직장을 다니면서 대학원에 다니던 학생이 대부분이었기 때문에 수업 시간에 조금씩 늦는 사람이 발생하곤 했다. 학생들의 죄송하다는 말과 함께 수업은 계속 진행되었고, 교수님은 이해한다면서 너그럽게 대해 주셨다. 하지만 지각이나 결석은 학점과 별개로 처리를 하셨다. 서로 간의 평등성과 형평성 때문이었다. 상황은 이해할 수 있지만 일찍 온 사람과 차별점을 두지 않으면 평가의 규칙이 깨지는 것이다.

효과적인 팀을 운영하기 위하여 팀장이 가져야 할 마지막 역할은 평가자이다. 아무리 열심히 일을 한 직원이라도 평가에 불만을 갖게 되면 차후에 업무에 임하는 태도가 변하기 마련이다. 평가에 불만을 가진 팀원은 더 이상 조직에 헌신하지 않을 것이며 다른 구성원에게도 영향을 끼치면서 팀의 분위기를 해칠 것이다. 좋은 평가자 역할을 하기 위하여 다음과 같은 방법들이 있다.

- 평가에 대한 투명한 기준을 제시한다.
- 목표 설정 시에 정한 기준과 평가 방법이 동일해야 한다.
- 자신이 헌신한 것과 평가 결과가 공평하지 않음을 느끼게 해서는 안 된다.
- 가급적이면 정성적 평가보다는 수치화할 수 있는 평가 방법을 제시하여야 한다.
- 평가를 하고 난 다음에는 그 결과를 공유해야 한다.
- 개인적인 성과도 중요하지만 다른 동료가 성과를 낼 수 있도록 지원한 일도 평가에 포함해 주어야 한다.
- 성과는 미래 지향적인 분석 평가를 한다.
- 성과 평가에 대한 피드백은 눈높이에 맞추어 해야 한다.

요 약

1. 팀으로 일하면 얻게 되는 가장 큰 수익은 시너지이다. 시너지는 둘이 모여 둘 이상의 효과를 내기 위해 존재한다. 만약 둘이 모였는데 두 명의 효과만 얻어 낸다면 함께할 이유가 없다.

2. 몹에서 팀으로 간다는 것은 단순히 모여 있는 집단의 개념이 아니라 목적지의 일치를 뜻한다. 따라서 팀은 함께하면서도 각자의 능력을 발휘할 수 있어야 하고 같은 목적지와 가치관을 가지고 있어야 좋은 팀이라고 할 수 있다.

3. 저성과팀에 비하여 고성과팀은 공통된 목표와 가치관을 가지며 협력 작업이 가능하고 외부와의 네트워크 능력도 탁월하다. 또한 의사소통, 갈등 관리, 변화 대처 능력도 뛰어나며 팀 기여도가 높다.

4. 고성과팀으로 가기 위해, 팀장은 커뮤니케이션을 잘해야 하며 팀원의 단점은 덮어 주고 장점은 잘 활용해 주어야 한다. 작은 아이디어라도 칭찬해 주고, 팀원들에게 든든한 버팀목이 되어 주면서 본인도 나날이 발전하는 사람이 되어야 한다.

5. 효과적인 팀 운영을 위한 팀장의 역할은 비전을 공유하고 목표를 함께 설정하는 것이다. 성과를 낼 수 있도록 도우미 역할을 해주고 올바른 평가를 내리는 평가자의 역할도 해야 한다.

6. 팀장으로서 정확한 평가를 내리기 위해 팀원에게 항상 미래 지향적인 평가를 해주어야 한다. 과거 지향적인 평가는 앞으로 의사 결정에 좋은 영향을 주지 못한다.

7. 조직을 운영할 때 목적에 부합하는 운영 방식은 조직의 존재 이유에 합당한 효과성이다.

8. 조직의 목적에 맞도록 팀의 방향을 일치시키는 것을 얼라이먼트라고 한다.

9. 팀원들에게 든든한 버팀목이 되어 주어야 하는 이유는 새로운 시도를 함으로써 겪게 되는 외로움을 극복할 수 있도록 도와주어야 하기 때문이다. 이는 직원들의 창의적 시도를 이끌어 낼 수 있으며 현실에 안주하지 않고 도전적인 목표를 가질 수 있게 만들어 준다.

10. 개인 또는 팀이 달성해야 하는 목표는 다음과 같이 세 가지로 나눌 수 있다.
    ① 전략목표: 기업이나 사업부 전체의 비전 달성을 위하여 중장기적으로 수행해야 하는 목표
    ② 본연목표: 조직이나 팀에서 자체적으로 중요하게 달성해야 하는 목표
    ③ 공헌목표: 타 부서의 성과 목표와 연계된 것으로 부서 이기주의를 방지할 수 있는 목표

| 2 장 |

공유해야 이룰 수 있다

컴퓨터 프로그램 중에 셰어웨어(Share ware)라는 것이 있다. 어떤 프로그램은 비싼 돈을 주고 구입을 해야 하는 반면, 셰어웨어는 돈을 지불하지 않고 아무 포털 사이트에나 들어가 무료로 다운받아 사용할 수 있다.

영리 추구를 목적으로 하는 기업이 왜 셰어웨어를 만들어 배포하는 것일까? 이런 생각을 한 번은 해보았을 것이다. 셰어웨어도 하나의 마케팅 전략이다. 셰어웨어를 배포하여 고객들이 이 프로그램에 익숙해지게 만든 다음, 그 프로그램을 사용하지 않으면 곤란할 정도에 이르렀을 때 유료화하는 것이다. 다른 방법으로는 끝까지 무료로 제공하면서 배포 시 광고를 넣어 수입을 얻어 가는 방식도 있다.

마케팅 전략을 어떤 것으로 사용하였든, 중요한 것은 소비자나 고객에게 먼저 공유하는 미덕을 발휘했다는 점이다. 좋은 것을 공유하였다는 것은 이미 베풀었다는 것이다. 그리고 도움을 받은 사람은 베푼 사람에게 어딘지 모르게 채무감을 갖게 된다.

조직도 마찬가지다. 공유를 한다는 것은 마음을 열었다는 것과 같다. 상사가 준 정보를(그것이 고급이든 달성을 요하는 목표든) 공유하는 행동은 팀원들에게 일체감을 심어 준다. 우리는 하나라는 공동체로 맺어졌다는 소속감도 갖게 만든다.

이번 장은 팀원 간의 공유에 관한 주제를 담고 있다. 서로 열려 있는 마음이 없다면, 함께 일하지만 따로 일하는 것이나 다름없다. 현재 서로가 집중하고 있는 바와 목표를 설정하는 과정에서 주의해야 할 점 등에 관하여 조명해 보도록 하겠다.

위 사례에서 보듯, 목표를 공유를 하지 못하는 이유에는 어떤 것들이 있으며 제대로 된 공유 마인드를 함양하려면 무엇이 전제되어야 하는지 생각해 보아야 한다.

🔍 사례 연구 1

김 팀장은 한 건강보조식품 대리점을 방문한 적이 있다. 그 사장님은 어떤 경영 방식으로 일을 하길래 항상 전국에서 1등을 하는지 무척이나 궁금했다. 하지만 정작 대리점에 도착했을 때는 조금 실망했다. 아주 일반적인 건물에 보통의 책상과 집기들이 전부였기 때문이다.

그런데 잠시 후 회의가 시작되자, 좀 전의 생각은 완전히 뒤집어졌다. 하드웨어적인 부분은 다른 대리점과 차이가 없었지만 회의와 토의를 하는 과정에서 차이가 드러났다. 이달 목표를 달성한 직원에게는 포상을 하고 포상 대상자가 되진 못했지만 함께 열심히 일한 직원에게는 칭찬과 격려의 말을 아끼지 않았다. 또한 다음 목표를 설정하는 데 아주 민주적이고 합리적으로 목표를 배분하는 모습을 목격하였다. 누가 얼마를 더 해야 한다는 둥, 내 목표는 왜 그리 많냐는 둥의 볼멘소리는 전혀 들리지 않았다. 어떻게 이런 모습이 가능한 걸까?

🔍 사례 연구 2

얼마 전 영업2팀에 들어온 영업본부장은 일 잘하기로 소문난 이 대리에게 "하반기 목표 잘 달성할 수 있지?"라는 질문을 던졌다. 얼떨결에 들은 질문에 "예."라고 대답은 했지만, 정작 윗상사인 영업2팀장에게서 전달받은 사항은 아무것도 없다. 영업본부장이 가고 나서 조심스럽게 팀장에게 질문을 한다. "팀장님, 우리 하반기 목표 나왔나요? 그리고 제게 할당된 양은 어느 정도인가요?"라는 질문에 팀장은 한숨만 쉬고 있을 뿐이었다.

영업2팀을 맡고 있는 김 팀장은 지난 영업전략 회의에서 자신에게 할당된 영업 목표가 마음에 들지 않았다. 1팀은 알짜 지역이다 보니 목표달성은 아주 손쉬워 보였다. 3팀은 영업 환경이 어렵지만 할당 목표가 우리보다 턱없이 적어, 마찬가지로 목표달성이 무난해 보였다. 그런데 영업2팀은 판매 환경도 좋지 않은데 목표는 1팀과 비슷한 수준이다 보니, 하반기 영업 목표 할당량이 마음에 들지 않았다. 김 팀장은 재할당을 해야 한다고 생각해 팀원들에게 2팀의 목표를 공유하지도 않은 상태였다.

목표가 달성되지 않는 이유

우리는 매년 연말이면 이듬해의 목표를 잡곤 한다. 그것이 개인적인 것이든 조직 내의 목표든 간에 항상 되풀이해 왔다. 하지만 세운 목표를 속 시원하게 이루어 본 사람은 아마 드물 것이다.

기업에서도 매년 커다란 목표를 세운다. 직원들은 그 목표를 향해 열심히 노력하며 일을 한다. 그런데 연말이 되면 그 목표를 정확하게 달성하는 기업은 드물다. 간혹 목표를 달성했다 하더라도 직원들이 짠 실천 방안을 토대로 노력한 결과라기보다는 다른 요소 때문에 달성한 경우가 많다. 그 이유는 무엇일까?

계속기업의 특징

조직의 비전은 명확한 조직의 방향을 정해 준다. 따라서 비전을 제시하지 못하는 리더는 구성원들에게 미래에 관한 꿈과 열정을 불어넣어 주지 못한다. 또한 동기를 부여하지 못해 미래를 개척해 나아가는 동력이 약해질 수 있다. 그러나 비전을 지나치게 강조하면 현실적으로 움직이기보다는 미래의 일만 생각할 가능성이 높다. 비전을 공유하고 함께 가기보다는 독단적·지시적으로 행동할 수 있다.

《성공하는 기업들의 8가지 습관》이라는 책을 쓴 짐 콜린스는, 계속기업(Going concern)은 비전의 공유를 강조하면서 이중적인 잣대가 아닌 통일성을 강조한다고 말했다. 조직이 커다란 비전을 향하여 한 방향으로 정렬되어 있다는 것은 다음과 같다. 모든 조직원들은 기업의 전체적인 비전과 가치를 명확하게 이해하고, 행동 방식을 통일한다. 자신의 목표 또한 조직의 목표와 같도록 작은 목표들을 구성하여 업무를 추진한다.

목표를 달성하지 못하는 이유

팀장은 조직의 목표를 설정함과 동시에 목표를 공유하고 달성하도록 노력해야 한다. 어떤 팀은 목표가 잘 달성되는가 하면 어떤 팀은 그렇지 못하다. 그 이면을 들여다보면 개인이든 조직이든 몇 가지 중요한 점이 발견되는데, 바로 다음과 같다.

달성해야 하는 분명한 이유가 없다

사람이나 조직이 변하지 못하는 이유는 안 변해도 문제가 되지 않기 때문이다. 그만큼 절실함을 느끼지 못한다는 이야기와 같다. 변하지 않으면 안 되는 분명한 이유가 있어 변화에 대응하듯, 목표를 달성할 때는 달성해야만 하는 분명한 이유가 있어야 한다. 그 이유를 알고 움직이는 팀과 그렇지 못한 팀은 결과에서 엄청난 차이가 발생한다.

구체적이지 않다

구체적으로 목표를 만든다는 것은 목표량을 단기적으로 세세하게 만드는 작업이다. 또한 수량화가 가능하도록 만드는 작업이다. 막연한 목표는 그저 지나칠 뿐이다. 만약 어느 팀의 목표가 '항상 최고를 추구하고 최고의 성과를 내는 팀'이라면 그저 목표에 지나지 않는다.

더 좋은 목표는 '올해는 10억 달성!', '5월 목표 작년 대비 10% 원가 절감'처럼 구체적이어야 한다.

달성 불가능한 목표

'작년 대비 10% 성장'이라는 좋은 목표를 세웠다면 그 목표가 올해도 달성 가능한지 알아보아야 한다. 만약 작년에 변수가 생겨 프로모션 매출이 급상승했다면, 올해에도 또 다른 프로모션 지원 없이는 달성이 곤란할 수도 있기 때문이다. 달성 불가능한 목표는 팀원들에게 동기부여는커녕 미리 포기해 버리도록 만들 수도 있다는 것을 명심해야 한다.

실천 계획서가 없다

목표를 설정했으면 실천 계획서가 있어야 한다. 집을 잘 지으려면 전체적인 프로세스가 적혀 있는 실천 계획서가 필요하다는 이야기다. 명확한 목표는 있고 계획서가 없다면, 조감도는 있지만 언제 기초 공사를 하고 어떤 골재로 기둥을 세워 집을 만들지 알 수 없다. 그렇기 때문에 꼼꼼하게 작성되어 흐름을 잘 파악할 수 있는 실천 계획서가 필요하다.

마감 시간이 없다

마지막으로, 마감 시간을 정해 놓아야 한다. 사람은 마감 시간에 쫓겨 일을 하는 경향이 있다. 기간을 한 달을 두고 추진하든, 보름을 두고 추진하든 마감 시간에 맞추어 일을 하려는 것이다. 충분한 시간을 줘도 사람의 심리는 마감이 가까워져야 업무에 몰입이 되듯 마감 시간이 없는 일은 자꾸 미룬다. 따라서 어떤 목표든지 목표를 설정했으면 마감 시간을 정하여 추진해야 한다. 마감 시간이 없는 목표는 이미 마감시간이 정해진 업무에 우선순위에서 밀리게 된다.

지금까지 목표가 달성되지 못하는 이유에 관하여 알아보았다. 이런 문제를 해결해야만 팀의 목표를 정해진 시간 안에 달성할 수 있다. 물론 목표를 향한 실천 방안 다섯 가지가 팀 내에 공유되어야 함은 말할 필요도 없다.

목표 설정과 공유, 두 축을 잡아라

조직이 성과를 이루기 위해서는 목표를 설정하는 일과 공유하는 일이 매우 중요하다. 가장 좋은 목표 설정은 팀원들이 함께 목표를 설정하는 것이다. 조직이 도전적인 비전을 향해 가다 보면 조금은 무리한 목표를 잡고 가는 경우도 있다. 하지만 아무리 좋은 목표를 가지고 있다 하더라도 구성원들의 동의를 얻지 못하면 무용지물이 된다. 목표 달성을 위해서는 설정과 공유가 매우 중요한 두 개의 축이다.

목표의 공유가 잘 이루어지려면

강력한 톱 다운(Top down) 방식을 선호하는 리더라 할지라도 구성
원들은 목표가 있는지조차 모르는 경우가 많다. 이미 목표가 설정되
었다 하더라도 그것을 이해하고 받아들이는 것이 아니다. 많은 조직에
서 목표가 겉돌거나 공유되지 않는 이유는 무엇일까? 다음의 두 가지
이유가 있다.

꿈과 열정을 자극하지 못한다

비전과 목표가 분명히 있기는 하지만 제 기능을 발휘하지 못하는
경우가 흔하다. 주된 원인은 비전이나 목표가 혁신적이지도, 미래 지
향적이지도 않기 때문이다. 이러한 목표는 직원들의 꿈과 열정을 끌어
올리지 못한다. 성공적인 기업들이 제시하는 비전과 목표를 보면 하나
같이 직원들의 도전 정신을 고취하고 꿈을 갖게 만든다(이석재, 2006).

로버트 린치(Robert Lynch)와 토머스 워너(Thomas Werner)는 비전
을 정할 때 다음과 같은 요소를 고려해야 한다고 말한다.

> ▰ 간결하고 기억하기 쉬워야 한다.
> ▲ 직원에게 상상을 불어넣고 도전적이어야 한다.
> ▰ 이상적인 상태에 대하여 명확히 묘사되어야 한다.
> ▼ 회사의 모든 이해관계자들에게 호소력이 있어야 한다.
> ▰ 미래의 사업을 서술하고 있어야 한다.

공감을 이끌어 내지 못한다

직원들이 공감하려면, 다음의 세 가지가 충족되어야 한다.

첫째, 자신의 목표에 대한 주인의식을 가져야 한다. 이는 직원들이 조직의 목표를 자신의 목표로 생각한다는 것을 의미한다. 목표는 상부로부터 내려오거나 직원들의 참여로 만들어질 수 있지만, 무엇보다 자신의 것으로 받아들이는 것이 가장 중요하다.

둘째, 목표는 직원들에게 조직의 거대한 비전을 보여줌으로써 본연의 정체감을 이끌어야 한다.

마지막으로 직원들은 회사의 목표가 실현되는 모습을 보면서 자신의 목표나 비전이 성장하고 있다는 것을 상상할 수 있어야 한다. 그러기 위해서는 회사의 비전과 자신의 비전을 동일시 할 수 있도록 재구성하는 것이 필요하다. 이 세 가지 조건이 충족되지 않으면 직원들은 조직의 목표를 공감하기 어렵다(이석재, 2006).

비전 공유의 중요성

비전의 공유는 모든 기업의 조직 구성원을 하나 되게 하는 중요한 요소이다. 이런 이유로 많은 기업들은 비전을 수립하여 여러 방향으로 퍼져 있는 구성원의 의식을 한 방향으로 모으려는 노력을 시도하고 있다. 《손자병법》에서는 "상하동욕자승(上下同欲者勝)"이라 하여 윗사람이나 아랫사람이나 하고자 하는 것이 같다면 그들은 승리한다고 하였다. 조직 구성원 모두가 함께하고자 한다면 반드시 이루어진다는 것이다. 이것이 바로 비전의 공유이다.

역사상 가장 어린 나이에 많은 나라를 정복한 알렉산더 대왕은 뛰어난 리더십을 가졌음에도 불구하고 결국 부하들에게 배신을 당했다. 그 이유를 한마디로 표현하면 비전의 공유가 안 된 것이라고 할 수 있다. 알렉산더 대왕은 부하에 대한 뛰어난 포용력, 정복한 국가에 대한 개방적 정책 등으로 군주로서는 흠잡을 데 없는 뛰어난 리더십을 지니고 있었다. 그러나 부하들은 수많은 국가를 정복하였어도 끊임없이 전쟁을 치러야 한다는 부담감을 갖고 있었다. 그들은 고향을 그리워하면서 이제는 전쟁을 그만해도 되지 않겠느냐는 생각과 기회가 오면 상황을 종료시켜 버려야 겠다는 생각을 하게 되었다. 끝을 알 수 없는 전쟁에 회의감을 느낀 부하들은 결국 알렉산더 대왕을 독살하고 말았다. 만약 알렉산더 대왕이 개인의 비전이 아닌 조직 전체의 비전을 제시하고 공유하였다면 결과는 어떻게 되었을까?

기업도 마찬가지다. 지도자의 리더십에 의해 고속 성장을 했더라도 어느 정도 시간이 지나면 지도자의 비전을 공유하는 작업을 해야 한다. 지도자의 비전이 공유되어야 조직 내 시너지가 발생하고 구성원들이 자발적으로 함께하면서 목표달성에 더욱 매진하게 된다. 비전의 공유는 기업 성장의 아주 중요한 핵심 성공 요소이다. 지금까지는 성장을 잘 해왔더라도 비전을 공유하려는 노력을 하지 않으면 앞으로의 성장은 보장할 수 없다. 그렇기 때문에 비전의 공유는 아주 중요하다.

합리적인 목표 설정과 공유 방법

"성과 목표를 설정하는 과정에서 팀장과 팀원들은 얼마나 깊이 참여하여 같이 논의했는가? 그리고 성과 목표 자체가 현실적으로 실현 가능한가?"에 대한 문제는 합리적인 목표 설정과 공유에 깊은 관련이 있다. 실행 가능한지 아닌지를 따져 보려면 성과 목표를 달성하기 위하여 얼마의 시간이 필요한지, 또 그 시간을 내가 할애할 수 있는지, 예산이 얼마나 있는지, 내 능력으로 가능한지 등의 요소들을 고려해 보아야 한다. 나에게 주어진 상황을 염두에 두지 않은 채 설정한 성과 목표는 이룰 수 없는 허황된 꿈에 불과하다.

목표 설정 및 공유에도 원칙이 있다

성과 목표 설정의 원칙

성과 목표란 개인과 집단(회사 혹은 팀)의 비전을 실현하기 위해 설정하는 당면 목표이다. 일종의 단기 전략이라고 할 수 있다. 이 전략을 얼마나 치밀하게 세우느냐에 따라 향후 실행이 옳은 방향으로 나아가고 있는지, 어떤 것을 중점으로 해서 성과 여부를 측정하고 평가할 것인지 등에 영향을 주게 된다. 성과 목표를 설정할 때는 항상 다음의 세 가지 원칙이 충족되어야 한다.

신뢰성(Reliability)이 확보되어야 한다

신뢰성의 확보란 누가 보아도 성과 목표가 명확하고 결과를 정확하게 판단할 수 있어야 한다는 말이다. 흔히 "최선을 다하겠다.", "열심히 하겠다.”는 말은 하는데, 이것은 신뢰성을 가진 성과 목표라고 하기 힘들다. ‘이현령비현령(耳懸鈴鼻懸鈴)’이 가능한 성과 목표라면 실행 후에도 “나는 나름대로 열심히 했는데 왜 그 정도밖에 평가를 못 해 주느냐?”는 불만이 나오기 쉽다. 또 구성원 간의 비교도 불가능하다. 그러므로 신뢰성 있는 성과 목표는 기준과 목표가 측정 가능해야 한다. 성과 목표를 세운 사람 스스로가 어느 정도 목표를 달성했는지, 얼마나 더 노력하면 목표에 도달할 수 있는지를 측정하고 예측할 수 있어 자기 관리가 가능해야 한다.

타당성(Validity)이 보장되어야 한다

타당성이란 팀원들이 설정한 성과 목표가 팀이 지향하고 있는 성과 목표와 얼마나 전략적으로 연계되어 있는가 하는 점을 말한다. 단순히 개인으로서 뛰어난 역량을 가지는 것, 예를 들어 토익 성적이 좋다거나 동료들로부터 인기가 높다거나 하는 등의 기준이 아니다. 팀 전체로 보았을 때 얼마나 공헌을 하였는지 명확한 판단이 가능한 기준으로 제시되어야 한다. 아무리 원대하고 수치로 측정될 수 있는 성과 목표라 하더라도 전략 방향과 현저히 달라 아무도 타당하다고 공감하지 않는다면 문제가 된다.

납득성(Acceptability)이 갖춰져야 한다

성과 목표가 신뢰성과 타당성을 확보하고 있어도 목표를 설정하는 과정에서 팀원들이 참여하지 않았다면, 그 목표는 팀 전체나 다른 팀원들의 목표를 고려하지 않아 현실성이 떨어지기 쉽다. 팀장이 일방적으로 전달하거나 팀원 혼자서 세운 성과 목표는 서로에게 납득이 되지 않을 가능성이 높기 때문이다.

신뢰성이나 타당성은 제도적인 성격이 강한 반면, 납득성은 정서적인 부분과 연관이 깊다. 이는 팀원들이 성과 목표를 얼마나 진심으로 이해하고 받아들이는가를 의미한다.

목표가 실체형인가, 비(非)실체형인가

회사를 방문하다 보면 쉽게 발견할 수 있는 것 중의 하나가 자사의 슬로건을 걸어 놓은 현수막이다. 이 현수막에는 자신들의 결의나 당해 연도 목표가 적혀 있다. 그런데 현수막에 써놓은 글을 보면 안타까울 때가 많다. 현수막의 내용이나 캐치프레이즈가 무실체형 언어로 쓰여 있기 때문이다. 예를 들면, '최고의 대리점이 되자!', '사장처럼 일하자!' 등이다. 말 자체로 보면 아주 좋은 말들임에 틀림없다. 하지만 대리점에서 근무하는 사람들은 최고의 대리점이 된다는 말이 피부에 와 닿지 않는다. 또한 사장이 되어 보지도 못했다. 사장처럼 일한다는 것은 거리가 먼 무실체형 언어인 것이다. 분명한 그림이나 또렷한 윤곽이 보이지 않는 목표는 행동을 끌어당기지 못한다. 정말로 최고의 대리점이 되고 싶다면 그렇게 되기 위한 목표를 각자가 달성할 수 있는 양으로 나누어 표현해 놓는 것이 더 좋은 방식이라고 할 수 있다. 또한 사장처럼 일을 한다는 것도 사장이 행하는 행동, 즉 아침에 몇 시에 출근하여 몇 시까지 업무에 열중하다가 퇴근한다는 실체적인 언어가 효과적이다.

목표를 잘게 쪼개어 설정하라

목표를 설정하여 배분하고 공유할 때는 실행 계획서를 가지고 목표를 잘게 쪼개어 보는 습관이 필요하다. 한 해의 목표를 잡아 놓고 이번 달에 안 되면 다음 달에 달성하면 된다는 사고방식은 포기의 지름길이다.

마음이 급한 상사는 어느 정도 진척이 되었는지 자꾸 묻는다. 또한 그 진행 상태를 백분율로 알고 싶어 한다. 따라서 목표가 거대할수록 그 목표를 잘게 쪼개어 달성해 나아가고 있다는 것을 시각적으로 보여 주는 것이 좋다. 팀장 자신이나 팀원들은 단기적인 성과지만 성공의 맛을 볼 수 있다. 이는 자기 동기부여에 중요한 역할을 한다.

단기적인 목표를 반드시 달성하고 공유하라

단기적인 목표가 모이면 장기적인 목표가 된다. 마찬가지로 장기적인 목표를 잘게 쪼개면 단기적인 목표가 된다. 팀을 이끌어 가는 팀장에게는 여러 가지의 역할이 있다. 특히 조직이 변화해 가는 과정을 관리하면서 변환자의 역할을 해야 한다. 일을 추진하다 보면 장기적인 목표를 이루어야 하는데 성과가 바로 나타나지 않기 때문에 고민도 하고 상사로부터 지적을 당하기도 한다.

이럴 때 필요한 것이 팀의 목표를 단기적으로 쪼개서 반드시 이룰 수 있게 하는 것이다. 단기적인 목표를 달성하는 일은 팀원들에게 동기부여가 된다. 팀장은 작은 목표들이 모여서 장기적 비전을 형성해 나아간다는 것을 팀원들에게 알려 주어야 한다.

자동차의 현재 상태를 알 수 있도록 만들어 놓은 장치를 대시 보드라고 한다. 현재 이 자동차는 얼마의 속도로 가고 있으며 연료는 어느 정도가 남았고 얼마 후에 연료가 소진될지를 한눈에 알 수 있게 만들어져 있다.

팀장은 자신의 업무에만 열중하면 안 된다. 팀으로 활동하는 조직에서 한눈에 알 수 있도록 서로 정보를 제공하고, 팀원들에게 현재의 상태를 알려 위기의식과 동기부여가 한번에 일어날 수 있도록 그 기반을 마련해야 한다. 팀으로 이름 지어진 곳에서는 공유하는 것만이 목표를 이룰 수 있는 지름길이다.

1. 계속기업은 비전의 공유를 강조하면서 이중적인 잣대가 아닌 통일성을 강
   조한다. 그리고 조직원들은 비전과 가치를 명확히 이해하고 행동 방식을 통
   일하며 자신의 목표 또는 조직의 목표에 일치되도록 작은 목표들을 구성하
   여 업무를 추진한다.

2. 목표를 달성하지 못하는 이유는 다음과 같다.
   ① 달성해야 하는 분명한 이유가 없다.
   ② 목표가 구체적이지 않다.
   ③ 달성 불가능한 목표이다.
   ④ 실천 계획서가 없다.
   ⑤ 마감 시간이 없다.

3. 조직 내에서 목표가 공유되지 않는 이유는 다음과 같다.
   ① 꿈과 열정을 자극하지 못한다.
   ② 공감을 이끌어 내지 못한다.

4. 《손자병법》에서는 "상하동욕자승(上下同欲者勝)"이라 하여, 윗사람이나 아
   랫사람이나 하고자 하는 것이 같다면 그 조직은 승리한다고 말하고 있다.
   즉, 목표의 공유가 중요하다는 것이다.

5. 성과 목표 설정을 위해서는 다음과 같은 세 가지 원칙이 필요하다.
   ① 신뢰성이 확보되어야 한다.
   ② 타당성이 보장되어야 한다.
   ③ 납득성이 갖춰져야 한다.

6. 목표는 실체형 언어로 표현되어야 한다. 감성적인 언어는 성취를 위한 낭만
   적 분위기를 형성해 주지만 실행력을 지속적으로 이끌진 못한다.

7. 장기적인 목표는 잘게 쪼개야 한다. 상사에게 현재 진행 상태를 보고하기
   도 쉽고, 단기적인 성과에 대한 맛을 보면서 스스로에게 동기부여도 된다.

8. 업무 진행 상태를 그림이나 모형으로 그려 놓으면 동기부여와 공유에 모두
   도움이 된다.

| 3 장 |

상사를 보좌하라

기존의 리더십은 대부분 아랫사람들을 어떻게 이끌 것인가에 초점이 맞추어져 있었다고 해도 과언이 아니다. 팀원의 마음을 읽는 방법이나 어떤 전략을 사용해야 하는지, 어떻게 동기부여를 해야만 조직을 잘 이끌어 갈 수 있는지를 주로 다루었다.

하지만 아무리 팀원들의 마음을 읽고 그 흐름대로 조직을 이끌려고 해도 부딪치는 일들이 발생한다. 윗상사의 마음과 불일치가 일어나기 때문이다. 어렵게 팀원들의 마음을 모아 힘들게 올라 왔는데 상사의 말 한마디가 모든 것을 분해시켜 버리는 일들이 조직에서는 비일비재하다. 조직 내에서 리더십을 행사한다는 것은 상사를 잘 보좌하면서 동료와는 윈윈의 마인드로 협력하고 팀원의 잠재 능력까지 잘 조화시키는 것이 핵심이다. 이 중에서도 상사를 제대로 보좌하는 일은 매우 중요하다.

김 팀장은 오늘 회의를 하면서 많은 고민이 생겼다. 평소 자신을 많이 신뢰한다고 생각했던 상사가 자신에게 보인 태도를 생각하면 너무나 마음이 상했다. 나름대로 마케팅 분야에서 많은 경험을 했고, 경영학 MBA 과정까지 거친 자신의 의견을 무시하고 다른 후배의 말에 힘을 실어 준 것이다. 물론 후배도 열심히 노력하고 있다는 것을 알지만, 마케팅 분야에 관해서는 기초적인 지식밖에 없고 경험도 별로 없다. 그럼에도 불구하고 햇병아리 마케터를 선두에 세우고 일을 진행한다는 사실이 믿어지지 않았다.

마케팅 관련 업무에 있어서 그 누구보다도 자신 있던 김 팀장에게 이번 일은 너무나 자존심이 상하고 고달픈 일이다. 현재 김 팀장은 이직을 고려하고 있다.

상사를 리드하기 어려운 이유

기존의 리더십을 이야기한다면 대부분 어떻게 팀원의 마음을 알아내고 행동하게 할 수 있는가를 중점으로 이루어졌다. 그렇다 보니 2박 3일의 리더십 교육을 받고 현업으로 돌아가 자신이 배운 대로 실천하고자 할 때 가장 먼저 부딪히는 벽이 상사이다. 상사의 말 한마디면 자신이 추진하고자 했던 업무나 방식이 무용지물이 되어 버리기 때문이다.

중간 관리자가 갖춰야 할 리더십은 조직 내에서 매우 중요하다. 그럼에도 대부분의 교육 프로그램이나 학술적 자료는 부하의 마음을 맞추는 것에 초점이 맞추어져 있다. 상사의 마음을 움직이거나 상사의 마음을 얻는 방법은 거의 찾아보기 힘들다.

상사의 영향력 행사 심리

오랜 시간 경험을 쌓은 상사는 조직을 운영하면서 나름대로 터득한 노하우가 있다. 그런데 조직이 그 노하우와는 상관없이 다르게 움직이는 모습을 보면 당황하게 된다. 그 원인이 바로 아래의 관리자에게 있다면 당연히 그 담당자를 부른다. 그러면서 자신이 경험했던 대로 움직이라고 지시를 하게 된다. 조직을 담당하고 있는 단위 리더로서 어쩌면 이것은 자연스러운 일이다. 그동안의 경험을 토대로 자신이 현재의 위치까지 왔다고 판단하기 때문이다. 그래서 이런 일이 있을 때마다 일의 방향을 완전히 바꾸어 놓기도 하고 비슷한 성격의 일을 일부러 조작하여 흩뜨려 놓았다 다시 조립하기도 한다. 결국, 부하들은 그냥 놔둬도 될 일을 건드리는 바람에 시간만 지체되고 말았다며 쑥덕거린다.

하지만 진심으로 상사를 이해한다면 그의 태도가 설명이 되기도 한다. 그 상황에 처해 보지 않았기 때문에 말은 쉽게 하지만, 자세히 살펴보면 하부 관리자도 자신의 팀원들에게 하는 태도가 상사와 똑같다는 사실을 발견하게 되기 때문이다.

그 마음은 심리적으로 누구나 조직 내에서 영향력을 행사하기를 원한다는 것을 의미한다. 높은 위치에 올라갈수록 이러한 마음과 행동은 더욱 심해진다.

조직의 위계질서

조직에서 근무하다 보면 상사를 리드하는 일은 정말 힘이 든다. 최근 조직 환경의 변화로 많은 회사들이 단위를 팀제로 바꾸고 수평화시키고 있다. 하지만 아직도 현업에서는 나이가 많거나 오랫동안 경험을 쌓아 온 분들의 의견을 무시할 수 없다. 또한 절차를 명확히 하기 위하여 결재 단계를 시스템화했기 때문에 시스템을 어기면 조직의 위계질서를 파괴하는 행위로 여겨질 수 있다. 그렇기 때문에 아랫사람이 윗사람을 이끈다는 말 자체가 행동을 떠나 어렵게 다가온다.

우리가 가지고 있는 편견이나 고정 관념

아랫사람이 윗사람을 이끈다는 말은 여러 가지로 혼동을 가져올 수 있다. 사람은 가지고 있는 지식이나 경험이 각각 다르므로 자신만의 편견이나 고정 관념이 있기 때문이다. 뱀이 개구리를 잡아먹는 것은 먹이 사슬의 일반적인 현상이다. 그러나 뱀을 잡아먹는 개구리도 존재한다. 다양한 현실 속에서 과거의 패러다임을 고집하고 기존의 틀만을 지키는 것은 세상 변화에 역행하는 것이다. 최근에는 젊은 코치가 임원들을 돕고 있으며, 나이가 어리지만 현명한 사장들은 경험이 많은 분들을 고문으로 모시고 조직을 이끌고 있다. 나이가 많은 사람이 좋은 판단을 내린다는 것은 편견이며 편협한 사고방식의 일환이라고 할 수 있다.

이제는 나이와 상관없이 얼마든지 상사도, 나이가 많은 직원들도 이끌 수 있다. 편견과 고정 관념에서 벗어나야 할 시기다.

상사를 얼마나 이해하는가

과거 우리는 조직 내 아랫사람들의 유형이나 습관, 행동 방식을 배우고 익히려고 노력했다. 하지만 상사의 성격이나 행동 유형을 파악하고 맞추어 보려는 노력은 중요하게 생각하지 않았던 것이 사실이다. 그만큼 상사에 대한 이해가 부족했다. 상사이기 때문에 일일이 묻기 어렵기도 했고, 묻는다는 행동 자체가 실례라는 마음가짐이 존재했기 때문이다. 하지만 상사를 제대로 보좌하기 위해서는 필수적으로 상사의 상황과 모습을 이해해야 한다.

상사의 성격을 파악하라

가장 먼저 알아야 할 점은 상사의 성격이다. 상사의 성격을 알고 싶을 때 가장 편하게 근접한 결과를 얻을 수 있는 방법은 다음과 같다.

- ✎ 직접 상사에게 묻는다.
- ✦ 리더와 팀원들이 함께 조사하고 결과를 나눈다.
- ✎ 상황에 따른 리더의 행동, 반응을 관찰한다.

- ☈ 다른 사람들이 어떻게 상사와 상호 작용하는지 관찰한다.
- ☈ 상사가 업무를 수행할 때 선호하는 방법을 묻는다.

상사의 가치 체계를 파악하라

앞에서 설명했듯이 사람은 나름대로의 가치를 가지고 있다. 그 가치는 사람이 행동하게 만드는 행동 방식이며 그렇게 행동할 수밖에 없게 만드는 원칙이다. 원칙을 가지고 접근하는 사람은 가치 체계가 행동의 명분이다. 상사의 가치 체계를 미리 파악한다면 상사를 보좌하는 일이 한결 수월해질 수 있다. 가령, 의사 결정을 해야 하는 상황에서 상사와 연락이 안 되어 팀장이 결정을 해야 할 때가 있다. 이때 가장 먼저 조직의 미션과 가치를 고려한 후 상사의 가치관을 적용하면 편하게 풀어 갈 수 있다. 가치 체계는 자주 만나 이야기를 하면 파악할 수 있다. 이는 위기 상황과 긴급한 상황에서 가장 잘 나타나는 행동 원칙이라고 보면 된다.

- ❖ 상사의 가치 체계 판단 방식
  - ☈ 자주 대화를 하라.
  - ☈ 업무 처리 방식을 파악하라.
  - ☈ 긴급한 상황과 위기 상황의 행동 방식을 파악하라.

현재 상사를 둘러싼 환경을 파악하라

어떤 영화에서 이런 장면이 나온다. 한 조직 폭력배의 상사가 후배와 차를 타고 오면서 이야기를 나누던 도중, 성공에 대한 비법을 전수해 준다. 지금 자신에게 가장 필요한 사람이 누구인지 파악하고 그 사람이 가장 고민하고 있는 부분이 무엇인지를 알면 성공할 수 있다는 것이었다. 아주 간단하지만, 정말 핵심을 찌르는 대화이다.

이는 비단 폭력 조직에서 성공하는 방법이라고 하기엔 너무나 명확하다. 어느 기업에나 그대로 적용시킬 수 있기 때문이다. 현재 우리 기업에 필요한 고객은 누구이며 그 고객이 가장 중요하게 여기거나 원하는 것이 무엇인지를 파악하여 그에 상응하는 보답을 한다면 시장 장악은 어렵지 않다.

상사를 리드한다는 것

상사를 리드한다는 것은 상사의 신뢰를 얻어 그의 가치를 높여 주기 위해 영향력을 행사함을 의미한다. 이때 가장 중요한 점은 상사와의 관계의 질을 높여 그의 신뢰를 얻는 것이다. 그 신뢰를 바탕으로 자연스럽게 이끌어 나아가면 된다.

상사 보좌 프로세스

상사를 보좌하는 프로세스는 다음의 세 단계로 이루어진다.

1. 관계의 질

　　◤ 주파수를 맞춘다.

　　◤ 친밀한 관계를 유지한다.

2. 신뢰 확보

　　◤ 긍정적 마인드를 갖는다.

　　◤ 자기 관리를 잘한다.

　　◤ 자신의 업무 능력을 강화한다.

3. 이끌기

　　◤ 자연스런 제안을 한다.

　　◤ 편히 이끌 뿐 강요하지 않는다.

상사와 친밀한 관계를 형성하는 방법

가. 상사의 심장소리에 귀를 기울여라.

나. 상사의 우선순위를 알라.

다. 상사가 열광하는 것을 파악하라.

라. 상사의 비전을 지지하라.

마. 상사의 관심사에 친숙해져라.

바. 상사의 성격을 이해하라.

사. 상사의 신뢰를 얻어라.

아. 상사의 결점을 포용하면서 일하는 법을 터득하라.

자. 상사의 가족을 소중히 하라.

-《 360도 리더십 》, 존 멕스웰

상사의 신뢰를 얻기 위한 방법

같이 근무하는 사람으로서 좋은 신뢰를 얻는 것은 무척 중요하다. 가장 쉬우면서도 어려운, 그러나 가장 중요한 방법은 자신에 대한 믿음을 갖게 하는 것이다. 그 방법으로는 다음과 같이 세 가지로 나눌 수 있다.

긍정적인 태도

"태도가 말을 한다."고 한다. 사람이 가지고 있는 마음의 상태가 어떤지에 따라 사물을 바라보는 시선이 달라진다는 뜻이다. 때문에 팀원이 가지고 있는 태도는 업무를 시키는 상사에게 무척 중요한 조건 중의 하나이다. 자신이 지시하는 업무에 대하여 긍정적인 시각을 가지고 접근하는 사람과 그렇지 않은 사람의 태도가 성과에 미치는 영향은 매우 크기 때문이다. 다음의 이야기는 업무에 임하는 긍정적인 태도가 성과로 이어지는 관계를 잘 설명해 준다.

빗을 만드는 한 제조 업체에서 세 명의 마케팅 담당자에게 사찰을 상대로 얼마나 많은 빗을 팔 수 있는지 시장 조사를 맡겼다. 조사를 마친 세 사람은 조사한 내용을 중심으로 의견을 발표하기 시작했다.

첫 번째 담당자는, "그 사찰은 시장 성장성이 전혀 없습니다. 머리를 기른 스님이 단 한 명도 없기 때문입니다. 빨리 다른 시장을 개척해야만 합니다."라고 보고했다.

두 번째 담당자는 "주말에 가보니 많은 사람들이 예불을 드리는 것을 보았습니다. 그 시간에 맞추어 가서 장사를 하면 많은 수익을 얻을 수 있을 것으로 기대됩니다."라고 말하였다.

마지막 담당자는 이렇게 말했다. "앞으로 모든 사찰은 우리 회사의 커다란 시장이 될 것이 분명합니다. 하루빨리 빗에 반야심경이나 부처님 모습을 그려 신도들에게 판매해야 합니다. 우리는 거대한 시장을 개척할 수 있습니다."

같은 것을 보더라도 긍정적인 태도를 지닌 사람에게는 아주 특별한 아이디어가 샘솟는다.

자기 관리 능력

상사의 신뢰를 얻기 위한 두 번째 방법은 자기 관리이다. 자신의 것도 잘 못하면서 다른 사람의 업무에 개입하거나 토를 달면 지탄의 대상이 된다. 때문에 자기 자신을 관리하는 능력은 상사를 보좌하기 전에 기본적으로 가지고 있어야 하는 능력이다. 자기 자신을 관리하는 방법을 간단하게 요약해 보았다.

① 자신의 비전을 관리하는 능력

② 자신의 경력을 관리하는 능력

③ 자신의 건강을 관리하는 능력

④ 자신의 시간을 관리하는 능력

⑤ 자신의 인맥을 관리하는 능력

⑥ 자신의 이미지를 관리하는 능력

⑦ 자신의 감정을 관리하는 능력

⑧ 자신의 자산을 관리하는 능력

⑨ 자신의 에너지를 관리하는 능력

⑩ 자신의 습관을 관리하는 능력

업무에 차별화된 능력

사람에게는 각자 타고난 능력이 있다. 다만, 자신의 능력을 발견하지 못한 채 사는 사람이 있고, 자신의 능력을 명확히 파악해 마음껏 발휘하면서 사는 사람이 있다.

자신의 능력을 사내 경쟁자들의 능력과 차별화시켜 업무에 연결시킨 뒤 어떻게 조직 내에 뿌리내리는가가 생존의 성패를 좌우한다. 가장 중요한 점은 누구나 할 수 있는 것이 아니라 오직 자신만이 할 수 있는 능력이어야 한다.

업무에 차별성을 둔다는 것은 나만이 처리할 수 있는 독특한 방식이나 능력을 가진다는 것을 뜻한다. 그 누구보다 프레젠테이션 능력이 뛰어난 사람, 문제 해결 능력이 뛰어난 사람, 협상 능력이 뛰어난 사람은 그 조직에서 성공할 수 있다.

그러나 이것저것 할 줄 알면서도 제대로 하는 것은 하나도 없는 사람은 2인자, 3인자로 낙인찍히고 조직에서도 대체 상품으로 취급받게 된다.

그렇게 되지 않기 위해서는 자신만의 독특한 영역을 계발해 나아가야 한다. 경력 계발을 위해서는 자신을 먼저 성찰해 보는 것이 중요한데, 다음과 같은 질문이 도움이 된다.

① 내가 가장 열정을 느끼는 것은 무엇인가?
② 내가 할 줄 아는 것 중에 남에게 인정받는 부분은 무엇인가?
③ 향후 우리 조직에서 가장 인정받을 수 있는 일은 무엇인가?

위의 세 가지 질문에 대한 답을 열 가지 이상 써보자. 각 질문의 답들이 교집합을 이루는 부분을 찾아, 2년 정도 꾸준히 시간을 투자하면 해당 분야의 전문가로 인정받을 수 있다.

요약

1. 우리가 상사를 보좌하기 어려운 이유는 누구나 영향력을 행사하고자 하는 마음을 가지고 있기 때문이다. 조직의 위계질서, 우리가 가진 편견이나 고정 관념도 그 이유 중 하나이다.

2. 상사의 성격을 파악할 수 있는 좋은 방법은 다음과 같다.
   ① 직접 상사에게 묻는다.
   ② 리더와 팀원들이 함께 조사하고 결과를 나눈다.
   ③ 상황에 따른 리더의 행동, 반응을 관찰한다.
   ④ 다른 사람들이 상사와 어떻게 상호 작용하는지 관찰한다.
   ⑤ 업무 수행 시 상사가 선호하는 방법을 묻는다.

3. 상사를 잘 보좌하기 위해서는 신뢰를 얻어야 한다. 긍정적 마인드를 가지고, 자기 관리를 잘하며, 업무 능력을 향상시키려는 노력을 해야 한다.

4. 상사를 보좌할 때 그의 가치 체계를 발견하려면 다음의 방법을 이용할 수 있다.
   ① 자주 대화를 하라.
   ② 업무 처리 방식을 파악하라.
   ③ 긴급한 상황과 위기 상황의 행동 방식을 파악하라.

4 장

동료와 협력하라

　김 팀장이 얄미워하는 팀장이 한 명 있다. 그는 전산 팀장으로, 자존심이 매우 강하다. 전산 관련 지식이 부족한 사람들을 무시하기도 하고, 최근에는 모 상무님과 같은 패밀리로 움직이는 것이 목격되었다. 그 상무님은 김 팀장의 팀에 대해 그다지 관대하지 않고 항상 잔소리를 늘어놓는다. 사사건건 시비와 태클을 걸어 골치가 아프다. 전산 팀장은 자신의 잇속을 챙기기로 유명하지만, 상무님에게는 간도 빼어 줄 정도로 아부가 극치를 달린다.

　인재개발 팀장은 이번 사내 교육 시스템을 재정리하면서 전산 팀장의 업무를 도와주어야 할지 말아야 할지 고민이라고 한다. 도와주자니 전산 팀장과 그의 팀이 공을 가져갈 것이 뻔하다. 안 도와주자니 한동안 자신의 팀은 편하지만 시대의 흐름에 그만큼 늦게 대처하게 될 것이라며 푸념을 한다.

　이런 고민을 털어 놓고 있는 인재개발 팀장도 김 팀장에게는 정치적으로

동료를 리드하라

조직 내에서 팀원들을 리드하라는 말은 흔히 하는 이야기이다. 상사의 마음을 조직의 목표에 부합하게 할 수 있도록 영향력을 행사하라는 말도 어색하긴 하지만 알려진 사실이다. 하지만, 동료에게 리더십을 행사하라는 말은 아직 생소하다. 경쟁자로만 여기던 동료에게 리더십을 발휘한다는 것이 과연 가능할까? 하지만 조직 내에서 공동의 목표를 위해 업무를 수행해야 할 때 동료와의 협력은 필수이다.

동료를 리드한다는 의미

전쟁 영화를 보면, 적진을 탈환하기 위하여 1개 분대(대략 6~9명)가 선두에서 전진할 때 다른 분대원들은 동료가 적군들의 공격에 희생되지 않도록 적진에 총을 쏘아 엄호 사격한다.

만약 옆 분대의 리더가 자신을 진급의 걸림돌로 생각하고 엄호 사격해 주지 않는다고 생각해 보자. 어떤 일들이 벌어질까? 또한 진격하는 분대원들이 옆 분대의 엄호 사격을 의심한다면 적극적으로 적진으로 나아갈 수 있을까? 적과 대치한 승패의 갈림길에서 서로의 이익에만 관심을 가진다면 그 조직은 조만간 붕괴될 것이다. 절체절명의 위기 속에서 서로 협력하지 않는다면 그 부대는 공존 자체가 힘들다.

이처럼 동료를 리드한다는 것은 자신만의 이익이 아닌 전체의 이익을 위하여 행해져야 한다. 이런 리더십을 협력적 리더십(Co-workship) 또는 동료애(Fellowship)라고 한다. 동료와의 협력을 이끄는 리더십은 동료의 지지와 허락을 얻어 공동의 목표를 향해 나아갈 수 있는 상태로 영향력을 행사하는 것이다.

동료의 범위 설정

동료라고 하면 같은 팀에 있는 사람은 물론이고 조직 내 같은 직위에 있는 사람을 떠올리기 쉽다. 넓은 의미로는 동종 업계에서 같은 업무를 보는 사람을 포함시키기도 한다.

하지만 여기서 말하는 동료와의 협력은 같은 회사 내에서 비슷한 직위를 가진 직원, 더 나아가 다른 팀의 일반 구성원까지 범위로 설정한다. 이제는 조직 구조가 수평화되었기 때문이다.

동료에게 영향력을 발휘하기 어려운 이유

일반적으로 사람들은 같은 학교 친구들과는 거리낌 없이 말하고 편하게 대한다. 이런 친구들끼리는 이해관계를 조정할 때 강요를 하기도 하고 농담을 주고받기도 한다. 하지만 조직 내에서 업무를 통해 만난 사이는 허물없이 대한다는 것이 쉽지 않다. 구체적으로 다음과 같은 것들이 영향력 발휘를 가로막는 장벽이라고 할 수 있다.

리더십 대상이 아니라는 생각

동료에 대한 일반적인 생각은 같은 회사 내에서 일하며 나중에는 경쟁자가 될 사람이다. 내가 영향력을 발휘하여 이끌어 가야 할 리더십의 대상으로 보지 않는다. 그렇기 때문에 지금까지는 서로가 영향력을 주고받는 대상이라고 생각하지 않았다.

서로 간의 시기와 질투

동료는 입사 때부터 서로 경쟁을 해온 사이다. 항상 그럴 것이라는 생각이 잠재의식 속에 남아 있어, 서로 시기하고 질투하는 마음이 생기면 영향력 발휘는 어려워진다.

동등한 권력자의 위치

말단 사원일 때와 다르게, 팀장의 위치에 오르면 병목 현상을 겪게 된다. 나도, 상대방도 권력을 행사하는 위치를 먼저 선점하고자 하는 마음이 생기기 때문이다. 남녀가 결혼을 하면 일종의 기선 제압을 하는 것처럼 내가 먼저 상대방에게 영향력을 행사하면 앞으로도 계속 영향력의 대상이 될 것이라고 생각하는 마음이다.

진실성에 대한 의심

조직 안에서 서로 상승의 패러다임을 가지고 움직이면 좋은 시너지를 낼 수 있다. 그러나 나에게 관대한 동료의 행동이 진실성을 의심받는다면 영향력 발휘가 곤란해진다.

상대의 협력 거부

사내 정치적인 문제나 개인적인 문제, 조직 내부의 특별한 이유 때문에 상대의 협력을 거부하는 일들이 종종 발생한다. 그런 경우 또한 동료 간 영향력 발휘를 가로막는 장벽이라고 할 수 있다.

공동의 목표를 만들어 행하라

같은 조직 안에서 서로 협력하기 위해서는 두 사람이 같은 편이라는 마음을 가지고 있어야 한다. 가장 먼저 인지해야 할 것은 서로의 목표가 같다는 생각의 일치이다. 그리고 혼자 하는 것보다 같이 하면 더 큰 시너지를 낼 수 있다는 것을 인정해야 한다. 이것을 한 방향 정렬이라고 하며 '함께 이긴다'는 정신을 최고로 지향한다.

동료는 선의의 경쟁자

앞선 설명처럼 동료를 경쟁자라고 인식하면 협력에 방해가 된다. 하지만 공동의 목표를 향해 가는 선의의 경쟁자라는 인식을 가지면 상황이 달라진다. 내가 이기면 상대가 지고 상대가 이기면 내가 지는 단순 경쟁의 게임이 아니라, 함께 힘을 합치고 격려하면서 서로의 힘으로 이루어 낸다는 마음을 갖게 된다. 같은 목표에 누가 먼저 도달하는지 경쟁하는 장이 생길 수도 있다. 이 경우에는 공정한 게임을 하면서 서로의 전략을 비교해 보는 것도 좋다. 자신을 다시 한 번 돌아보면서 더 큰 잠재 능력을 발휘할 수 있는 계기로 삼아야 한다. 윈윈 마인드를 가지면 서로를 발전할 수 있는 발판으로 삼아 더 큰 나로 만들어 나아갈 수 있다.

동료와 친구가 되는 법

지위가 높아질수록 입사 동료는 연수 시절 동료애를 쌓던 동기가 아니라 경쟁하는 상대가 된다. 입사 시기가 비슷한 선배도 경쟁자로 인식되는 경우가 많다. 그러나 이런 관계에 위치한 동료와 인간적인 친구가 된다면 윈윈을 위한 시너지 발휘가 가능해진다. 다음과 같은 방법을 활용하면 동료와도 아주 편한 관계가 될 수 있다.

경청하라

사람과의 관계에서 가장 중요한 것 중의 하나가 바로 경청이다. 사람은 얻은 지식이나 경험, 역할이 모두 제각각이다. 당연히 다른 생각과 견해를 가지고 있다. 따라서 어떤 경우든 상대의 이야기를 잘 듣고 정확히 이해하는 것이 중요하다. 상대의 이야기를 듣지 않고 선입견으로 판단하는 것은 위험한 관계로 가는 지름길이다.

취미나 여가를 함께 하라

사람은 같은 것을 하는 사람에게 동료 의식을 느낀다. 그것이 땀을 흘리는 일이라면 더욱 그렇다. 운동이나 낚시, 등산은 친구가 되는 아주 좋은 방법이다. 한 타이어 회사의 영업 사원은 타이어를 판매하기 위해 이 방법을 이용했다. 자동차 회사의 구매 담당 임원의 취미가 낚시라는 것을 알고 6개월 전부터 낚시에 관한 정보를 익혀 접근한 것이다. 같은 취미를 가지고 있으면 정보나 의견을 교환하면서 인간적인 정을 느끼기 쉽다. 취미나 여가는 대체로 즐거운 기분을 만끽하면서 하기 때문이다. 그 기쁨을 함께 공유하다 보면 긍정적인 감정이 생기는 것은 당연한 일이다. 최근 골프를 치려는 사람이 느는 이유도 이와 같다.

진실한 사람으로 행동하라

동료와 친구가 되기 위해서는 상대에 대한 신뢰가 중요하다. 그 신뢰는 말뿐 아니라 대부분 태도에서 결정된다. 항상 진실하고 참다운 마음과 태도는 상대에게 강한 믿음을 준다. 믿음은 생각이 강화되어 나타나는 현상이다. 상대에게 진실한 마음을 보여 주려면 항상 같은 태도로 대해야 한다.

유머를 활용하라

동료 간의 유머는 친밀감 형성에 도움이 될 뿐만 아니라 활력소가 된다. 또한 유머는 서로의 긴장을 완화시키므로 친구가 되는 데 아주 긍정적인 영향을 끼친다. 연예인 중에서도 개그맨이 대중과 가장 친근한 이유가 이 점 때문이다. 성공한 사람의 대부분은 유머를 구사하는 능력이 뛰어나며 이성 간에도 유머 있는 사람이 인기가 많다.

상호 보완적 관계를 유지하라

상호 보완적 관계를 유지한다는 것은 음양 조화와 같다. 음과 양은 만나면 서로 조화가 되어 가장 중립적인 상태로 만들어진다. 음과 음, 양과 양이 만나도 그 안에서 음과 양으로 다시 쪼개지며 균형을 만들어 간다. 조직에 이를 적용한다면, 서로의 강점을 활용할 수 있는 계기를 만들어 조직의 생산성에 최대한 기여할 수 있도록 상황을 만들어 준다고 보면 된다. 진정한 일류 리더는 본인의 머리를 활용하는 것도 아니고, 상대의 힘을 활용하는 것도 아니다. 상대의 지혜를 활용하는 것이다. 이와 같은 상호 보완적 관계를 유지하기 위해서는 다음 사항을 지켜야 한다.

- ☝ 건전한 경쟁을 수용하라.
- ☝ 강점과 단점을 인정하고 서로 활용하라.
- ☝ 넘지 말아야 할 선을 지켜라.
- ☟ 적당한 긴장감을 유지하라.

공익을 위한 물러섬도 필요하다

일을 하거나 협상을 할 때, 내가 물러서면 상대에게 진 것으로 판단하는 경우가 있다. 하지만 진정한 전략가는 지는 것도 활용을 한다. 나에겐 중요하지 않지만 상대에게 중요한 사항일 경우, 양보를 하는 것이 최선의 방법일 수 있다.

무엇이 가치 있고 중요한 것인지 생각하라

협력을 위한 조정 방안을 생각할 때 가장 먼저 생각해야 할 것과 중요한 것이 무엇인지 분별할 줄 아는 능력이 필요하다. 목적을 먼저 파악하고, 지금 당장은 인기가 없지만 장기적으로 볼 때 추진하는 것이 맞다면 끝까지 설득을 해야 한다. 하지만 공익을 위하여 물러나야 할 경우도 있다.

> ▼ 자신이 잘못 되었음을 인식한 경우
> ▲ 사안이 상대방에게 더 중요할 경우
> ◀ 더 중요한 사항을 위하여 신뢰감을 쌓을 필요가 있을 경우
> ▼ 경쟁 대립의 지속이 서로에게 피해를 입힐 경우
> ▼ 조화를 유지하고 분규로부터 벗어나는 것이 무엇보다 중요할 경우

정치적으로 행동하지 마라

공익을 위하여 동료 간에 지켜야 할 것 중의 하나가 정치적으로 행동하지 않는 것이다. 어느 조직이나 서로 감정에 끌리는 편한 상대가 있다. 그런 사람들과 교류를 하면서 식사를 하고 차도 마시며 어울리는 것은 당연한 현상이다. 하지만 그 모임이 남을 흉보고 상대의 기를 꺾어 놓거나 넘어뜨리기 위한 수단이 되면 곤란하다. 그 때부터 조직 내의 정치성이 발휘된다.

뒷담화를 지양하라

누군가와 만나 항상 좋은 이야기만 나누는 것은 현실적으로 불가능하지만 자리에 없는 사람을 험담하는 일은 최대한 자제를 해야 한다. 혹시나 상대방이 험담을 해오면 마음은 이해하되 공감만 해주어야 피해를 줄일 수 있다. 뒷담화는 전체를 위한 좋은 결과를 만들지 못한다. 아무리 상사가 리더십이 부족해도 동료들과 모여 상사를 험담하는 일은 조직의 사기에 안 좋은 영향을 끼친다.

양측의 사소한 논쟁은 피하라

'소탐대실'이라는 말이 있다. 눈앞의 작은 것(자기의 이익)을 탐하다가 큰 것(회사의 이익)을 잃을 수 있다는 뜻이다. 정치적 대립 때문에 사소한 논쟁을 하다가 큰 것을 잃진 않을지 고려해야 한다.

인기 있는 것이 아닌, 옳은 것을 지지하라

팀장은 조직 내 최소 단위를 이끄는 리더다. 리더는 일을 옳게 하고 있는지(Do things right), 아니면 옳은 일을 하는지(Do the right thing) 항상 생각하고 고민해야 한다. 일을 옳게 하는 사람은 인기가 많다. 그러나 인기보다는 올바른 일을 하는 것이 더 중요하다. 당장의 인기에 휩쓸리지 말고 전체의 이익에 초점을 맞추어 옳은 일을 해야 한다.

문제를 다양한 각도에서 접근하라

문제를 해결할 때는 대부분 자신의 관점에서 접근한다. 그러다 보면 항상 비슷한 방법으로 문제를 풀게 되고 새로운 방법으로 시도하는 것을 두려워하게 된다. 조직의 문제는 다양한 각도에서 살펴보아야 새로운 시도를 할 수 있다. 조직의 혁신은 한번에 강하게 일어나기보다 조금씩 변하다가 나중에 확 변하는 모습이 일반적이다. 나의 관점만 고집하지 말고 타인의 관점을 토대로 다양하게 접근해야 문제를 제대로 해결할 수 있다.

자기 영역만을 지키려 하지 마라

새로운 것을 받아들이지 못하는 사람들의 특징은 자기 영역을 굳게 지킨다는 점이다. 새로운 것에 접근해 보는 행동은 기존 사고의 틀을 깰 수 있게 해준다. 하지만 그런 융통성을 지니지 못한 사람들은 자기 영역을 남에게 보여 주면 자신이 설 자리를 잃는다고 착각한다. 자기 영역을 지키기만 하기보다는 새로운 영역을 창조하도록 이끄는 것도 리더의 바람직한 자세이다.

진심을 말하고 말한 대로 행하라

사람은 배운 대로 행하기도 하지만 자신이 본 대로 해나간다. 아무리 이래라저래라 해도 상사가 하는 모습을 보면서 배우고 행동을 따라하게 된다. 팀장은 자신의 행동이 후배들의 산지식이 되어 행동으로 나타날 수 있다는 것을 항상 명심해야 한다.

동료를 지지하고 성공하게 하라

동료를 지지하고 성공하게 만든다는 것은 정서적으로 익숙하지 않은 일이다. 하지만 한발만 떼고 다시 생각해 보면 그 행동이 협력에 얼마나 중요한 일인지 알 수 있다. 사람은 머리로는 알지만 행동으로 옮기는 것을 어려워한다. 말은 쉽게 하면서 실제로 적용해 보라고 하면 머뭇거린다. 진정으로 동료를 지지하고 성공하게 만드는 일은 쉽지 않다. 조직 생활 속에서 다음과 같은 행동은 동료를 위한 지지의 행동으로 보일 수 있다.

가. 동료의 말을 경청하라.
나. 동료의 강점을 표현하라.
다. 동료의 성과를 인정하라.
라. 상사와 다른 동료들에게 그들의 긍정적인 면을 말하라.
마. 최고의 치어리더가 되어 주라.
바. 말, 태도, 표정을 일치시켜서 표현하라.

1. 공동의 목표를 위해 업무를 수행해야 하는 상황에서 동료와의 협력은 필수
   적이다. 동료를 리드한다는 것은 동료의 지지와 허락을 얻고 공동의 목표를
   향해 나아갈 수 있도록 영향력을 행사하는 것이다.

2. 동료에게 영향력 발휘가 어려운 이유는 다음과 같다.
   ① 리더십 대상이 아니라는 생각
   ② 서로 간의 시기와 질투
   ③ 동등한 권력자의 위치
   ④ 진실성에 대한 의심
   ⑤ 상대의 협력 거부

3. 동료와 친구가 되는 법
   ① 경청하라.
   ② 취미나 여가를 함께하라.
   ③ 진실한 사람으로 행동하라.
   ④ 유머를 활용하라.

4. 동료는 선의의 경쟁자이다. 내가 이기면 상대가 지고 상대가 이기면 내가
   지는 단순 경쟁의 게임이 아니다. 함께 힘을 합치고 격려하면서 협력해야
   하는 상대로 재인식해야 한다.

5. 동료와 상호 보완적 관계를 유지하기 위해서는 다음 사항을 지켜야 한다.
   ① 건전한 경쟁을 수용하라.
   ② 강점과 단점을 인정하고 주고받아라.
   ③ 넘지 말아야 할 선을 지켜라.

④ 적당한 긴장감을 유지하라.

6. 공익을 위해서는 물러섬도 중요하다. 물러선다는 것은 단순히 지는 것이 아니라 더 가치 있는 것을 선택하는 것임을 명심해야 한다.

7. 조직 내에서 정치적으로 행동하지 않기 위해서는 다음과 같은 행동을 해야 한다.
   ① 뒷담화를 지양하라.
   ② 양측의 사소한 논쟁은 피하라.
   ③ 인기 있는 것이 아닌, 옳은 것을 지지하라.
   ④ 문제를 다양한 각도에서 접근하라.
   ⑤ 자기 영역만을 지키려 하지 마라.
   ⑥ 진심을 말하고 말한 대로 행하라.

5 장

열정을 불러일으켜라

열 번 찍어 안 넘어가는 나무 없다. 계속 나무를 찍다 보면 언젠가는 벨 수 있다는 속담으로, 어떤 일이든지 열정을 가지고 하면 이룰 수 있다는 뜻이다. 이런 말을 하면, 말이야 쉽지 어떻게 누구에게나 일어날 수 있는 일이냐고 반문을 한다. 하지만 열 번을 찍어 대는 그런 사람이 실제로 있다.

열 번을 찍을 정도의 힘과 중간에 포기하지 않도록 자신을 이끄는 힘은 무엇이며, 사람의 열정은 어디에서 오는 것일까? 또한 그 열정은 어떻게 지속이 가능할까? 지속 가능하다면 열정을 이끄는 동기부여 방법에는 어떤 것들이 있으며 어떻게 그것을 받아들여야 익숙해질 수 있을까?

이번 장에서는 열정을 불러일으키는 방법에 대하여 배울 것이다.

동기부여의 중요성과 방법, 그리고 고성과의 산물로 나타나는 몰입에 대하여 알아보고, 마지막으로 팀원들의 열정을 지속 가능하게 만드는 피드백 방법을 살펴보겠다.

사례 연구

김 팀장은 어릴 때부터 숫자와 싸우는 것이 너무 싫었다. 계산 자체가 싫었고 계산을 하고 나면 꼭 어딘가 틀려서 그 부분을 찾는 것이 제일 진절머리 나는 일이었다.

고교 시절 이과를 피해 문과로 진학한 이유도 거기에 있었다. 하지만 회사 생활을 하다 보니 모든 실적 관리는 숫자를 이용해 처리한다는 사실을 알게 되었다. 그래서 자신의 팀원인 오 대리에게 숫자 작업을 주로 시키곤 한다. 그런데 오 대리는 숫자 계산을 착착 잘 처리할 뿐만 아니라 계산도 정확하고 순식간에 해치운다. 그런 오 대리가 부럽기만 한 김 팀장은 오 대리에게 계산하는 일이 지겹지 않으냐고 묻는다. 오 대리가 답한다. "뭘요, 하루 종일 계산하는 일만 했으면 합니다. 계산을 할 때는 잡생각이 안 나서 좋고 나중에 계산이 정확하게 맞으면 그렇게 기쁠 수가 없습니다."

김 팀장의 입장에서는 도저히 믿어지지 않지만 오 대리의 모습을 제 눈으로 보니 계산을 좋아한다는 그의 말에 이견을 달지 못한다.

동기부여의 중요성

이루고자 하는 성과와 목표를 실현하는 것은 동기부여의 직접적인 결과라고 해도 지나치지 않다. 따라서 팀원들이 업무를 제대로 수행하여 성과를 낼 수 있도록 동기를 부여하는 일은 팀장의 아주 중요한 업무이자 책임이다. 처음 업무를 맡게 되면 누구나 강한 의욕을 가지고 시작한다. 하지만 머지않아 열정은 사그라지고 만다. 그 이유는 무엇일까?

열정은 어디에서 오는가

때로는 공포가 강력한 동기 유발제가 되어 구성원을 움직이게 만들 수 있다. 하지만 공포를 전술로 사용하는 리더들은 머지않아 생산성 측면에서 부정적인 결과를 얻는다. 단기적으로 긍정적인 효과를 얻을 수는 있지만 구성원의 마음을 사로잡아 지속적으로 성과를 내는 일은 곤란하다는 뜻이다. 공포라는 상황은 예기치 못한 분노를 표출하게 만들 수 있고, 걱정과 근심으로 심한 스트레스를 줄 수도 있다. 팀원들은 현실을 받아들이려 하지 않고 틈만 나면 그 상황을 벗어나려 할 것이다.

자신의 궁극적인 목표와 조직에서 담당하는 업무 간의 연관성을 갖게 되면 사람은 열정을 불러일으킨다. 목표를 설정할 때 조직의 비전과 방향을 정렬했다면 그 다음으로는 지속적인 동기부여를 갖는 것이 중요하다. 어떤 사람의 목표는 조직의 비전과 같지 않을 수도 있다. 하지만 자신만의 꿈을 가지고 일하는 사람은 목표가 없는 사람과 다른 행동을 보인다. 그러므로 팀장은 구성원들의 열정을 끌어올릴 수 있는 비전에 관한 이야기를 자주 나누고 그들의 동기부여자가 되어 주어야 한다.

동기부여가 중요한 이유

능력이 있는 사람은 무조건 성과를 낼 것이라고 착각한다. 하지만 아무리 능력이 있더라도 동기가 없으면 안 된다. 성과는 능력에 동기가 부여되어야지만 나타나기 때문이다. 그림을 아주 잘 그리는 사람이라도 그리고 싶은 마음이 없으면 절대로 좋은 그림이 나오지 못하는 법이다. 아주 훌륭한 컴퓨터 프로그래머라도 프로그램을 만들고 싶은 욕망이 없다면 무용지물인 것과 마찬가지이다.

$$성과 = 동기 \times 능력$$

성공하고 싶은 팀장은 이것을 정확히 간파하고 있어야 한다. 팀원들의 능력을 향상시키는 일에만 집중하지 말고 동기를 어떻게 늘려 줄 것인가에 대한 고민을 해야 한다. 유능한 팀장은 구성원들의 동기부여를 위해 다양한 경력 계발을 가능하게 해준다. 의사 결정에 참여를 유도하며 잘하는 부분에 집중할 수 있는 여건을 만들어 주기도 한다.

전 IBM 회장 토마스 제이 왓슨은 동기부여의 중요성에 대하여 이렇게 말했다.

> "어떤 기업의 성공과 실패는 그 기업에 소속되어 있는 사람들의 재
> 능과 열정을 이끌어 내는 능력에 의해 좌우된다고 나는 믿는다."

동기부여 방법

그렇다면 동기를 부여하는 방법에는 어떤 것들이 있을까? 무조건 칭찬하고 무작정 질책하는 것보다 몇 가지 기준과 원칙을 가지면 효과를 얻을 수 있다.

성과에 대한 상벌을 엄격히 행하라

성과가 좋은 팀원은 철저하게 상을 챙겨 주고 신통치 못한 팀원은 엄하게 꾸짖어야 한다. 기업은 자선 사업을 하는 조직이 아니라 이윤 창출을 위하여 만들어진 조직이다. 기업은 매출 없이는 살아남을 수 없는 실체임을 알게 하고 매출 향상에 모두가 집중할 수 있도록 제도를 강화해야 한다. 모든 사업 경영에서 연봉제 또는 성과급제를 시행하고 있는 이유도 그 때문이다. 그러나 유의해야 할 점이 있다. 성과에 대한 보상은 누가 보아도 공정해야 한다. 또한 보상 방법에도 세심한 고민이 필요하다. 상여금, 급여, 상품권 등 물질적인 보상과 칭찬, 인정, 재량권, 개인의 관심사를 함께 나누는 일 등의 비물질적인 보상 중 어느 것이 더 적절한지 판단해야 한다.

의사 결정에 반드시 구성원을 참여시키라

의사 결정을 할 때 사장이나 간부가 혼자서 결정하는 것보다 구성원을 불러 함께 토의하는 것이 동기부여에 큰 도움이 된다. 스스로 참여하여 제시한 안건에 대해서는 의견 차이가 있어도 뒤로 물러서지 않으려는 것이 인간의 본성이다. 자신의 의견과 일치된 결정이 나면 보다 적극적으로 일할 것임은 두말할 나위도 없다. 참여 없이는 헌신도 없다는 말처럼 참여는 책임감을 유발하며 책임감은 곧 행동으로 연결된다.

부단히 교육과 정보를 제공하라

수시로 가르쳐 주고 일러 주며 바로잡아 주는 일을 게을리하지 말아야 한다. 연 1회 정도 사원 단합 대회를 포함한 정기 교육을 열거나 각종 세미나 참여, 자격시험 응시 등을 배려해 주는 것도 좋은 방법이다. 또한 경영 관련 법규나 기사, 잡지 등을 볼 수 있게 하면서 자기계발 기회를 지속적으로 제공해 주어야 한다. 아는 것이 힘이며 그 힘은 행동을 유발시킨다.

팀원에게 깊은 관심을 보이라

인간은 누구나 삶의 희로애락을 갖고 있다. 그것을 함께하며 관심을 베풀고 위로해 주는 행위는 동기를 유발하는 데 아주 귀중한 방법이다. 특히 생일이나 건강에 대한 관심과 배려는 아무리 강조해도 지나침이 없다. 자신은 팀원들의 생일을 기억하고 있거나 메모하고 있는지 생각해 보고, 관심은 정성이며 정성은 행동으로 이어진다는 것을 명심해야 한다.

교류를 강화하라

한국인은 자주 만나 비비고 부딪치면서 친해지는 스킨십을 중요시한다. 팀원들과 함께하는 회식, 야유회, 등산 모임 등 비공식적인 모임을 가지고 있는가? 리더는 직장 내에서보다는 직장 외의 시간이 동기를 유발하는 데 더 효과적이라는 점을 기억해야 한다.

적극적으로 칭찬하라

심리학자 매슬로는 인간의 5대 욕구 중 네 번째로 높은 욕구가 존경의 욕구라고 말하고 있다. 남에게 인정받고, 칭찬받고 싶은 욕구가 그것이다. "칭찬은 인간의 기(氣)를 낳고 기(氣)는 업무의 성과를 낳는다."는 말이 있다. 특히 칭찬은 '지금 즉시!'라는 점이 중요하다.

과감한 권한위양을 시도하라

권한위양이란 자신이 결정해야 할 사항을 부하 직원 또는 후배에게 위임하는 것이다. 팀장이 해야 할 의사 결정을 아랫사람이 한다는 것인데, 여기에는 세 가지 전제 조건이 따른다. 첫째는 잘못되더라도 '책임은 나에게 있다.'는 점이고 둘째는 팀원을 철저히 '믿어야 한다.'는 것이다. 마지막은 '공적(업적 및 성과)은 담당 직원에게 돌려준다.'는 것이다. 요약하면 "책임은 내가 질 테니 소신을 갖고 해보라. 자네는 할 수 있을 것이다. 잘되면 공적은 자네에게 준다.”이다.

인간이 생각하고 행동하고 노력하는 것은 욕구가 있기 때문이며 이 욕구를 깨워 현실화시켜 주는 것이 동기부여이다. 동기부여는 ‘자기 동기부여’, 즉 자기 스스로 불어넣는 방법(자기 신념)가 있고 타인이 불어넣어 주는 ‘타인 동기부여’가 있다. 스스로 자신의 욕구를 동기화시키지 못한다고 그들을 비웃고, 나무라며, 방치한다면 바람직한 리더가 되지 못한다. 이런 리더 밑에 있는 팀원도 결코 행복하다고 볼 수는 없다.

팀장의 리더십과 데이지 꽃

팀장의 리더십을 다른 것에 비유해 본다면 기계보다는 살아 있는 생물이 더 잘 어울린다. ‘데이지’라는 꽃은 토양, 수분, 일조량, 다른 식물과의 경쟁 범위 등 환경에 영향을 많이 받는다. 그리고 영향을 받은 것에 대한 보답을 꼭 해준다. 뿌리는 토양이 부식되는 것을 막아주고 꽃이 지면 영양분이 되어 땅에 공급해 준다. 거리를 오가는 사람들에게는 삭막한 길 한가운데에서 빛나는 색채를 보여 준다.

데이지는 척박한 장소인 철길이나 촘촘한 구획의 작은 부분들, 고속도로 한가운데에서도 자랄 정도로 강한 생명력을 가진 꽃으로 잘 알려져 있다. 또한 복원력이 좋기로도 유명하다. 동물들이 밟고 지나가고 꽃잎들을 뜯거나 줄기까지 다 먹어 치워도 잘 자란다. 잔디 깎는 기계가 색색의 수많은 꽃들을 다 밀어 버려도, 건기가 생명을 위협해도 데이지는 계속해서 자란다. 하나가 제거되면 다른 줄기를 내보내며, 조건이 만족스럽지 않아도 계속 번성해 간다.

데이지와 현시대의 리더들은 많은 점에서 닮았다. 리더들은 때로 임무 배당에서 제외되기도 하고, 공급원이 감소하거나 없어지기도 하며, 많은 분기마다 역경을 만난다. 그러나 리더들은 데이지처럼 계속 일을 해나가야 한다. 그들은 환경의 영향을 경험하고 다른 길을 끊임없이 모색하며 다시 영향을 주려고 시도해야 한다. 앞을 내다보고 행동하는 동시에 주변 상황의 변화에 매우 민감하게 반응할 줄 아는 능력이 필요하다. 팀장은 데이지와 닮았고 데이지를 배워야 한다.

고성과, 집중의 산물

학창 시절, 그렇게 잘나지도 않고 똑똑해 보이지도 않았지만 시험만 보면 아주 월등한 점수를 받는 친구가 있었다. 평소 행동도 다른 사람과 별반 다르지 않고 특별히 과외를 하는 것도 아닌데 말이다. 마찬가지로, 똑같은 학교를 졸업한 뒤 함께 입사해 같은 부서에 배치된 사람들의 성과도 차이가 난다. 왜 이런 일이 생기는 것일까?

이번에는 같은 시간 동안 일을 하면서도 성과가 남다른 사람들의 특징과 그 방법을 알아보도록 하겠다.

고성과를 내는 조직원의 특징

자본주의 시대에서 같은 시간 안에 높은 성과를 얻기 위한 경제성 연구는 수없이 되풀이되어 왔다. 특히 학생들이 소비자인 학습지 조직에서는 같은 시간을 공부해도 더 높은 점수를 얻을 수 있는 공부법에 관하여 많은 연구를 해오고 있다. 기업에서 같은 업무를 처리하면서 높은 성과를 내는 사람들의 특징을 알고 싶은 것도 예외가 아니다. 그들의 특징 중 하나는 한곳에 집중을 잘하는 사람이라는 점이다. 같은 시간을 투자하고도 더 높은 성과를 내는 사람은 그 시간 동안 엄청난 집중력을 보여 준다. 집중력을 높이거나 유지하는 방법에 관해서는 여러 가지 학설이 있지만 가장 많은 지지를 얻고 있는 방법을 제시하고자 한다.

고성과 달성을 위한 몰입과 몰입경영

새천년의 시작과 함께 심리학의 새 장을 연 긍정심리학은 핵심 내용 중 하나로 몰입(Flow)을 발전시켰다. 몰입은 어떤 일에 빠져서 아무런 감정도 느끼지 않는 완벽한 심리적 상태이다. 자신이 삶의 주인이며 행동을 스스로 조절할 수 있는 최적의 경험을 가능하게 해준다고 한다.

몰입을 체계화한 클레어몬트 대학교 칙센트미하이(Mihaly Csikszentmihalyi) 교수는 세계적인 긍정심리학의 대가이다. 그는 인간은 언제 가장 행복감을 느끼는가에 대한 답으로 몰입을 이야기했다. 친구, 좋은 음식, 편안함에서 오는 기쁨도 행복감을 주지만 그리 오래 가지는 못한다고 했다. 몰입은 그 다음 단계로, 높은 기술력이 필요하고 좀 더 어려운 도전을 경험해야 하지만 생존에도 중요하고 행복감을 느끼게 해주는 중요한 요소라고 말했다.

칙센트미하이 교수는 암벽 등반이나 화가, 운동선수들을 상대로 몰입이 일어나는 조건들을 연구했다. 몰입 상태가 되려면 먼저 자신이 무엇을 원하는지 명확하게 알아야 한다. 그 다음은 지금 하고 있는 일에 대한 확실한 피드백을 받아서 나중에 더 잘 할 수 있어야 하고, 마지막으로는 활동에 요구되는 도전과 능력이 균형을 이루어야 한다.

사람은 자신의 능력에 알맞은 일을 할 때 저절로 몰입이 된다. 도전 과제가 너무 어려워서 힘이 들면 금방 포기하게 되고 너무 쉬우면 지루함과 따분함을 느끼기 때문에 몰입하기 어렵다.

몰입은 고통도, 시간 감각도 잊게 만들며 도전한 일을 해냈다는 기

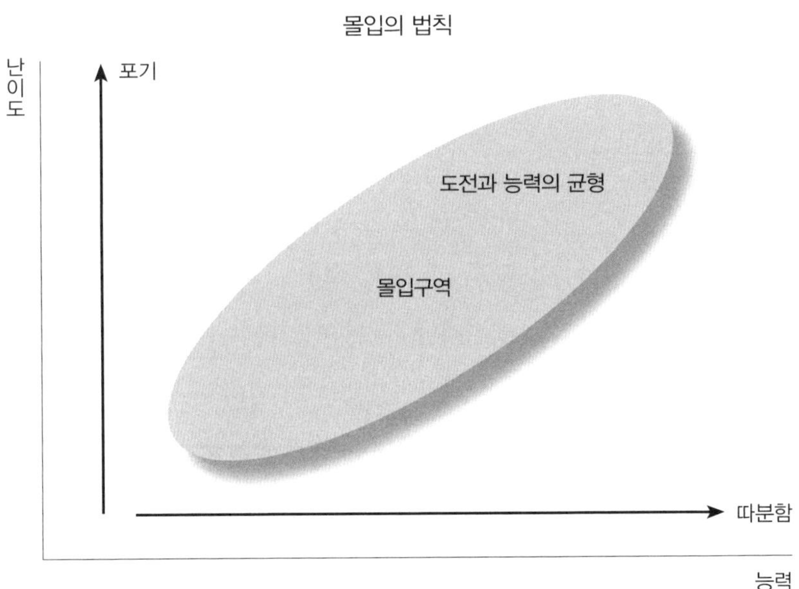

쁨 때문에 다시 그 일을 하고 싶게 만든다고 한다. 무언가에 깊이 몰입한 사람들에게 인생은 특별한 것이 되기도 한다.

몰입의 즐거움

만약 좋아하는 일이 아니라 해야만 하는 일에도 몰입을 할 수 있다면 누구든지 배우고 싶어 할 것이다. 서울대학교 재료공학과 황농문 교수는 몰입을 통해 50년 동안 재료공학계에서 풀지 못했던 숙제 두 가지를 해결했다. 핵심적인 아이디어는 서너 가지였지만, 이를 통하여 70~80여 편의 논문을 작성하였다. 세계적인 석학으로 인정을 받은 것도 몰입의 결과라고 한다. 황 교수는 "몰입은 자신이 생각하고자 하는 문제, 풀려고 하는 문제에만 의식이 유지되는 상태"라고 하였다. 오직 그 문제만 생각하게 되는 것이다.

황 교수는 오랜 경험 끝에 몰입에 들어가는 자신만의 방법을 찾아냈다. 몰입해야 할 문제를 명확하게 설정해 놓고 자나 깨나 그 문제만 생각하는 것이다. 산책을 하거나 천천히 걸으면서 생각하다 보면 그 문제에 빠져들게 되고 사흘 정도가 흐르면 문제와 자신만이 대면하는 완전한 몰입 상태에 이른다고 한다. 황 교수는 이때의 경험이 자신의 인생에서 가장 행복하고 생산적인 시간들이었다고 말하며, 의식은 얼마든지 통제가 가능하다고 했다. 인간은 여러 가지 시도를 통해 행복을 얻으려 하지만 몰입을 통하여 진정한 행복을 느낄 수 있으며 자아실현도 가능하다고 한다.

SBS 방송 프로그램 '생활의 달인'에 출연했던 사람들 중 28명을 조사해 본 결과, 그들은 친구와 놀 때나 TV를 시청할 때보다 일을 할 때 몰입이 더 잘된다고 했다. 또한 일을 할 때 자신이 자랑스럽고 시간 가는 줄 모른다고 답변했다. 그들은 자신의 일에 끊임없이 노력하기 때문에 상황에 대처하는 능력도 다른 사람들보다 200~300% 높게 나왔다. 그 결과 예측까지도 가능해졌으며 예측이 맞았을 때의 느낌은 그 어떤 것보다 행복한 마음을 선사해 준다고 하였다. 몰입의 즐거움이 그 일을 지속적으로 할 수 있게끔 이끌어 주었다는 것이다. 즉, 자신의 열정을 불러일으키기 위해 스스로에게 동기를 부여해 준 것이라고 볼 수 있다.

구분	가치 있는 일을 할 때	좋아하는 일을 할 때	친구와 놀 때	TV를 볼 때
나는 이 일에 몰입된다	82%	90%	70%	70%
이 일을 하면 나 자신이 좋게 느껴진다	82%	85%	66%	58%
이 일을 할 때 시간이 가장 빨리 간다	80%	82%	66%	63%

집중력이 높은 사람의 특징

마음을 가라앉히고 흥분을 자제한다

쉽게 흥분하는 만큼 관심도 금방 식는다. 특히 분노는 몸에 해롭다. 흥분하거나 분노의 마음이 들면 정신적으로 안정을 얻지 못한다. 온몸의 관심이 신체적으로 활동할 수 있는 부분으로 집중되면서 뇌는 기억력이나 상상력 등을 일시적으로 배제하려고 한다.

왜 이 일을 해야만 하는지 스스로에게 묻는다

지루한 일을 진행하고 있다면 좀 더 효과적으로 할 수 있는 방법이 있을지 생각해 보는 습관을 가진다. 그 일을 하고 있는 이유를 스스로에게 물어보고 일을 끝내는 데 필요한 것이 영감인지 아니면 노력인지 판단해야 한다. 유머 감각을 발휘해 일을 좀 더 재미있게 할 수 있는 방법을 찾는 것도 좋은 방법이다.

일을 시작하기 전 '해야 할 일' 목록을 작성한다

일을 시작하기 전에 몇 분 동안 시간을 갖고 '해야 할 일' 목록을 작성한다. 목록을 작성하는 사람과 하지 않는 사람은 업무 실행 능력과 성과 면에서 큰 차이가 난다. 성공하는 사람들의 특징 중 하나가 해야 할 일에 관해 기록한다는 것이다.

우선순위를 정하고, 일을 잘게 쪼갠다

다른 프로젝트를 동시에 진행하고 있다면 일을 따로따로 구분해야 한다. 그래야 현재의 일에 집중하며 산만해질 확률을 최소화할 수 있다. 일의 순서를 정하는 것도 사고의 흐름을 동일하게 유지하는 데 도움이 된다.

스스로를 격려한다

해야 할 업무가 끝나면 스스로에게 보상을 해준다. 크게는 자신이 갖고 싶었던 옷이나 선물을 삼으로써 성과를 축하해 준다. 작게는 취향에 따라 커피를 마시거나 친구들과 수다 떠는 방법도 있다.

중요한 것은 흡수하고 사소한 것은 버리는 버릇을 가진다

신문 기사를 읽고 난 뒤 기사의 주요 사실을 메모해 본다. 읽을 때와는 다르게, 정리하는 것이 무척 어려울 것이다. 하지만 이런 식의 연습을 계속 하면 중요한 것은 흡수하고 사소한 것은 버리는 능력을 기를 수 있을 것이다.

피곤할 땐 쉰다

몸의 소리에 귀를 기울여야 한다. 집중할 수 없는 주요 원인으로는 피로가 있는데, 그럴 때는 잠시 휴식을 취해 피로를 풀고 원기를 회복해야 한다. 예를 들어 짧은 산책을 한다든지 차를 마시면서 쉬는 것이다. 정해진 시간이 되면 무조건 휴식을 취하고 시간이 끝나면 무슨 일을 할지 계획을 미리 세워 두면 더 열심히 일할 수 있다. 여기에서의 포인트는 일거리를 줄줄이 늘어놓지 않는 것이다.

방해받지 않고 일할 수 있는 장소를 찾는다

어떤 곳이든 자신이 편안함을 느낄 수 있는 장소가 있어야 한다. 겨울에는 따뜻하고 여름에는 시원하면서 통풍이 잘되는 장소가 좋다.

그런 장소에 익숙해지면 그 곳만 가도 집중력이 생겨난다.

집중이 가장 잘되는 시간대를 아는 것이 중요하다

한때 《아침형 인간》이란 책이 유행하면서 아침 시간을 활용하라는 이야기가 많았다. 아침 시간을 활용하면 타인의 방해를 받지 않고 자신의 시간을 활용하기 편하다. 그런데 어떤 사람은 저녁이 되어야 눈이 반짝거린다. 그때 일의 효율이 올라가기 때문이다. 집중력을 유지할 수 있는 자신만의 시간대를 찾고 그 시간을 활용하는 것이 중요하다.

집중력을 높여 주는 향기를 맡는다

아로마 테라피, 레몬과 민트가 집중력과 생산력을 높여 준다고 한다. 또한 단 음식을 먹는 것도 일시적으로 집중력 향상과 기억력에 도움을 준다.

성과에 대한 피드백을 어떻게 할 것인가

팀장의 역할 중 하나가 업무 성과에 대한 피드백을 해주는 일이다. 업무 성과에 대한 피드백을 어떻게 해주느냐에 따라 팀원들의 열정을 불러일으키는 요인으로 작용할 수도 있고 그 반대의 효과도 가져올 수 있다. 피드백은 업무를 잘 수행한 사람과 그렇지 못한 사람을 구별하여 성과에 대한 적절한 코칭을 해주는 기술의 일부라고 할 수 있다. 최근 코칭이 새롭게 떠오르면서 긍정적인 피드백은 적극 권장하고 있지만 발전적 피드백은 무시하는 경향이 있다. 하지만 팀장은 직원의 업무 성과에 대해 긍정적으로든 부정적으로든 분명하게 피드백을 주어야 한다. 특히 발전적인 피드백도 꼭 해주어야 하는데, 그에 따른 커뮤니케이션 기술이 필요하다.

피드백과 피드백 3요소

피드백이란 상대방이 자신의 행동을 돌이켜 볼 수 있도록 상대의 행동이나 그것이 다른 사람들에게 미치는 영향을 그대로 알려 주는 것이다. 행위자는 혼자서는 자신의 태도나 행동을 관찰하기 어렵지만 피드백을 받으면 파악하기 쉽기 때문이다.

> 1. 적합성(Fit) – 피드백 받을 사람에게 적절한 내용인가?
> 2. 초점(Focus) – 개인적 특성이 아닌, 변화시키고자 하는 행동에 초점이 맞추어졌는가?
> 3. 타이밍(Timing) – 특정 행동이 일어난 즉시 피드백이 주어졌는가?

피드백을 줄 때 주의할 점

피드백 받는 사람을 배려한다

피드백은 상대의 인격을 존중하는 편안한 분위기 속에서 방어적 태도를 유발하지 않는 가운데 주어져야 한다. 피드백을 주어도 좋은지 묻는 것도 한 방법인데, 예컨대 "지난번 자네 발언에 대한 내 의견을 말해도 좋을까?"라고 물어볼 수 있다.

언제 피드백을 할 것인지 정한다

피드백은 보통 나중에 주는 것보다 어떤 행동이 발생한 직후에 주는 것이 유용하다. 즉각적으로 제공되는 피드백은 상황에 대한 기억이 생생한 상태에서 주어지기 때문에 보다 분명하게 이해될 수 있다. 그러나 민감하거나 어려운 문제는 어느 정도 시간이 지나야 피드백을 받아들일 마음이 생긴다. 정서적으로 민감한 사항에 대해서는 피드백 타이밍을 신중히 정해야 한다.

표현은 간결하면서도 도움이 되도록 해야 한다

피드백을 과하게 주지 않도록 주의해야 한다. 지나치게 많은 정보를 주면 받는 사람이 부담을 느끼고 건설적으로 활용하기도 어렵다. 보고 들은 그대로의 사실을 제공해야 하며, 상대의 행동을 묘사하되 그 의도를 넘겨짚지 않는 것이 중요하다. 받는 사람의 입장에서 묘사할 때는 가급적 구체적으로 말하고 경향, 정도 등을 고려해 말하는 것이 좋다. 예를 들면 단정적인 표현 대신에 "당신은 비교적 ～ 하는(덜 하는) 편이다."라고 말하는 것이 좋다.

대안을 모색한다

피드백은 팀원들이 개선책(대안)을 찾는 일을 도와주기 위해 행하는 것이다. 해결책을 주기보다는 스스로 생각해 보게 하는 것이 중요하다.

피드백 주는 방법

피드백을 주는 방법에는 크게 두 가지가 있다. 긍정적인 피드백과 발전적 피드백이다. 긍정적인 피드백은 일반적으로 칭찬과 인정 등 격려의 이야기로 구성되어 있다. 직원이 행동한 사실에 대하여 피드백을 주고 그 이유를 적절하게 칭찬 또는 격려해 주면 된다.

한편, 발전적 피드백은 보통 부정적 피드백을 일컫는다. 발전적 피드백을 할 때는 그 시점을 잘 고려해야 하며 피드백이 잘 받아들여질 수 있는 환경을 조성하는 것도 필요하다. 그리고 문제가 된 사실과 실질적인 대안, 그 이유를 적절하게 전달해 주는 것이 중요하다.

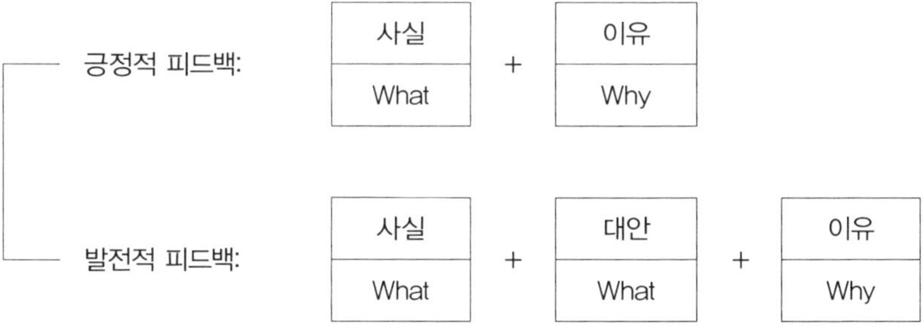

1. 전 IBM 회장 토마스 제이 왓슨은 동기부여의 중요성에 대하여 이렇게 말했다.

   "어떤 기업의 성공과 실패는 기업에 소속되어 있는 사람들의 재능과 열정을 이끌어 내는 능력에 의해 좌우된다고 나는 믿는다."

2. 성과 = 동기 × 능력

3. 동기를 부여하는 방법은 다음과 같다.
   ① 성과에 대한 상벌을 엄격히 행하라.
   ② 의사 결정에 반드시 구성원을 참여시키라.
   ③ 부단히 교육과 정보를 제공하라.
   ④ 팀원에게 깊은 관심을 보이라.
   ⑤ 교류를 강화하라.
   ⑥ 적극적으로 칭찬하라.
   ⑦ 과감한 권한위양을 시도하라.

4. 의사 결정에 구성원을 참여시키면 동기 부여에 효과가 있다. 자신의 의견과 일치한 결정이 났을 때, 보다 적극적으로 행동하게 될 것임은 두말할 나위도 없다. 참여 없이는 헌신도 없다는 말처럼 참여는 책임감을 유발하며 책임감은 곧 행동으로 연결된다.

5. 몰입은 어떤 일에 빠져서 아무런 감정도 느껴지지 않는 완벽한 심리적 상태이다. 자신이 삶의 주인이며 행동을 스스로 조절할 수 있는 최적의 경험을 가능하게 해준다.

6. 집중력이 높은 사람의 특징은 다음과 같다.

　① 흥분을 가라앉힌다.

　② 이 일을 해야만 하는 이유를 스스로에게 묻는다.

　③ 일을 시작하기 전 "해야 할 일" 목록을 작성한다.

　④ 일의 순서를 정하고, 일을 쪼갠다.

　⑤ 스스로를 격려한다.

　⑥ 중요한 것은 흡수하고 사소한 것은 버리는 습관을 가진다.

　⑦ 피로할 땐 쉰다.

　⑧ 방해받지 않고 일할 수 있는 장소를 찾는다.

　⑨ 집중력을 높여 주는 향기를 맡는다.

7. 몰입 상태가 되려면 먼저 자신이 무엇을 원하는지 명확하게 알아야 한다. 그 다음에는 지금 하고 있는 일에 대한 확실한 피드백을 받아 나중에 더 잘 할 수 있어야 하고, 마지막으로는 활동에 요구되는 도전과 능력이 균형을 이루어야 한다.

8. 피드백의 3요소는 ① 적합성 ② 초점 ③ 타이밍이다.

9. 피드백을 줄 때 고려할 점은 다음과 같다.

　① 피드백 받는 사람을 배려한다.

　② 언제 피드백을 할 것인지 정한다.

　③ 표현은 간결하면서도 도움이 되도록 한다.

　④ 대안을 모색한다.

자기 관리가 가장 우선이다

| 1 장 |

균형 감각을 갖춰라

균형 있는 삶의 중요성과 가치

사람이 성숙해진다는 것은 삶이 균형을 이룬다는 말과 같다. 균형을 이룬다는 것은 공동생활에서 지켜야 할 행동 방식도 포함한다. 균형은 조직 구성원으로서의 행동 방식과 개인적인 삶의 방식에 대한 균형, 상사와 부하 사이에서의 균형, 일과 휴식 간의 균형 등 여러 가지로 나눌 수 있다. 균형 있는 삶을 원한다면 가장 먼저 깨달아야 할 것은 자신의 삶의 목적과 행동 방식을 이해하는 일이다. 삶의 목적과 행동 방식을 이해하고 나면 그 행동 방식을 적절히 배분하여 삶의 균형을 이룰 수 있다.

가치 있는 삶이란

가치 있는 삶이란 자신의 인생 목적을 깨닫고 명확한 삶의 행동 방식을 따라 행해 나아가는 것이다. 병원에서 간호사로 일을 하고 있다고 가정해 보자. 간호사의 존재 이유는 사람의 생명을 소중히 여기고 환자의 병을 고쳐 새 생명으로 이끌어 주는 것이다. 또한 간호사는 직업적인 존재 이유 외에도 가정에서는 어머니로, 아내로, 주부로서의 존재 이유를 갖는다. 따라서 이 사람에게는 두 가지 이상의 행동 방식이 따를 것이다. 자상한 어머니, 현명한 아내, 환자를 잘 돌보는 따뜻한 간호사 등이다. 이렇게 삶의 중심에서 자신의 역할들을 깨닫고 그에 상응하는 행동 방식대로 행하는 삶이 가치 있는 삶이다.

가치 있는 삶을 위해서는, 첫째로 자신의 목적을 깨닫고 정의해야 한다. 둘째는 그에 대한 행동 방식을 규명해야 하며, 셋째로 정해진 행동 방식을 묵묵히 실천하면 된다. 실천을 하지 않으면 아무리 훌륭히 삶의 목적을 정의하고 행동 방식을 찾아도 모두 무용지물이 되어 버린다.

균형이 깨진 삶이란

균형이 깨진 삶은 크게 두 가지로 나누어 볼 수 있다. 하나는 삶에 대한 성찰 없이 상황이 주어진 대로 행동하는 삶이고, 다른 하나는 삶의 목적에 대한 정의는 내렸지만 그 행동 방식을 따르지 못하는 삶이다. 균형이 깨진 삶은 한쪽으로 치우치기 쉽다. 회사에서는 아주 훌륭한 직원으로 인정받지만 집에서는 빵점을 받는 사람이 그 예이다.

사회에서는 대단한 사람으로 알려져 있어도 집에서는 그 존재감을 갖지 못한다면 반쪽짜리 삶이 되는 것이다.

마찬가지로 집에서는 모범적인 가정주부로 흠잡을 곳 없는 아내로 살아가고 있지만, 병원에서는 환자들에게 좋은 모습을 보여 주지 못하는 간호사라면 그녀의 삶은 균형을 잃었다고 할 수 있다. 의술이 아주 뛰어나 세계적으로 인정받는 의사도 그렇다. 그의 품성에 문제가 있다면 존경받는 의사라기보다는 그저 의술만 뛰어난 사람으로 불려질 것이다.

Balance – 역동적인 삶의 균형 상태

훌륭한 팀장은 일과 가족생활 간의 균형을 맞추며 살아간다. 그들은 "팀장이라면 반드시 자신의 삶을 조직을 위해 바쳐야 하고, 한 주에 60시간 이상 일하며, 한순간도 조직을 생각하지 않을 때가 없어야 한다."는 조건을 받아들이지 않는다. 팀장들은 외부 생활에도 관심을 가진다. 휴가를 과감히 떠날 수도 있고 혼자 있는 시간도 필요하다. 안식 휴가를 갖고 공부하며 스스로를 새롭게 만들어 나간다. 균형 있는 팀장은 몸과 정신, 영혼이 긴밀하게 연결되어 있다고 느끼며 과거와 현재, 미래에 대해 통합된 감각을 가지고 있다. 또한 역사를 잘 앎과 동시에 현재의 상황과 미래에 다가올 문제들에 대해서도 빈틈없이 대비하고 있다. 피로의 증상들을 알고 있으며 그것을 예방하기 위한 여러 대책을 세워 둔다.

그래서 조직을 이끄는 훌륭한 팀장은 자기 계발의 필요성을 인지하면서도 가족, 기관, 사회의 요구들을 만족시킴으로써 일의 목표에 균형을 이루려고 한다. 커판(Kerpan)은 이렇게 썼다.

"중용의 한 양상은 문명화된 사회의 더 높은 가치들, 예를 들어 고결함, 신중함, 동정심과 신뢰성 등을 통해 부와 권력을 얻기 위한 경쟁을 완화해야 하는 필요에 있다."

일과 삶의 균형

균형을 갖춘 팀장은 회사에서도, 가정에서도 열심히 생활한다. 즉 일과 삶의 균형을 유지하면서 살아간다. 생활비를 벌기 위하여 열심히 일하고 사회로부터 인정을 받으면서, 가정에서는 모범적인 가장으로 자녀들의 양육에도 신경을 쓴다. 자녀의 교육은 아내의 전권이라고 생각하면서 피하려 하지 않는다. 가정에서의 믿음직한 태도는 직장에서도 활력 있고 능동적 행동을 이끈다.

어느 기업의 회장이 죽기 전에 가족들을 모아 놓고 유언을 남긴다. 앞으로는 가족과 친지들을 우선적으로 두고 잘 보살피면서 살라고 한다. 자신은 기업을 위해 열심히 일해 왔지만 저승으로 가야 하는 길목에서 돌아보니 과거의 행동이 너무 부질없어 보였다는 것이다.

죽음을 눈앞에 둔 상황에서 대부분의 사람은 이렇게 말한다. "지난날 나의 물욕과 입신에 방해되는 사람을 공격한 것이 참 미안하다.

조금만 참고 함께 하려 했다면 좋은 친구로 남았을 수 있었는데……”
나에게 방해가 됐던 사람을 과감히 혼내 주지 못한 것이 아직도 후회
스럽다고 말하는 사람은 없다.

특히 지금보다는 미래의 시점에서 바라보면서, 지금의 삶이 과연
올바르다고 할 수 있는지 생각해 보며 살아야 한다.

일	삶	평가
○	○	매우 좋음. 성공했다는 평가를 얻기에 충분하다. 어디든지 성공한 사람으로 인정받으며 다른 리더십 발휘의 발판이 된다.
○	×	경제적인 면에서 성공을 거두는 경우가 많다. 하지만 가정의 행복은 보장할 수 없다. 따라서 정년이 오거나 경제적 불황이 닥치면 가정에 문제가 발생할 수도 있으며, 경제적으로 평온하지만 심리적 자유가 없어 힘든 삶을 살아가야 한다.
×	○	가정의 평온은 기대할 수 있다. 조금 어렵게 살 수 있고 남들이 누리는 경제적 풍족함은 기대할 수 없다. 가치관만 명확하게 가지고 살아간다면 커다란 문제는 발생되지 않는다(기본적인 경제력은 보장된다는 전제하에 가능함).
×	×	일과 삶의 균형이 맞지 않음. 균형 잡힌 삶을 원한다면 자신의 삶을 잘 살펴볼 필요가 있다.

효율과 효과의 균형

효율적이라는 것은 다분히 목표에 충실하다는 것이다. 따라서 효율적으로 업무를 처리한다는 것은 시간을 절약하거나 투입 비용을 줄이는 일이다. 이에 비하여 효과적이라는 것은 목적에 충실하여 수행하는 일 처리를 한다는 것을 뜻한다.

일을 제대로 처리하는 것은 매우 중요하다. 그러나 정해진 대로 일을 처리하려다 납기를 맞추지 못하는 것은 문제가 된다. 납기를 잘 맞

효과성	효율성	평가
○	○	가장 이상적인 균형. 비즈니스를 하는 사람은 누구나 이런 상태를 기대하면서 업무에 임한다.
○	×	기대하는 일의 효과는 보았으므로 잘된 평가로 보기 쉽다. 하지만 효율성 면에서 문제가 생기면 업무의 지속성을 가져오기 힘들고 나중에 업무를 중단할 수밖에 없는 상황이 될 수 있다.
×	○	효율성이 달성되어 업무의 지속성이 생겨난다. 외부로부터 관리를 잘한다는 평가를 받을 수 있다. 하지만 정작 필요한 일을 제대로 수행했는지는 검토해 볼 필요가 있다. 효율성을 위해 근본적인 방법이 아니라 편법을 활용했을 가능성도 생각해 보아야 한다.
×	×	효과성과 효율성 간의 균형이 맞지 않음.

추기 위하여 부실하게 업무를 처리하는 것은 더더욱 좋지 않다. 효율성과 효과성의 균형을 맞추는 일은 아주 중요한 작업이다.

능력과 품성의 균형

제 아무리 일 처리를 잘해도 품성이 바르지 못하면 언제든지 그와 능력이 비슷한 사람과 비교될 수 있다.

능력	품성	평가
○	○	최고의 상태이다. 자신을 사랑하고 타인과도 윈윈의 마인드를 나누며 균형 잡힌 삶을 살아가기에 충분하다.
○	×	좋은 능력을 가지고 있으므로 높은 자리에 올라 갈 확률이 높다. 그런데 타인을 얕잡아 보거나 입신을 위하여 타인을 무시하고 공격하는 일을 행할 여지가 있는 성격이다. 윈윈의 마인드보다는 승패의 마인드가 강하다.
×	○	안타까운 사람이다. 자신의 입신을 위해 타인을 해치는 일은 없지만 역량의 부족으로 힘들게 살아갈 확률이 높다. 하지만 절대 나쁜 행동은 하지 않고 나름대로 자신의 가치를 따라서 움직이다 보니 큰 후회는 없다.
×	×	능력도 부족하고 성품도 좋지 않음.

팀장이 품성적인 면에서 좋은 평가를 받고 있더라도 능력을 의심받으면 아주 안타깝다. 능력도 인정받아야 하지만 함께 일하는 동료들에게 좋은 품성을 지닌 사람으로 각인되는 것 또한 아주 중요하다. 능력과 품성을 같이 인정받는 것은 가정에서나 조직에서나 성공하는 지름길이다.

신체와 정신의 균형

균형 잡힌 팀장은 자신의 에너지 관리에도 신경을 쓴다. 다방면의

신체	정신	평가
○	○	매우 좋음. 신체와 정신이 제대로 균형 잡혀 있어 건강한 삶을 살 수 있다.
○	×	정신이 의지적 에너지라면 조금 힘들겠지만 그럭저럭 무난한 삶을 살 수 있다. 정신이 지식적 측면이라면 신체를 활용한 일을 하면서 나름 편하게 살 수 있다. 신체의 건강이라는 바탕이 정신을 굳건히 받쳐 주고 있기 때문이다.
×	○	의지적 에너지든, 지식적 측면이든, 신체적 기반이 약하면 문제가 많다. 삶의 건강이 지속되기 어렵고 자신도 마찬가지지만 함께하는 동반자도 힘든 과정 속에 포함된다.
×	×	신체가 건강하지 않고 정신적으로 나약함.

사람들과 친목을 유지하면서 책도 많이 읽고 지속적인 배움으로 자신을 이끌어 나간다. 한편 육체적인 에너지 관리를 위하여 운동도 게을리하지 않는다. 특출난 지식으로 명성을 얻었어도 육체에 병이 들면 무슨 소용이 있겠는가? 균형 잡힌 팀장은 정신적 에너지와 육체적 에너지 관리도 소홀히 하지 않는다.

기타 필요한 균형들

이 밖에도 함께 유지해야 하는 균형의 종류가 많이 있다. 열심히 일하는 것과 적당한 휴식을 취하는 것, 돈을 버는 일과 돈을 쓰는 일, 좋은 생각하기와 행동하기 등 모든 것들에 대하여 균형 감각을 유지하는 것이 좋다.

1. 균형 있는 삶이란 조직과 개인적인 삶의 균형, 상사와 팀원 사이에서의 균형, 일과 휴식의 균형 등 나의 가치나 기준에 맞게 역할을 배분하여 수행해 가는 삶이다.

2. 가치 있는 삶이란 자신의 인생 목적을 깨달아, 어떻게 살아야 하는지 명확한 삶의 행동 방식을 알고 행동해 나아가는 것을 말한다.

3. 일과 삶의 균형

   아무리 사회적으로 유명하다 하더라도 가정에서의 삶이 깨어지면 반쪽짜리 성공이다. 일도 잘해야 하지만 개인의 삶에서 긍정적 평가를 얻을 수 있는 균형이 필요하다.

4. 능력과 품성의 균형

   능력이 아무리 뛰어나도 품성이 좋지 못하면 타인에게 부정적인 영향을 끼칠 수 있다. 반면 아무리 품성이 좋아도 능력에 문제가 있으면 경제적인 안정을 취하기 어렵다.

5. 신체와 정신의 균형

   머리가 아무리 좋아도 체력이 고갈되면 아무 소용이 없고, 체력이 좋아도 정신력에 문제가 있으면 문제를 일으킬 수 있는 힘으로 작용될 수 있다.

| 2 장 |

갈등을 넘어서라

얼마 전까지만 해도 김 팀장의 부하 직원 오 대리는 다른 팀 동료와의 문제로 상담을 청하곤 했다. 다른 팀의 조 대리는 오 대리보다 나이도 적고 경력도 적은데, 사사건건 반말을 해 자주 빈정이 상한다는 이유였다. 조 대리와 이야기를 나눌 때면 기분이 상해 일을 제대로 처리하기 힘들다고 했다.

김 팀장이 보기에도 조 대리는 오 대리보다 나이도 경력도 적다. 하지만 현 조직에서의 경력이 조금 더 많다는 이유 때문인지 오 대리에게 말을 함부로 하는 장면을 종종 목격했다. 오 대리는 상담을 했던 당시만 해도 조 대리와 다시는 말하기 싫다고 할 정도였고, 차라리 업무를 바꾸어 달라고까지 했다.

그런데 최근 오 대리와 조 대리가 술자리도 가지고 함께하는 시간이 많아진 것 같다. 항상 밝은 얼굴로 이야기를 나누고 업무를 할 때도 시너지가 나는 것 같아 김 팀장은 기분이 좋다.

갈등은 나쁜 것인가?

오늘날 조직에서의 갈등은 보편적인 현상이다. 다시 말해, 배경, 관심, 소질이 다른 사람들이 상호 작용하는 조직에서 사람 사이의 갈등은 불가피해졌다는 뜻이다. 더군다나 조직의 일정한 테두리 안에 많은 집단들이 나름대로의 목표를 가지고 활동하다 보면 여러 형태의 마찰이 생길 수밖에 없다. 예를 들면 조직 구성원들 간의 의견 차이로 생기는 갈등, 상사와 부하 간의 계층별 갈등, 조직 내 부서 간이나 집단 간의 갈등, 크게는 조직의 목표와 부서의 목표가 조화를 이루지 못하는 경우 등이 있다. 이러한 조직 내 불화는 조직의 효율성을 떨어뜨리고 더 나아가 기업을 위기로 몰고 갈 수도 있다.

따라서 팀장은 조직 내 갈등이 일어날 여지가 있는 부분을 미리 알아 차려야 한다. 갈등이 발생했을 때는 그로 인해 생겨날 수 있는 부정적 결과를 해결할 수 있는 능력을 갖추어야 한다. 나아가 팀 목표와 조직 목표를 화목한 분위기 속에서 달성할 수 있도록 노력해야 한다. 팀 시너지를 위해서 고려해야 할 점과 갈등은 회피하는 것이 적절한지, 그것이 아니라면 갈등 발생 시 어떤 방법으로 대처하는 것이 가장 현명할지 알 필요가 있다.

갈등과 갈등의 구성

갈등

갈등은 자신의 관심사를 다른 쪽에서 좌절시키려 한다고 인지할 때 시작된다. 다시 말해, 갈등은 한 사람 또는 집단의 기대나 목표 지향적 행위가 타인이나 타 집단에 의해 좌절되거나 차단되는 상황이다.

예를 들면, 회사에서 자신과 다른 입장을 가진 사람과 토의를 하는 경우가 있다. 나는 그 분야에서 오랜 시간 경험을 쌓은 반면, 상대는 경험이 많이 부족한 상태이다. 그런데 그 상대는 말을 조리 있게 잘하면서 논리를 펼쳐 나간다. 나는 경험은 많지만 논리를 이용해 이야기를 이끌어 내지 못한다. 말을 꺼내야 할 타이밍을 계속 고민하게 된다.

여기서부터 내적 갈등은 시작된다. 경험을 무기로 의견을 꺼냈다가는 심한 말다툼이 일어날 것이 뻔하다. 그런데 이대로 내버려 두자니 자존심이 허락하지 않는 동시에 일을 제대로 하고 있지 못하고 있다는 마음이 생긴다. 또한 회사 내에서도 대단한 말솜씨를 자랑하는 상대와 골치 아픈 시간을 보내야 한다는 것이 마음에 걸린다.

갈등의 구성

갈등이 일어나는 요인은 크게 두 가지로 구분된다. 입장의 불일치와 부정적 감정이다.

불일치는 상반된 입장에서 나타나기 쉬운 관점, 가치, 역할, 경험, 지식, 기대 등을 뜻한다. 관점이 다르면 불일치가 일어난다. 내가 보아 온 모습과 다른 사람이 보아 온 모습이 다르면 당연히 일치가 일어나지 않는다. 컵을 옆면에서 본 사람과 밑에서 본 사람은 설명하는 것이 다르듯이 말이다. 컵을 옆에서 본 사람은 사각형과 사람의 귀와 비슷하게 생긴 손잡이를 이야기할 것이다. 밑에서 본 사람은 단순한 동그라미를 말할 것이다. 경험도 불일치를 일으키는 요인 중의 하나이다. 생산직으로 오랜 경험을 가진 사람과 사무직 경험이 풍부한 사람은 이론과 경험이라는 테두리 속에서 서로 다른 입장을 가질 것이 뻔하다.

두 번째로 갈등을 일으키는 요인은 부정적 감정이다. 부정적 감정은 관점이나 가치, 경험과는 상관없이 상대에 대해 안 좋은 감정을 가지고 있는 상태를 말한다. 부정적 감정은 갈등 관리에서 중요한 부분을 차지하고 있다. 상대와 경험이나 지식이 일치하더라도 부정적 감정이 생기면 곧바로 갈등이 일어날 수 있기 때문이다. 아무리 성숙된 관점을 가졌어도 싫어하는 사람이 주도하는 업무에 헌신하기는 힘들다. 인격적으로 뛰어나다고 소문이 난 사람도 본인이 싫으면 업무나 관계의 몰입을 끌어내는 데 한계가 있다. 이런 부정적 감정의 요인으로는 두려움, 거부, 적대감, 불안 등이 있다.

갈등의 유형

갈등의 유형은 크게 세 가지로 구분된다. 개인 내 갈등과 개인 간 갈등, 조직 간의 갈등이 그것이다. 이 세 가지 갈등은 조직 생활에서 동시에 발생되는 경우가 많아, 좀 더 깊이 있는 관찰과 분석이 필요하다. 갈등 해결을 위해 자주 고민하고 전략적 대응법을 찾지 않으면 안 된다.

개인 내 갈등

개인 내 갈등은 사회생활 또는 조직 생활을 하면서 나타나는 개인의 스트레스, 목표, 좌절, 역할 때문에 일어난다. 대학을 우수하게 졸업하고 누구나 부러워하는 최고의 기업에 입사한 사람이 한 달을 채우지 못하고 그만둔 일이 있다. 꼭 짜여진 틀에 맞춰 그대로 업무를 채워 나가야 한다는 것에 대한 스트레스 때문이었다. 그는 자신이 배운 지식과 경험을 토대로 창의성을 발휘하면서 업무에 임하려 했다. 하지만 조직에서는 기존의 시스템에 맞춰 일해 주기만을 강요했다. 조직에서 필요로 하는 사람은 자신과 같은 사람이 아니라 말을 잘 듣는 사람이라는 생각 때문에 결국 회사를 나오게 되었다.

개인 간 갈등

개인 간의 갈등은 사회생활을 하면 누구나 겪게 된다. 모든 사람은 경험이 다르고 관점이 다르며 가치도 다르기 때문이다. 서로 다른 환경에서 자라 온 사람들은 당연히 자기만의 시각을 가지고 있다. 이런 개인 간의 갈등 요소로는 인식 불일치, 현실적 이해 갈등, 경쟁, 가치관 선호 차이 등이 있다. '아이는 길러질 때 많은 학습의 기회를 주어야 한다.'와 '아이는 아이답게 커야 하기 때문에 자유롭게 놀면서 자라야 한다.'는 가치관의 선호도 차이는 아이의 성장 과정을 좌지우지한다. 만약 아이를 키우는 엄마와 아빠가 이런 경우라면 아주 심한 갈등 상황에 놓이게 된다.

조직 간 갈등

조직 간 갈등도 아주 중요한 요소 중의 하나이다. 조직 간 갈등은 노사 갈등, 계층 갈등, 라인과 스태프 간의 갈등, 정체감 갈등 등이 있다. 오늘날 대표적인 조직 간 갈등은 여당과 야당 간의 갈등과 남한과 북한 간의 갈등이다. 조직 간의 갈등은 갈등을 해결하려는 당사자 외에 그 조직의 뿌리 깊은 이해관계를 먼저 파악하는 것이 급선무다.

갈등의 장단점

갈등의 순기능과 역기능

조직에서의 갈등은 무조건 나쁘기만 할까? 갈등의 개념을 분명히 이해하기 위해서는 갈등의 역기능과 순기능에 대해 생각해 보아야 한다. 흔히 조직 내에서의 갈등은 나쁜 것이기 때문에 제거되어야만 한다고 생각한다. 그런데 적당한 갈등은 오히려 도움이 되기도 한다. 예컨대 갈등은 조직 문제 해결의 대안으로써 새로운 아이디어나 제도를 탐색하게 만든다. 또한 조직원이 분발할 필요성을 느끼게 만들어 동기부여를 촉진시키기도 한다. 그러나 이점이 있다고 하더라도 갈등을 해결하려는 동안은 성과나 목표달성을 위한 에너지를 모을 수 없어 개인과 조직 양편에 부정적 결과를 가져올 수 있다. 지속적인 갈등은 조직원들이 받는 스트레스의 원인이 되고, 스트레스로 인한 심리적·생리적 문제에 영향을 미친다. 또한 조직의 분위기에 부정적인 영향을 끼친다.

이렇듯 갈등은 순기능과 역기능을 동시에 지니고 있다고 할 수 있다. 갈등과 관련된 과제는 갈등을 완전히 없애는 것에 중점을 두기보다는 갈등의 역기능을 최소화하는 방향으로 해결하는 편이 좋다. 한 걸음 더 나아가, 갈등이 전혀 없을 경우에는 조직 활성화를 위해 일부러 갈등을 만드는 것도 필요하다.

갈등의 수준에 따른 기능

갈등이 순기능으로 작용할지 역기능으로 작용할지는 갈등 수준에 따라 달라진다. 갈등 수준이 낮거나 전혀 없다면 역기능적으로 나타날 가능성이 높다. 환경 변화에 둔감해져 의욕이 상실되거나 분위기가 침체돼, 무사안일의 상황으로 갈 가능성이 높기 때문이다.

갈등 수준이 적당하거나 이상적이면 조직에 미치는 영향이 순기능적으로 작용한다. 이상적인 목표와 갈등은 조직을 변화 지향적으로 바꾸어 놓을 수 있다. 또한 직원들의 활발한 문제 해결력과 창의성을 이끌어 낼 수 있으며, 자체 비판력도 생겨 활발하고 생동감 넘치는 조직으로 변모한다. 이는 크게 보았을 때 조직에게 긍정적인 영향을 준다.

마지막으로, 갈등의 수준이 높으면 역기능적으로 바뀔 가능성이 크다. 높은 수준의 갈등은 문제를 해결하고자 하는 마음을 사전에 단념시키기 때문이다. 이런 분위기 속에서는 혼란과 분열이 야기되면 조직 구성원 상호 간에 비협조적인 분위기가 연출되고 부서 간에는 집단적 이기주의가 발생한다.

갈등의 수준과 기능의 사례 연구

우리나라 성인 남녀 대부분이 가지고 있는 고민 중의 하나가 뱃살에 대한 고민이다. 뱃살이 갑자기 늘어나면 긴장하게 되면서 빨리 빼야겠다는 마음이 생겨난다. 서서히 늘어만 가는 뱃살은 나도 모르는 사이에 몸을 육중하게 만들고, 쌓여 있는 내장 지방은 성인병을 일으킬 수 있다. 이런 현상은 천천히 나타났을 때가 문제이다. 뱃살이 갑자기 늘어나면 어떤 조치라도 취하려고 행동에 나서게 되는데, 천천히 불어나는 몸은 눈에 확 띄지 않기 때문에 눈치를 챘을 때는 이미 많이 늘어나 있는 상태가 된다. 이것이 갈등 수준이 낮아 나타나는 역기능에 해당한다고 볼 수 있다.

갈등 상황이 순기능으로 작용하는 경우도 있다. 오랜만에 고교 동창회에 나간 김 여사는 친구들과 즐거운 시간을 보냈다. 맛있는 음식도 먹고 수다도 떨면서 자녀 이야기, 남편 이야기 등을 하다가 근처 백화점에서 쇼핑을 하기로 하였다. 옷 구경을 하면서 신상품을 고르는데, 김 여사의 마음에 쏙 드는 옷을 발견하게 되었다. 그러나 김 여사는 입어 볼 수 없었다. 혹여 그 옷을 입었다가 튀어나온 살 때문에 웃음거리가 되긴 싫었던 것이다. 사실 그녀는 아이를 돌보며 가정에 충실하게 살았다는 자부심은 있지만 그 때문에 자신의 몸매나 체중에 신경을 쓰지 못하고 살았다.

그날 이후 김 여사는 근처 피트니스 센터에 등록해 열심히 운동을 하며 몸매 관리를 했다. 그 결과 지금은 피트니스 센터의 모델로 활동하며 지방 케이블 방송국에 출연하는 인기 스타가 되었다. 김 여사가 경험한 개인적 갈등이 순기능으로 작용한 결과이다.

갈등을 관리하라

조직을 이끌어 나아가는 팀장으로서 다른 팀장들과의 갈등을 관리하는 일도 중요하지만 조직 내 팀원들끼리 발생하는 갈등을 조정하는 일도 중요하다. 갈등은 팀 내 시너지에 영향을 주기 때문이다. 이런 경우, 갈등의 전체적인 사이클을 이해하고 갈등 관리 프로세스를 익혀 놓는다면 효과적으로 대응할 수 있다.

갈등 흐름 사이클

갈등은 사람마다 상황마다 다르게 나타나지만 잘 살펴보면 나름대로의 사이클을 가지고 있다. 이 사이클을 익혀 현재 상황을 파악한다면 현명한 갈등 관리자가 될 수 있다. 사이클은 평소 팀원들과 어떤 관계를 유지해야 하는지에 관해서도 중요점을 시사한다. 갈등 흐름의 사이클은 일반적으로 네 단계로 이루어져 있는데, 미병의 단계와 갈등 시작의 단계, 감정 폭발의 단계, 파국과 유지의 단계를 거치면서 나타난다.

미병(未病) 단계

미병 단계는 갈등이 겉으로는 드러나지 않고 있지만 마음속에서는 이미 시작된 상태를 말한다. 병이 시작되었지만 막상 병원에 가면 외관상 크게 두드러지는 것이 없다고 진단받는 단계이다. 다른 누군가에 대한 부정적 감정이 싹트고 미워지면서 그 사람이 하는 행동이 거슬리기 시작한다. 조직 내 팀원들 간에 문제가 발생하여 서로 이야기를 나눌 때 순조롭지 않다는 것을 느끼는데도 이유를 물어보면 전혀 문제없다고 하는 경우이다. 속을 들여다보면 분명 마음의 상태가 엇갈리기 시작했는데도 말이다.

갈등 시작 단계

팀원들이 서로 마음이 맞지 않은 상태로 있어도 업무상 부딪치는 일이 없으면 그 상태를 유지하게 된다. 하지만 한 사무실에서 같이 근무하다 보면 서로 도움을 주고받으며 협력해야 하는 상황이 많이 발생한다. 이럴 때 갈등이 수면 위로 떠오르게 된다. 처음에는 서로의 의견 중에 불일치되는 내용을 가지고 옳고 그름을 따지기 시작한다. 이성적이고 합리적인 근거를 찾아 마음껏 토론한다. 가끔은 배려하는 듯한 말투로 상대의 마음이 이해된다고 말하기도 한다. 하지만 결국은 자신의 선택과 문제 처리 방식이 옳다고 주장한다.

이 상황을 보면 갈등이 생길 수밖에 없는 중요한 원인을 알 수 있다. 상대의 마음을 이해한다고 했지만, 대부분 상대의 가치나 기준, 또는 관점이나 역할을 인지했을 뿐 정말로 상대의 마음을 이해한 것은 아니다. 그리고 해결 방법에 있어 자신의 주장을 굽히지 않는다.

정리하면, 불일치된 부분을 서로 이해하고 자신의 부정적 감정을 다스려야 하는데, 상대의 마음을 이해했다고 하면서 부정적 입장은 변하지 않는다는 점이 문제이다.

감정 폭발 단계

불편함이 있어도 참고 지내다가 어느 순간 마음속에 묻혀 있던 감정이 폭발하는 단계에 이르게 된다. 수면 위로 올라온 갈등은 조정이 되긴 하지만, 관리를 잘하지 못하면 폭발을 일으킨다. 폭발의 단계에 들어서면 서로 불일치되는 부분보다는 원래 가지고 있던 감정들이 나타난다. 평소 싫어하던 상대방의 업무 방식이나 태도, 말하는 습관 때문에 상처받았던 사건들이 속속 기억나기 시작한다. 그러면서 문제는 이성적인 생각의 불일치가 아니라 감정이었다는 사실을 알게 된다.

자신의 감정을 속이면서 참게 되면 한동안은 큰소리 내지 않고 지낼 수 있지만, 근본적인 문제점은 남아 있다는 것을 알아야 한다. 그리고 그 상태는 다시 미병의 상태로 돌아가 언제든 다시 수면 위로 떠오를 수 있다는 것을 염두에 두어야 한다.

파국과 유지 단계

갈등 흐름의 마지막 단계는 파국을 맞이하며 원래의 상태로 되돌아가는 것이다. 관점의 불일치와 감정의 상태를 확인하고 완벽하게 물러서거나 서로를 진심으로 이해하고 더욱 친근한 상태로 변하게 된다.

여기서 가장 중요한 것은 서로를 위하여 좋은 감정 상태로 관계를 유지하는 것이다. 평소 관계 관리가 잘된 사람은 갈등이 생겨도 감정적인 문제가 아니기 때문에 금세 해결이 가능하다. 또한 긍정적 감정을 가진 사람의 협조를 이끌어 내기 쉬우며 그만큼 추진력도 강해진다.

갈등을 넘어서는 가장 좋은 방법 중의 하나가 평소 관계 관리를 잘하는 것이다. 노사 간 관계가 좋은 조직은 협상 시즌이 돌아오더라도 갈등을 일으키지 않고 협력을 통해 조직 시너지를 끌어올린다.

'종려나무 숲'이라는 영화가 있다. 그 영화를 보면 주인공이 기업 변호사로 회사에 들어오게 되면서 임원들과 인사를 나누는 장면이 나온다. 잠시 후, 점심시간에 회사 사람들이 모여서 족구를 하는 장면이 이어진다. 그 모습을 의아하게 여긴 주인공이 족구를 하는 이유를 묻자 담당 임원은 말한다. 사소하게 친목을 도모하는 운동이 차후 노사 문제가 발생했을 때 아주 큰 힘을 발휘한다는 것이다.

이웃 간의 층간 소음 문제도 마찬가지다. 평소 눈인사만이라도 하며 지낸 사이라면 층간 소음문제로 살인까지 가는 일은 결코 없을 것이다.

갈등 관리 프로세스

갈등을 제대로 관리하기 위해서는 프로세스를 익혀 두어야 한다. 갈등 관리 프로세스도 네 단계를 거쳐 관리하는 것이 편리하다. 이 프로세스는 갈등 흐름의 사이클에서 갈등의 시작과 갈등의 폭발, 즉 2단계와 3단계가 이미 일어난 상태에서 적용해야 한다.

갈등 관리 프로세스는 준비 단계, 문제 설명 단계, 토의 진행 단계, 공동의 계획 수립 단계를 거쳐 이루어진다.

준비 단계

명확하고 긍정적인 목표를 설정하는 것이 중요하다. 긍정적 목표를 설정하기 위해서는 문제가 된 행동이나 사건들을 생각하며 상대가 어떤 생각을 하고 있는지 알아보아야 한다. 준비를 한다는 것은 상대를 이겨야 한다는 마음으로 할 말을 준비하는 것이 아니라 함께 만나서 이야기할 것을 목록으로 적어 놓는 행동을 말한다.

문제 설명 단계

이 단계에서는 직접 상대방을 만나 이야기한다. 상대방의 행동에 대한 설명이나 그로 인한 나의 느낌과 반응을 표현하는 것이 중요하다. 상대의 문제 행동에 대해 말할 때는 사실에 근거하여 말해야 한다는 것을 잊지 말아야 하고, 고객, 회사, 팀, 그리고 나에게 미치는 파급 효과에 대해 알리는 것도 중요하다.

토의 진행 단계

토의를 진행하는 단계에서는 궁금한 점이나 문제가 된다고 생각하는 점에 대하여 질문해야 한다. 이해한 내용이나 관점을 확인하고 서로 간의 오해를 풀며 생각을 전환하는 기회로 삼아야 한다. 그런데 서로 질문을 하고 답하는 과정에서 감정 조절에 실패하고 폭발이 일어나면 비생산적인 대화로 변할 수 있다. 문제 해결에 초점을 두는 것이 아니라 상대방에게 평소 가졌던 느낌이나 행동을 이야기하는 감정 싸움이 되는 것이다. 이런 상황은 되도록이면 피하기 위해 서로 노력하는 것이 중요하다.

공동의 계획 수립 단계

공동의 계획을 수립하는 단계에서는 갈등을 해결하면서 양쪽 모두가 실행할 수 있는 계획을 찾아야 한다. 대안을 모색하면서 상대의 의견을 존중해 주고, 대안이 없으면 자신이 먼저 준비한 것을 토대로 제안해도 좋다. 갈등 해결을 위해 역할 분담을 하며 협조를 아끼지 말아야 한다.

규범은 갈등을 넘어선다

한 조직이 오랫동안 유지되기 위해서는 규범이 필요하다. 문제가 되는 사람에 대하여 조치를 취하기 위해서도 필요하지만, 그 규범 자체가 원활한 커뮤니케이션을 만들어 내기 때문이다. 앞서 설명한 실험처럼, 사람들은 아무런 제한이 없는 곳보다 조건이 있는 공간에서 더 많은 상상력을 이끌어 낸다.

효과적인 갈등 해결 조직의 특징

조직은 나름대로 목표가 있다. 갈등이 생기면 그 조직의 목표와 목적을 확인하고 이를 기준으로 삼아 해결해 나가야 한다. 목표와 목적은 그 조직의 방향타가 되어 의사 결정을 하는 기준이 된다. 세상에는 여러 가치와 기준이 존재하지만 조직에서는 조직이 원하는 가치와 기준을 토대로 목표를 설정한다.

조직은 시너지를 위하여 각기 다른 사람들이 모인 집단이다. 똑같은 생각을 가지고 있는 사람들만 존재한다면, 시너지는 기대하기 어렵다. 갈등이 일어난 상황에서 감정을 회피하거나 속마음을 드러내지 않는다면 나중에 더 큰 문제가 발생한다. 효과적으로 갈등을 관리하는 조직은 파괴적이거나 위험적·낭비적인 논쟁도 허용하지 않는다. 지적을 위한 지적이거나 누군가를 위험에 빠뜨리기 위한 정치적인 논쟁, 생산성이 하나도 없는 대화 등은 갈등 해결에 도움이 되지 않는다. 한 사람 한 사람이 조직의 시너지 창출을 위한 귀한 보물이라는 것을 인식하고, 개개인의 의견은 존중하되 공격적이거나 파괴적인 논쟁은 규범적으로 관리할 필요가 있다. 명확한 원칙과 규범을 가진 조직이 오히려 유연함을 가질 수 있다는 평범한 진리를 반드시 알아야 한다.

- ☜ 공동 목표에 중점을 둔다.
- ☝ 견해차를 인정한다.
- ☜ 감정을 회피하지 않는다.
- ☟ 파괴적·위험적·낭비적인 유형의 논쟁을 허용하지 않는다.

갈등 관리 과정에서 주의할 사항

갈등은 사전에 예측되기도 하지만 일반적으로는 이미 나타난 상태에서 진행된다. 그렇기 때문에 갈등 상황에서 상대를 평가하거나 지적하는 행동은 문제를 해결하는 것이 아니라 오히려 심화시킬 수 있다. 따라서 갈등을 잘 관리하기 위해 지켜야 하는 커뮤니케이션 규칙

해야 할 일	하지 말아야 할 일
• 상대의 입장을 이해한다. • 어려운 문제는 피하지 말고 맞서야 한다. • 자신의 의견을 명확하게 밝히고 지속적으로 강화한다. • 마음을 열어 놓고 적극적으로 경청한다. • 타협하려고 애쓴다.	• 상대방의 감정이나 관심사를 가볍게 여긴다. • 스스로 모순되는 행위를 한다. • 직접 대면하지 않고 대충 넘어간다. • 상대를 깔보듯 대한다. • 자신을 방어하듯 말하거나 상대방을 비방한다. • 쓸데없는 충고를 한다. • 필요한 정보보다 부족해도 아무렇지 않게 받아들인다.

이 있다.

갈등의 눈사태를 주의하라

부서나 팀 내의 작은 문제라도 그대로 방치하면 나중에 큰 문제를 일으키는 경우가 있다. 이를 '갈등의 눈사태'라고 한다. 예를 들면 납기 기한을 제대로 맞추지 못하거나 게으름을 피우며 직무를 제대로 이행하지 않는 경우, 자신의 문제를 남에게 책임 전가하는 등의 문제들이다. 이 문제들이 만성화되면 회사 전체에 부정적인 영향을 끼칠 수 있다.

갈등은 커뮤니케이션이 제대로 활성화되지 못하고 동기부여가 부족하며 임파워링이 제대로 이루어지지 않는 상황에서 시작된다. 작은 문제라도 무시하지 말고, 이후에는 커다란 문제로 번질 수 있음을 인지하여 적극적으로 해결하려는 노력이 필요하다. 그래야만 갈등의 눈사태를 미연에 방지할 수 있다.

어느 북아메리카 인디언의 인사말

북아메리카의 원주민인 다코타 인디언들의 인사말 중에 "미타쿠예오야신"이란 말이 있다. "미타쿠예오야신"은 우리나라 말로 '우리는 하나의 끈으로 연결되어 있습니다.'라는 뜻이다. 인사말은 그 민족의 역사와 특징을 담고 있다. 인디언은 언제든지 외부의 부족으로부터 침입을 받을 수 있기 때문에 단결을 강조하던 말이 인사말로 굳어진 것이다.

　조직에서 함께 일하는 사람은 보이지 않는 끈으로 엮어져 있다는 것을 잊어서는 안 된다. 그리고 그 끈은 신뢰와 협력으로 연결되어 있어야 한다. 혼자만 잘났다고 팀 활동에 문제를 일으키거나 자신의 일에만 몰두하면 팀이라는 테두리가 없어져 지속성도 상실할 수 있기 때문이다.

메디치 효과

　메디치 효과(Medici effect)는 서로 다른 분야를 접목하여 시너지 효과를 나타낼 때 쓰는 말이다. 이 말의 유래는 다음과 같다.

　15세기, 이탈리아 피렌체의 메디치 가(家)는 광범위한 분야에 걸쳐 각 분야의 전문가들을 후원했다. 당시 메디치 가문을 비롯하여 문화 예술가들을 후원하는 몇몇 가문들 때문에 당대의 유명한 조각가, 과학자, 시인, 철학자, 금융가, 화가, 건축가 등이 피렌체로 몰려들었다. 이곳에서 만난 문화 예술가들은 서로의 전공 분야와 문화를 교류하면서 자신들의 벽을 허물기 시작했다. 이후 협력 관계가 된 그들은 새로운 지식과 사상에 바탕을 둔 르네상스 시대를 열었다. 그 결과 피렌체는 역사상 가장 혁신적인 시대, 즉 폭발적인 창조의 중심지가 되었다.

　메디치 효과를 높이기 위한 방법은 다음과 같은 네 가지 방안이 있다.

서로 다른 분야의 장벽을 무너뜨려라

　최근 기업이 팀 단위로 움직이게 되면서 서로 간의 보이지 않는 장벽이 생기기 시작하였다. 이를 사일로 효과(Silo effect)라고 하는데, 서로 간의 소통이 줄어들고 부서 간 이기주의가 발생하는 경우를 말한다. 분야가 다르다는 이유로 자신의 입장만을 고수하고 겹겹이 방벽을 쌓는다면 그것은 조직이라는 개념 자체를 이해하지 못하는 사람들이 근무하고 있는 것이라고 할 수 있다. 서로 다른 분야의 장벽을 허무는 일이야말로 조직 생활을 하는 사람에게 가장 중요한 과제이다.

업무의 다각화를 실시하라

자신의 업무 한 가지에만 몰두하지 않고 다른 팀원들과 협력하여 멀티 플레이어가 되어야 한다. 조직 내 자신의 중심 업무에서는 전문가로 활동하면서 다른 분야에서도 어느 정도의 몫을 해내는 것이 좋다. 만약 한 분야만 잘하고 다른 분야에 대한 경험이 부족하다면 지위가 올라갈수록 관리 능력이 떨어지게 된다. 또한 타 분야에 대한 업무 이해 부족으로 갈등이 일어날 확률이 높다.

불편한 환경을 일부러 조성하라

"위기는 기회다."라는 말이 있다. 일부러 조성한 불편한 환경은 더 나은 아이디어를 통한 발상의 전환으로 문제를 해결할 수 있게 도와주며, 이는 조직과 개인을 발전시켜 준다. 익숙한 일에만 만족하면서 살아가다 보면 갑작스런 환경의 변화에 대처할 능력을 잃게 된다. 즉 감각이 무뎌지고 매일매일이 익숙한 일상의 노예가 되어 버린다.

갈등을 받아들이고 두려움을 극복하라

위기에 봉착하였을 때 그 위기(갈등 상황)를 받아들이고 극복하여 더 나은 발전을 기대해야 한다. 불편한 사람이 있어서 이직을 고려하고 있다면, 이직 자체가 근본적인 해결책은 아니다. 잠시 그 환경에서 벗어날 수는 있지만 이직을 한 조직에서 또다시 그런 사람을 만나지 말라는 법은 없기 때문이다. 현재의 갈등을 받아들이고 그 갈등을 적극적으로 해결하려는 자세가 필요하다. 이런 자세는 자신의 두뇌 역량을 길러 주고 제3의 대안을 발견할 수 있는 좋은 계기가 될 것이다.

1. 오늘날 조직 내 갈등은 보편적인 현상이다. 배경, 관심, 소질이 다양한 사람들이 상호 작용을 하는 조직에서 사람 사이의 갈등은 불가피하다.

2. 갈등이 일어나는 요인은 크게 두 가지로 구분이 된다. 입장의 불일치와 부정적 감정이다. 불일치는 상반된 입장에서 나타나기 쉬운 관점, 가치, 역할, 경험, 지식, 기대 등이여, 부정적 감정은 두려움, 거부, 적대감, 불안 등이 있다.

3. 갈등의 일반적인 유형은 ① 개인 내 갈등 ② 개인 간 갈등 ③ 조직 간 갈등으로 분류할 수 있다.

4. 갈등의 역기능으로 나타나는 현상은 분위기의 침체, 변화 둔감, 스트레스의 증가 등이 있으며 갈등의 순기능으로는 동기부여, 분발성, 아이디어 탐색, 팀워크 등이 있다.

5. 미병의 단계는 갈등이 겉으로 드러나진 않았지만 마음속에서 이미 시작이 된 상태이다. 다른 누군가에 대한 부정적 감정이 싹트고 미워지면서 그 사람이 하는 행동이 거슬리기 시작하는 것이다.

6. 갈등을 넘어서는 가장 좋은 방법 중의 하나가 평소에 관계 관리를 잘하는 것이다. 노사 간에 좋은 관계를 유지하면서 지내는 조직은 노사 협상의 시즌이 돌아오더라도 갈등이 일어나지 않는다. 서로의 협력을 통해 조직 시너지를 발휘하려고 노력하게 된다.

7. 갈등을 관리할 때 하지 말아야 할 일들은 다음과 같다.

① 상대방의 감정이나 관심사를 가볍게 여긴다.

② 스스로 모순되는 행위를 한다.

③ 직접 대면하지 않고 대충 넘어간다.

④ 상대를 깔보듯 대한다.

⑤ 자신을 방어하듯 말하거나 상대방을 비방한다.

⑥ 쓸데없는 충고를 한다.

⑦ 필요한 정보가 부족해도 아무렇지 않게 받아들인다.

8. 메디치 효과를 극대화하는 방법은 다음과 같다.

① 서로 다른 분야 사이의 장벽을 무너뜨려라.

② 업무의 다각화를 실시하라.

③ 불편한 환경을 일부러 조성하라.

④ 갈등을 받아들이고 두려움을 극복하라

| 3 장 |

마음을 얻어라

사람은 혼자서 살 수 없다. 특히나 조직이라는 일정한 틀 속에서는 혼자서 일을 처리하는 데 한계가 있다. 말단 직원이든 상부의 임원이든 나름대로의 결재 라인이 있고 옆 동료의 협조전을 얻어야 하며 부하 직원에게서도 긍정적인 답을 얻어야만 효율성을 보장받을 수 있다. 이런 현실 속에서 함께 근무하는 사람들의 마음을 얻는다면 훨씬 효과성을 발휘하기 쉽다.

이것이 비단 조직 내의 문제만은 아니다. 조금만 넓게 생각해 보면 배우자와의 관계도 그렇고 자녀와의 관계도 그렇다. 그들의 마음을 얻으면 관계 유지가 훨씬 수월해지고 의사 결정 시간도 단축할 수 있다.

인간관계가 좋으면 성과에도 긍정적 영향을 미친다. 평소 인간관계가 좋은 사람은 많은 시간을 들여야 하는 일을 타 부서에 전화 한 통하는 것으로 간단히 처리할 수도 있다. 이런 측면을 고려하면 조직 내 팀장으로서 구성원들의 마음을 얻는다는 것은 매우 중요하다. 조직 내 구성원들과 친해지기 위한 방법을 이번 장에서 안내해 줄 것이다.

🔍 사례 연구

어느 날, 사장님의 결재를 받기 위해 비서실에서 차례를 기다리던 김 팀장은 앞서 결재를 받고 있던 두 팀장의 모습을 목격한다. 사장님은 영업1팀의 한 팀장이 말을 꺼내기가 무섭게 사인을 해주며 수고했다는 말을 되풀이한다. 그런데 영업3팀의 이 팀장에게는 결재를 하기 전에 조목조목 물어보면서 데이터가 확실한지 거듭 확인한다. 평소 영업 3팀의 이 팀장은 꼼꼼하기로 소문이 나 있으며 정확성에 있어서는 둘째가라면 서러워할 인물이라고 평이 자자하다. 그런데 사장님은 아직도 그가 미덥지 못한지 자꾸 의문을 제기한다.

나중에 비서를 통해 들은 이야기로는, 영업 1팀의 한 팀장은 약간 덜렁거려도 주어진 업무는 반드시 처리하고야 마는 성격이라 사장님과 잘 맞아 시원스럽게 느끼고 계신다고 하였다. 그러나 영업 3팀의 이 팀장은 너무 꼼꼼한 나머지 업무의 처리 속도가 늦어 항상 지적을 받는다는 이야기를 들었다.

결국 사장님의 마음을 얻은 사람이 결재를 받는 능력도 탁월하다는 것을 김 팀장은 알게 되었다.

오픈 마인드의 중요성

2008년 11월, 서울 은평구 대조동의 한 주차장에서 살인 사건이 일어났다. 차량 열 대도 주차하기 힘든 다세대 주택에, 본인은 살지도 않으면서 한 달 넘게 주차를 해온 것이 화근이었다. 피해자는 주택 주민들의 항의에도 불구하고 오랜 시간 주차를 하면서 다른 사람들에게 불편을 끼쳤다. 결국 주차 때문에 피해를 입어 온 주택 세입자에 의해 살해를 당했다.

이 정도까지는 아니지만 조직 내에서도 비슷한 일들이 많이 발생하고 있다. 이는 조직 구성원 간에 서로 교류하지 않겠다는 마음에서 원인을 찾을 수 있다. 서로의 마음을 열어 놓아도 말이 통하지 않거나 통하지 않을 것이라고 단정하고 이야기를 나누지 않아서 발생하는 문제이다.

대부분의 직장인들은 집에서보다 직장에서 더 많은 시간을 보낼 것이다. 그런 상황에서 서로 말이 통하지 않고 마음도 열려 있지 않은 상태로 지내는 것은 무척 불행한 일이 아닐 수 없다.

쇠퇴하는 조직의 특징

어느 기업의 회의하는 모습이다. 앞에서 팀장 또는 리더가 열심히 이야기하고 있지만 그 누구도 대답하거나 질문하지 않는다. 질문이 있느냐의 팀장의 말에 아무 말이 없다가 한두 사람이 적당히 말하고 마무리 짓는다. 회의가 끝난 후, 커피 자판기 앞에서 회의에 참여했던 사람들이 수군거린다. "왜 저러는 거야? 저딴 것은 왜 하는 거야?" 그리고 며칠 뒤 우려했던 문제가 발생한다. "내 그럴 줄 알았지."라며 이미 예상했다는 듯 지난 회의 때 수군거리던 사람들이 모여 말한다. "그리 될 줄 알았다면 왜 이야기하지 않았냐?"는 물음에 "이야기를 하면 누가 들어주기나 합니까?"라는 대답으로 일축한다.

우리는 쇠퇴하는 조직의 전형적인 모습을 보고 있다. 그 누구도 나서서 이야기를 하려 하지 않고, 나중에 문제가 발생하면 이미 예측이라도 했다는 듯 한결같이 말한다. 단지 이 회사만의 문제일까?

쇠퇴하는 조직의 특징 중 가장 심하게 나타나는 부분이 구성원들의 침묵 현상이다. LG경제연구원의 조사에 의하면 조직 내 침묵 현상이 나타나는 이유는 다음과 같다(박지원, 황인경, 2006).

직원들이 침묵하는 이유

기분이 나빠서 말을 안 하는 경우

조직 내에서 의사소통을 하게 되면 그로 인한 감정적 손상이나 스트레스를 받을 수 있다는 이유 때문에 일부러 회피하는 것을 말한다. "넌 그것밖에 못하니?"라고 말한다든지, 말이 끝나기가 무섭게 "그건 아냐."라고 몰아붙이는 경우 구성원들은 모욕감이나 무시당하는 느낌을 받아 정신적 스트레스를 받는다.

"소 귀에 경 읽어 봤자 입만 아프다"

말을 해 봤자 반영도 안 되고 바뀌지도 않는다면 구성원들은 학습된 무기력(Learned helplessness)에 빠져 말을 안 하게 된다는 것이다. 아기 코끼리의 발을 작은 쇠 말뚝에 묶어 놓았더니, 아무리 발버둥을 쳐도 끊을 수 없겠다고 생각한 코끼리는 성장한 후에도 도망갈 생각을 하지 않고 얌전히 묶여 있었다는 이야기가 있다. 학습된 무기력은 조직 내 구성원들에게 시도조차 하지 않게 만든다. 이런 현상의 원인은 대부분 '내가 팀원들보다 더 많은 것을 알고 있다.'고 생각하는 상사에게 있다. 특히 고학력자일수록 자신의 지식과 전문성에 상당한 자신감이 있어 팀원들의 의견을 하찮게 여기는 경향이 있다. 또한 자존심 강한 리더들은 내 의견과 다르거나 미처 생각하지 못한 의견이 나오면 '내가 부하 직원에게 졌다.'라고 생각하며 상처를 입거나 귀 기울여 듣지 않는 일들이 종종 발생한다.

소신 있게 말했다가 왕따되면 피곤하다

이는 조직 내에서 이단자로 찍히는 것이 두려워 말을 안 하게 되는 경우이다. 특히 조직 이기주의가 강한 곳에서는 심하게 나타난다. 조직 이기주의는 조직 내부의 논리를 우선하여 환경 변화를 무시하거나 경시한다. 그 결과 오래된 관습에 맞춰 운영되고 과거에 성공했던 경험에만 의존하는 조직이 되어 버린다. 이런 현상은 기존의 조직 논리에 익숙해져 새로운 변화 없이 편하게 안주하려는 습성 때문에 발생한다.

괜히 말했다가 틀려서 부정적인 평가를 받을까 두렵다

상사에게 내가 가진 본연의 능력보다 더 안 좋은 평가를 받게 될까 봐 말을 하지 않는 경우이다. 조직은 실력이 곧 좋은 인상으로 이어지기 때문에 똑똑하게 보이기 위해 노력하는 것은 당연하다. 하지만 회의를 하거나 토의를 할 때 잘못된 의견을 내거나 타인으로부터 공격당하기 쉬운 이야기를 꺼내면 부정적인 인상을 남길 수 있다는 조직 분위기가 있다. 특히 상사의 전문 지식이 뛰어나 나의 지식으로는 이길 자신이 없을 때는 섣불리 이야기를 했다가 지적을 받거나 부정적인 고정 관념을 형성하느니 고개나 끄덕이며 중간이라도 가자는 생각을 하게 된다.

윗사람에게 복종하는 것이 미덕이다

수직적 문화에 익숙한 우리나라는 상사의 말에 반론을 제기하는 것에 대하여 큰 부담감을 느낀다. 최근 조직들이 수평적 체계로 바뀌면서 개선이 되고는 있지만, 아직도 윗사람은 권위적인 태도를 가지고 아랫사람들이 말대꾸하는 것에 대해 감정적으로 대처하는 경향이 있다.

조직 내 침묵 현상의 폐해

조직 내 침묵 현상이 일상화되면 이건 위험 신호이다. 조직 침묵 현상의 폐해를 구체적으로 찾아보면 다음과 같다.

첫째, 조직 내의 집합적 창의성이 발휘되기 어렵다. 집합적 창의성이란 한 사람의 위대한 아이디어로 결과물을 만들어 내는 것이 아니라, 여러 구성원들이 함께 고민하고 협력하여 창조적인 결과물을 만들어 내는 것을 말한다. 간혹 뛰어난 한 명의 아이디어가 여러 사람의 생각보다 나을 때도 있다. 하지만 치열한 경쟁 속에서 차별화된 아이디어를 만들기 위해서는 시너지가 필요하기 때문에 집합적 창의성은 조직에 꼭 필요한 요소라고 할 수 있다.

둘째, 리더의 계획이나 의도가 정확하게 전달되기 어렵다. 팀원들은 리더의 이야기를 이해 못했으면 다시 확인을 해야 한다. 그러나 질문은커녕 혼자 생각하여 일을 진행하기 때문에 새로운 아이디어를 얻기도 힘들고 실행에도 문제가 생길 수 있다. 어떤 임원은 다들 열심히 듣고 있어서 내 말을 다 알아들은 줄 알았는데 엉뚱하게 일을 해놓은 모습을 보고 당황했다고 토로하곤 한다. 부장에게 정확하게 지시를 했는데 과장급에서는 전혀 다르게 이해하고 있어 깜짝 놀랐다는 말도 꾸며낸 이야기가 아니다.

셋째, 구성원들의 냉소주의를 확대 재생산시킨다. 냉소주의란 구성원들이 조직이나 일에 대한 열정, 주인의식을 잃고 반감을 갖게 되는 상태를 말한다. '임금님 귀는 당나귀 귀' 우화에서 알 수 있듯이 말을 못하면 병으로 나타나기도 한다. 구성원들이 할 말이 없어서가 아니라 다른 이유로 말을 안 하고 있거나 못 하고 있다면 다른 곳으로 그 영향이 퍼진다. 팀원들을 적당주의에 빠져들게 하거나 자신이 왜 이 일을 해야 하는지에 대한 의문과 함께 반감을 갖게 만든다.

팀장에게 필요한 커뮤니케이션 방안

변화의 밑거름은 팀장이 먼저 이끌어야 한다. 팀 내 그 누구보다 강한 변화의 키를 가지고 있는 존재이기 때문이다. 조직 내 커뮤니케이션을 활성화하기 위해서라면 리더가 먼저 솔선수범하는 모습을 보여야 한다.

자기 과신에서 벗어나라

먼저 자기 과신에서 벗어날 필요가 있다. 자신의 판단이 무조건 옳다고 확신하는 것에서 빠져나와야 한다. 그리고 팀원의 생각이나 의견이 참신하다고 받아들일 수 있는 여유도 필요하다. 부하의 의견이 전에도 한 번 나왔던 것이라도 그때와 지금은 상황이 다르다는 것을 인식하고 다시 한 번 생각해 보는 것도 중요하다. 이런 팀장의 모습은 부하 직원들에게 자신의 의견이 존중받고 있다는 느낌을 받게 해준다. 그 느낌은 조직의 발전을 위한 몰입과 헌신을 이끌어 내는 동기부여의 요소가 된다.

자신의 의견만 확신하는 팀장이 자신만의 틀에서 벗어나려면 첫째로 타인의 평가에 귀를 기울여야 한다. 360도 다면평가가 좋은 방법이다. 둘째로는 전문가의 코칭을 받는 방법이다. 전문적이고 객관적으로 자신을 되새기는 시간을 가질 수 있으며 실행 방안을 찾아내는 데 도움이 된다. 셋째는 명상을 하거나 기도 등을 하며 반성의 시간을 갖는 것이다. 팀장이 지금보다 더 좋은 리더로 거듭나기 위해서는 자신의 생각과 행동을 되돌아보는 시간을 가져야 한다.

커뮤니케이션 방법을 익혀라

팀장이 팀원들과 대화를 지속할 마음이 있어도 적절한 기술을 갖추고 있지 못하면 커뮤니케이션이 이루어지기 어렵다. 양질의 커뮤니케이션은 상호 이해가 전제되어야 한다. 한쪽만 이해해서는 곤란하다. 따라서 구성원들 간의 자연스런 교류를 위해서는 적절한 커뮤니케이션 방법을 익혀야 한다. 구체적인 방법 네 가지는 다음과 같다.

첫째, 질문과 경청 방법을 익혀야 한다. 상대가 말하고자 하는 뜻을 파악하려면 먼저 상대의 이야기를 잘 들어야 한다. 들을 때 꼭 필요한 것은 상대의 입장보다 이해관계를 파악하는 일이다. 그런 입장을 취할 수밖에 없는 근거를 알게 되면 커뮤니케이션은 아주 쉬워진다. 또한 질문을 하면서 열심히 듣고 있다는 표현을 해주는 것도 좋은 방법이다.

둘째, 대화를 나눌 때 평가보다는 개선의 관점에서 이야기하는 법을 익혀야 한다. 상대방이 말하는 내용이나 방법에 허점이 있더라도 그대로 지적하는 것은 좋지 않다. 팀장 자신이 극복한 사례나 상대의 관점에서 가장 편하고 지혜로운 방법이 무엇인지를 함께 찾아본다는 느낌으로 이야기를 나누어야 한다. 팀장이 평가하거나 따지듯이 이야기하게 되면 상대가 변명을 하게 되고 더 이상 생산적인 대화를 할 수 없다.

셋째, 팀장은 자신의 감정을 통제할 수 있어야 한다. 상대의 견해가 자신과 다르더라도 화를 내거나 곧바로 표현하면 곤란하다. 그런 상황에서 화를 내면 팀원은 더더욱 입을 다물게 될 것이다. 감정을 조절하는 좋은 방법은 자신의 얼굴 표정과 목소리 톤, 행동을 잘 살피면서 대화를 나누어 보는 것이다.

넷째, 평소 팀원들의 성격이나 성향을 알면 대화를 나누기가 편해진다. 인간은 자라면서 환경에 적응하며 만들어진 성격이 있다. 그 성격은 자라 온 환경, 지식의 차이, 경험에 따라 다르기 때문에 옳고 그름을 판단하기가 곤란하다. 인간의 성격이나 성향은 대체적으로 3~4가지에서 16가지 등으로 나누어진다는 것을 인지하고 그에 맞는 방식으로 대응하면 자연스런 교류를 이끌어 낼 수 있다.

사실에 근거한 평가를 하라

팀장이 어떤 말을 하고 어떤 행동을 하든, 가장 강력하게 팀원들을 통제하는 것은 팀장의 평가이다. 혹시라도 실언을 하거나 정당한 실수에도 부정적인 견해를 보이는 팀장이라고 인식되면 팀원들은 팀장 근처에도 가지 않으려 할 것이다. 따라서 팀장은 가장 객관적이고 투명한 평가 기준을 제시하여야 하며, 의견이 아닌 사실에 근거하여 평가해야 한다. 성과를 내기 위하여 구체적으로 어떻게 행동했는지를 가지고 평가 및 피드백을 해주어야 한다는 말이다. 평가를 하다 보면 자신에게 달콤한 말로 아첨하는 직원을 만나게 되는데 공과 사를 명확히 구분하여 더욱 신중한 기준을 가지고 평가해야 한다. 그래야만 진정한 일꾼은 떠나고 아첨꾼만 남게 되는 현실에서 벗어날 수 있다.

상징적인 언행을 하라

팀장이 구성원들에게 영향력을 발휘하는 방법 중 하나가 행동으로 보여 주는 것이다. 새로운 시각이나 참신한 아이디어를 제공한 팀원은 공개적으로 칭찬해 주고 상품권을 주는 등의 작은 보상을 해주는 것도 효과적이다. 특히 아무 말도 안 하는 사람보다 특이한 생각이라도 의견을 내는 사람을 높이 평가해 주어야 한다.

존칭을 써라

우리나라 말은 존댓말과 낮춤말이 있다 보니 자연스럽게 상사는 명령하는 말투를 쓰고 아랫사람은 위계질서에 순응하는 모습이 현실이다. 조직 내 수평적인 커뮤니케이션을 원한다면 항상 존댓말을 사용하는 것이 좋다.

마음을 얻는 기법

다른 사람의 마음을 얻는다는 것은 매우 기분 좋은 일이다. 기업도 소비자의 마음을 사로잡으면 히트 상품이 탄생하고, 그 기업은 큰 부를 얻을 수 있다. 마찬가지로 팀장이 팀원들의 마음을 얻는다면 팀을 관리하고 이끄는 일이 아주 쉬워질 것이다. 그렇다면 팀원들의 마음을 얻는 기술은 어떤 것들이 있는지 살펴보도록 하겠다.

조직 내에서 마음을 얻어야 하는 이유

조직 내 팀장의 위치에 있으면서 조직원들의 마음을 얻는 것은 그 무엇보다 중요하다. 한때 '즐거운 일터 만들기(Great place to work)'라는 이름의 기업 교육 프로그램이 대 히트를 친 적이 있다. 가정보다 직장에서 더 많은 시간을 보내는 한국 사람들을 위해 근무하는 터전을 즐겁게 만드는 것이 무엇보다 중요하다는 명목하에 진행되었던 프로그램이다. 이 프로그램의 핵심은 함께하는 조직원들과 즐거운 일의 터전을 만들려면 서로 좋은 관계를 만들어야 한다는 것이다. 좋은 관계를 가진다는 것은 서로를 신뢰하고 즐겁게 일한다는 의미인데 이는 서로의 마음을 얻어야 가능한 일이다.

협상을 할 때 아무리 관점이 다르다고 해도 상대의 마음을 얻는다면 설득하기가 편하다. 영업을 하는 사람이 고객의 마음을 얻었다면 굳이 여러 미사여구를 가지고 흥정할 필요가 없다. 합의점을 찾으려고 노력하는 도중에 상사의 마음을 얻었다면 상사는 그 누구보다 큰 힘을 실어 줄 것이다. 마찬가지로 팀장이 구성원들의 마음을 이미 얻었다면 그 팀은 엄청난 시너지가 발휘될 것이다.

상대의 마음을 얻는 기술

사람은 누구나 처음 만난 사람에게 차갑게 대한다. 일찍이 자이언스(Robert Zajonc)라는 학자는 그의 논문에서 '숙지성의 법칙'을 이야기했다. 사람은 낯선 사람과는 거래를 하지 않고 비판적으로 바라보지만, 만나면 만날수록 좋아하게 된다는 것이다.

예를 들어, 누군가가 지나가면서 돈을 꾸어 달라고 하면 적선이 아닌 이상 돈을 꾸어 줄 사람은 아무도 없을 것이다. 그러나 사람의 얼굴을 익히고 알게 될수록 거래는 많이 일어난다. 이는 인간관계에 있어 매우 중요하게 적용된다. 그렇기 때문에 사람들은 타인의 마음을 남보다 먼저 얻기 위해 갖은 방법을 동원한다. 가장 보편적이고 효과적인 기술은 다음과 같다.

사소한 것을 챙겨 준다

간단한 말 같지만 가장 어려운 일일 수 있다. 사소하기 때문에 중요하지 않다는 인식이 작용할 수 있기 때문이다. 하지만 사람들은 사소한 일을 계기로 마음이 움직인다. 생일을 챙겨 주거나, 새로운 헤어스타일 또는 넥타이에 대한 칭찬, 좋은 음식점 정보를 많이 아는 것에 대한 칭찬 등 아주 많다. 사소한 것을 챙겨 준다는 것은 그 사람에게 관심을 가지고 있다는 의미이다. 나 또한 상대에게 관심을 가져 주어야 한다는 의무감이 작용하여 마음을 줄 수밖에 없다. 심리학을 공부한 사람은 알 것이다. "나는 준다."의 미래형이 "나는 줄 것이다." 가 아니라 "나는 받는다."라는 것을.

공감대를 형성한다

흔히 사람 간에 친해질 때 공감할 수 있는 이야기를 나누면 친밀감이 형성된다. 좋아하는 음식을 함께 먹으면서 나누면 한층 더하다. 공감대를 찾는 일이 아주 중요하며 평소 관심사나 취미, 특기 또는 특별한 재주에 대하여 알아보면 좋다.

대하기 편한 사람으로 인식시킨다

사람을 처음 만났거나 만난 지 얼마 안 된 상태에서 친해지고 싶은 사람이 있다. 이때 사용할 수 있는 방법은 타인에게 자신이 까다로운 사람이 아니라는 것을 인식시키는 것이다. 자신을 편하게 대할 수 있도록 익살스런 표정이나 재미있는 말재주를 활용하는 것도 좋은 방법이다. 유머가 대인 관계에서 장점으로 작용하는 것은 당연하다. 유머 감각을 익히기 위해 별도의 교육을 받는 것도 이런 이유 때문이다.

주변인에게 좋은 사람이라는 인상을 남긴다

주변인들에게 좋은 사람이라는 인상을 남기게 하는 방법이 있다. 직접적인 칭찬보다 한 단계 걸쳐 칭찬이 흘러 들어가면 효과적이듯,

자신을 알릴 때 주변 사람들을 활용하는 것이다. 하지만 시간이 조금 걸린다는 단점이 있다. 그리고 진정성이 없다면 더 큰 문제가 발생할 수 있기 때문에 조심해야 하며 평소 자신의 인간관계를 좋게 형성해 놓아야 한다.

마음을 여는 순서

사람이 타인과 친해지는 순서를 보면 단순하지만 나름대로의 규칙을 발견할 수 있다. 이 규칙을 잘 활용하면 타인과 좀 더 빨리 친밀감을 쌓을 수 있다. 어떤 사람이든 처음 보는 사람과는 말하기를 꺼려한다. 하지만 자주 만나게 되면 낯이 익어 마음의 문을 열게 되고, 어느 정도 시간이 흐르면 자신을 개방하기 시작한다. 그런데 어떤 사람은 시간이 충분히 지났음에도 불구하고 마음의 문을 열지 않고 처음의 그 상태를 유지하기도 한다. 사람 간에 친밀감을 어느 정도 형성했는가에 따라서 경우가 서로 다르게 나타난다.

누구나 처음 만난 사이는 낯설고 어렵다. 한두 번 만남을 반복하면서 인사도 나누지 않고 지내다 보면 불편함을 느끼게 되고 불편함을 더 많이 느낀 사람이 먼저 인사를 하게 된다. 이 상태는 아직 친밀감이 형성되지 않은 상태기 때문에 가끔 인사만 하는 사이가 된다. 그런데 서로 간의 공통점을 찾고 공감 존(Zone)이 형성되기 시작하면, 그 공감 존이 커지면 커질수록 빠르게 친해지는 것을 볼 수 있다. 사람 간의 관계는 얼마나 빨리 공감 존을 발견하고 이를 키우느냐에 따라 발전 속도도 달라진다. 그런데 만약 서로의 관점이나 관심 사항 등 주파수가 다르면 어떻게 될까? 아마도 나와는 상관없는 사람이라고 생각할 것이다. 마주칠 때 인사만 하는 사이로 남는 것이 편하다고 생각하면서 더 이상 친해지기를 거부할 수 도 있다.

여기서 주의해야 할 점은 서로 이야기를 할 때 그 공감 존이 진짜로 형성된 것인지, 아니면 남이 이야기를 하니까 관심이 있는 것처럼 행동만 해주는 것인지 확인해야 한다는 점이다. 진심으로 자신도 관심을 가지고 있는 공감 존이라면 다행이지만 남을 위해서 관점이 같은 것처럼 행동한 결과일 수도 있다. 이런 흐름을 거치고 난 후 진심으로 공통사가 많이 일치한다면 친밀도는 높아지기 시작한다.

이해와 배려

서로 간의 친밀도를 높이는 방법은 여러 가지가 있다. 개인적인 스킨십도 좋고 함께 식사하는 것도 좋은 방법이다. 그러나 가장 중요한 방법은 역시 상대를 이해하고 배려해 주는 것이다.

'이해하다'의 영어식 표현은 'Understand'이다. 'under'와 'stand'라는 단어의 합성어인데, 어떠한 작용하에 서 있다는 뜻을 가지고 있다. 즉, 이해한다는 것은 상대의 입장을 바탕으로 뜻을 세우거나 만들어 간다는 의미이다. 마찬가지로 '배려(配慮)'라는 단어의 '생각할 려(慮)' 자는 바위 위에서 먼 곳을 바라보면서 일곱 번을 생각한다는 뜻을 담고 있다. 그만큼 상대방의 입장에서 생각한다는 의미이다. 이처럼, 이해한다는 말과 배려한다는 말은 상대를 기준으로 자신을 만들어 가거나 상대를 위하여 여러 번 고민한다는 뜻을 내포하고 있다.

단어의 뜻대로 누군가를 이해하는 경우를 예로 들면 다음과 같다. 먼저, 가정에서 자녀가 실수를 했을 때 무작정 혼내기보다는 한 번 더 생각해 보는 경우이다. 엄마도 어릴 적 그런 실수를 한 적이 있다면서 같은 실수를 반복하지 않을 수 있는 방법을 알려 주거나 같이 토의해 보면 좋다. 선생님의 경우라면 학생이 잠깐의 충동을 참지 못하고 잘못을 했을 때를 들 수 있다. 꾸중하기보다 선생님도 비슷한 경험과 충동을 느낀 적이 있었다며 현명하게 대처하는 방법을 나누면 서로에 대한 이해와 배려의 바람직한 모습으로 보일 것이다.

이런 본보기는 조직 내 팀장에게도 그대로 적용할 수 있다. 공식적인 조직에서 상대방이 나에게 인간미를 느낀다면 그 즉시 마음을 얻을 수 있다.

감정은행계좌 관리

상사나 동료 그리고 후배들의 마음을 잘 관리하는 방법 중 또 하나가 감정은행계좌의 활용이다. 감정은행계좌란 우리가 금융 거래를 위하여 통장을 하나씩 가지고 있듯이 인간관계 관리를 위하여 감정계좌라는 것을 하나씩 가지고 있는 것이다. 이 계좌를 통해 그 사람에 대한 신뢰감을 관리해 나간다.

금융 기관에 많은 금액을 저축해 놓고 있으면 그만큼의 신용을 보장받는다. 인간관계도 마찬가지다. 개인에게 많은 신뢰도를 축적해 놓고 있으면 그 사람과의 관계는 원만해진다. 때문에 팀장은 항상 조직 내 팀원들의 감정계좌를 관리할 필요가 있다. 만약, 어떤 동료에 대한 감정계좌에 신뢰의 마음이 가득하다면 다면평가에 좋은 점수를 줄 것이고 감정계좌가 적은 사람에게는 다면평가에서 낮을 점수를 줄 것이다.

감정계좌는 이성적인 평가라기보다는 상대에 대한 감정적인 점수이다. 오랫동안 쌓아 온 것을 하루아침에 잃을 수도 있지만, 좋은 관계로 돈독하게 쌓아 온 신뢰의 점수는 작은 실수나 과오로 쉽게 깎이지 않는다.

인출이 되는 경우	예입이 되는 경우	잔액
약속 위반	약속을 잘 지키기	
비난하고 비방하기	겸손하게 행동하기	
잘난 체하기	칭찬하기	
속과 겉 다르게 행동하기	언행일치	

요 약

1. 오픈 마인드가 부족한 조직 침묵 현상의 폐해는 다음과 같다.

   ① 조직 내 집합적 창의성이 발휘되기 어렵다.

   ② 리더의 계획이나 의도가 정확히 전달되기 어렵다.

   ③ 구성원들의 냉소주의를 확대 재생산시킨다.

2. 기업에서 직원들이 침묵하는 원인은 다음과 같다.

   ① 기분 나빠서 말을 안 하는 경우

   ② 말해 보았자 소 귀에 경 읽기라는 생각

   ③ 왕따를 당할 것 같은 두려움

   ④ 잘못 말했다가 차후 부정적 평가를 받을 것 같은 두려움

   ⑤ 상사의 말에는 복종이 미덕이라는 생각

3. 조직 내 커뮤니케이션을 활성화하기 위한 방법이다.

   ① 자기 과신에서 벗어나기

   ② 커뮤니케이션 방법 익히기

   ③ 사실에 의한 평가하기

   ④ 상징적인 언어 사용하기

   ⑤ 존칭 사용하기

4. 팀장에게 필요한 커뮤니케이션 방법은 다음과 같다.

   ① 질문과 경청 기술 익히기

   ② 감정 통제하기

   ③ 대화 시 평가보다는 개선의 관점에서 이야기하기

   ④ 팀원의 성격이나 성향 파악하기

5. 자이언스 박사는, 사람은 모르는 사람과 거래하지 않는다고 말하며, 만나면 만날수록 좋아진다는 숙지성의 법을 제시했다.

6. 상대에게 대하기 편한 사람으로 인식시키기 좋은 방법에는 이러한 것들이 있다.
  ① 사소한 것 챙겨 주기
  ② 주변인들에게 좋은 사람이라는 평가받기
  ③ 공감대 형성하기
  ④ 대하기 편한 사람으로 인식시키기

7. 서로의 공감대가 큰 사람은 빨리 친해지는 경향이 있다.

8. 사람은 서로 간의 신뢰를 쌓아 놓는 감정은행계좌를 만들어 놓고 인출과 예입을 반복한다.

9. 단점을 지적하는 행위는 일반적으로 친밀도를 높이는 데 부정적인 영향을 끼친다.

10. 상대에게 자기 자랑을 늘어놓는 행위는 일반적으로 감정계좌에서 인출을 유발하는 행위다.

| 4 장 |

팀장 자신의 브랜드를 만들어라

김 팀장은 내일까지 상무님께 보고해야 할 서류를 작성하기 위해 오늘도 야근을 하고 있다. 김 팀장에게는 고민이 있다. 어떻게 후배 팀원들의 잠재력을 개발해 줄지, 동기부여 차원에서 회사에서 지원할 사항은 뭔지 꼼꼼히 체크해 보아야 하기 때문이다.

김 팀장이 말단 사원이던 시절에는 머릿속에 어떻게 하면 상사들의 눈에 들 수 있을까 하는 생각으로 가득했다. 이제는 팀장이 되어 자신도 그동안의 노력을 보상받을 때가 된 것 같은데 현실은 후배들의 미래를 위해 어떻게 도와줄지 고민만 하고 있다.

그리고 생각한다. 십 년이 넘는 세월 동안 나 자신을 위해 힘쓴 것은 무엇인가? 나를 위하여 투자한 시간과 돈은 얼마나 되는가? 김 팀장은 갑자기 처음 입사한 시절 회사에서 받은 다이어리에 빼곡하게 적어 놓았던 꿈들을 읽어 보기 시작한다. 그러면서 먼 옛날 속으로 시간 여행을 떠나 본다.

사회생활을 시작할 때를 돌아보며 – 초심

처음 학교에 들어갈 때, 학교에서 새 책과 노트를 받고, 문구점에서 연필을 사 필통에 담으며 새로운 마음으로 학기를 시작했던 기억이 난다. 매번 학기가 시작되면 마음을 다잡고 예습과 복습을 하겠다 선언을 하지만 머지않아 작년과 똑같이 지내고 있는 나를 발견하게 된다. 만약 처음의 마음가짐으로 모든 학기를 보냈다면 모든 사람은 우등생이 되어 있을 것이다.

직장 생활도 마찬가지다. 처음 직장 생활을 시작할 때는 많은 꿈을 가졌었고 이루고자 하는 굳은 의지도 있었다. 그러나 얼마 안 가서 자신의 모습은 찌든 일상의 연속이라는 것을 발견한다.

초기 직장인의 마음가짐

첫 출근을 하던 날, 물어물어 회사를 찾거나 전화를 몇 번이나 하면서 장소를 확인했던 기억이 있을 것이다. 혹시나 첫날부터 지각을 할까 하는 마음에 아침 일찍 식사를 마치고 거울을 여러 번 들여다보면서 옷매무새를 다듬던 시절이 있었다. 그 시절에는 꿈도 많고 야망이 가득한 모습으로 하루를 시작했다.

하지만 언제부턴가 자신은 세상 속에 찌들어 있고 상사를 속물이라 여기며 뒷담화를 하고 있다. 그리고 이제는 자신도 상사와 똑같이 변해가고 있다는 사실을 깨닫게 된다. '처음의 마음을 그대로 가지고 살아왔다면 지금은 커다란 성공을 거두었을 텐데.'라는 생각도 해본다. 하지만 십 년하고도 여러 해를 넘긴 지금, 그때 생각했던 꿈들은 고스란히 사라지고 무엇을 적어 놓았는지조차 기억이 가물가물하다.

프로가 되겠다는 마음

첫 직장 생활을 할 때, 자신의 일을 아주 능숙하게 처리해 상사의 신임을 받던 중간 관리자를 본 적이 있다. 나도 저렇게 능숙하게 일 처리를 하면서 모든 이의 부러움을 사고, 고속으로 승진하여 남들의 주목을 받는 사람이 되고 싶다는 상상을 하며 회사를 다녔다. 새롭게 받은 다이어리에는 꿈과 이루고 싶은 목록도 빼곡히 적어 놓았었다. 또한 인생 설계도를 커다랗게 그려 놓고 차곡차곡 이루어 나아가겠다고 생각하면서 다짐도 했었다.

업계의 전문가가 되어 많은 회사들이 스카우트 전쟁을 벌이며 나를 데려가겠다고 하는 기분 좋은 상상을 하던 시절이 엊그제 같은데 지금의 나는 전혀 그런 모습이 아닌 것 같다. 진정한 프로가 되겠다며 적어 놓았던 프로와 아마추어의 차이를 다시 한 번 정리하면서 그 당시를 떠올린다.

그리고 지금은 프로의 삶을 살고 있는지 반성해 본다. 내가 지금 창의적인 일을 하고 있는지, 내 삶을 중심으로 살아가고 있는지, 내 분야에서 누구도 따라오지 못하는 전문가인지, 그리고 단순한 직장인

이 아니라 업에 대한 애착이 강한 직업인으로 살아가고 있는지 생각
해 본다.

아마추어	프로
• 일 중심이다.	• 삶 중심이다.
• 표준화된 일을 한다.	• 창의적인 일을 한다.
• Generalist	• Specialist
• 성과 공유	• 능력별로 배분된다.
• 애사심을 필요로 한다.	• 업에 대한 애착이 강하다.
• 관광객	• 여행가
• 한때 공부한다.	• 평생 공부한다.
• 돈과 일이 우선이다.	• 돈과 일보다 사람이 우선이다.
• 과거 중심적	• 미래 중심적
• 실패를 한다.	• 실수를 한다.

현실 안주와 복지부동

처음 직장 생활을 할 때 가졌던 신선하고 창의적인 마음가짐은 사
라진 채 상사의 눈치만 보며 그에 따라 움직이고 있는 자신의 모습을
되돌아본다.

이제는 상사의 눈치만 본다고 나의 인생과 미래가 해결되지 않는다.
나는 새로운 마음과 모습으로 새롭게 단장할 필요가 있다. 왜 나도
모르게 복지부동하게 된 것일까? 아마도 다음과 같은 상황 때문일 것
이다.

형식주의적 근무 태도

형식주의적 근무 태도란 어떠한 목표를 향해 나아가거나 개인의 욕구를 추구하는 과정에서 의욕이 없고 수동적으로만 행동하는 태도를 말한다. 이러한 태도를 가지게 된 원인은 첫째, 무사안일주의의 만연이다. 일을 하지 않으면 책임질 일이 없다는 생각으로 조직 업무에 적극적으로 참여하지 않는 것이다. 둘째, 과잉동조다. 이는 주로 자신의 생존과 안정과 관련되어 있는데 조직 규정을 준수하는 것 자체에만 관심이 있고 공직 유지에만 전념하는 것이다. 셋째, 기회주의적 성격이다. 이익 관계에 관심이 있으며 실권자의 지지자로서 조직 내에서의 생존과 이익만 중시할 뿐 업무에는 적극적이지 않다.

권위주의적 조직 문화

전통적인 수직적 관료주의 형태를 띤 우리나라는 권위주의적 하향식 경향이 강하다. 의사 결정의 하부 구조에 위치한 많은 조직 구성원들의 의사가 반영되지 못 하고 있는 실정이다. 또한 형식적으로 아랫사람에게 권한을 넘겨주었으면서 실질적으로는 윗사람이 권한을 계속 행사하는 병리 현상에 노출되어 있다. 조직 구성원이 조직에 보람을 느끼며 적극적인 업무 태도를 형성하기에는 부담이 있다.

직업으로서의 불안감

상대적인 경제적 빈곤감과 불확실한 신분 보장 및 심리적 불안감 등으로부터 자유롭지 못하면 업무에 집중하기 힘들며 조직에 충실할 수 없다.

잊혀진 약속 되살리기

잃어버린 나의 꿈과 열정

여러분의 꿈은 무엇인가? 가지고 싶은 것은 무엇이고 어떤 상태가 되고 싶은가? 이 꿈은 처음 직장 생활을 하면서 가진 것인가? 아니면 생활 속에서 그냥 타협한 것인가?

등대라는 목적지를 잃어버린 선박은 어디로 가야 하는지 헤매게 된다. 왜 노를 저어야 하고 어느 방향으로 나아가야 하는지도 모른다. 언제까지 노를 젓고 있어야 하는지도 궁금하지만 알 길이 없다. 결국 금세 피로를 느끼며 기운도 없고 모든 일에 쉽게 지쳐버린다.

꿈을 잃어버린 사람의 모습은 이와 흡사하다. 어디로 가야 하는지 방향 감각을 잃어 버려, 무심코 걸어 보지만 그 걸음이 석연치 않다. 기운을 내고 힘차게 걷자며 자신을 부추기지만 가려는 방향이 목적지와 반대 방향이라면 다시 돌아와야 한다는 생각에 마음이 착잡하기 그지없다.

위대한 상인으로 칭송받는 월마트(Walmart) 설립자 샘 월튼을 존경하는 사람들은 그의 지칠 줄 모르는 열정에 감동한다. 생전에 그는 살인적인 스케줄로 미국 전역의 상점들을 돌아다녔다. 보통 사람은 불가능하다고 여길 정도로 강한 체력을 요하는 일이었지만, 샘 회장에게는 전혀 힘든 일이 아니었다. 답은 간단하다. 그는 물건을 파는 일에 열정을 쏟고 있었고, 그 일을 진정으로 사랑했기 때문이다.

성공을 향해 가는 사람은 많지만 정작 성공하는 사람은 별로 없다. 성공의 레이스에 예선 탈락이 있는 것도 아닌데 말이다. 그 이유는 일반적으로 사람들은 성공을 향한 충분한 열정이 없고, 단지 성공에 대한 욕심만 있기 때문이라고 한다.

열정을 구체화하기

열정이란 무엇이고 열정을 구체화시키는 방법은 어떤 것들이 있을까? 한마디로 열정은 어딘가로 향하여 가고 싶은 마음이다. 무언가를 하고 싶은 기운이다. 이런 기운이 어딘가로 향하여 갈 때, 개인은 목표를 달성하게 된다.

문제는 방향이다. 자신이 원하던 방향인지, 어쩔 수 없는 상황 때문에 여기까지 왔는지 살펴보아야 한다. 방향이 명확하지 않으면 열정이 한곳으로 집중되지 못하고 여러 갈래로 분산된다. 열정이 아무리 대단해도 분산된 힘은 기운이 떨어진다. 그 힘을 한곳으로 모으는 것이 바로 열정을 구체화하는 방법이다.

지나간 과거 돌이켜 보기

① 혼자, 또는 신뢰할 수 있는 친구들, 조언자들과 함께 정기적으로 현실 체크를 한다.

- 한두 시간 동안 당신의 'Lifeline'을 그려 보라.

- 어린 시절부터 지금까지 당신에게 커다란 기쁨과 슬픔을 준 사건들을 통하여 삶의 정점과 저점을 구성해 보라.

- 당신이 가장 자랑스러웠던, 가장 흥분되었던, 가장 활력이 넘치고 밝았던 시기를 적어 보라.

- 당신이 실의에 빠지고 혼자라고 느꼈던 시기를 적어 보라.

- 업무적인 면에서 당신의 터닝 포인트를 떠올려 보라.

② 전체를 바라본다.

- 우선적인 주제들은 어떤 것들인가?

- 상황에 관계없이 어떤 것이 존재하고 있는가?

- 당신의 삶을 변화시킬 때, 가장 흔히 그리고 가장 중요하게 볼 가치들은 어떤 것인가?

- 당신은 평탄한 인생 항로 위에 있었는가, 아니면 많은 굴곡이 있었는가?

- 운과 비운이 잘 맞는 곳은 어디인가?

③ 보다 최근의 과거로 전환하여 생각해 본다.

- 삶과 일에서 변한 것과 변하지 않은 것은 무엇인가?

- 나는 어떻게 느끼고 있는가?

- 요즘 나는 자신을 어떻게 바라보고 있는가?

- 나의 가치에 따라 살아가고 있는가?

❧ 나는 즐거워하고 있는가?

❧ 나의 가치들은 나의 목적과 회사의 목표에 일치하는가?

❧ 나의 꿈은 변했는가?

❧ 나는 여전히 나의 미래 비전을 믿고 있는가?

삶에 대한 원칙 정의하기

가족, 관계, 일, 영성, 육체적 건강처럼 당신 인생에서 중요한 여러 측면들에 대하여 생각해 본다.

❧ 각 영역에서 당신의 핵심 가치들은 무엇인가?

❧ 당신의 삶을 이끄는 5~6개의 원칙들을 열거해 보자. 그리고 당신이 진실로 그에 따라 살아가고 있는지, 단순히 이야기하는 정도의 가치들인지 생각해 보라.

시야 확장하기

① 당신 인생의 나머지 여정에서 하고자 하는 것을 종이 위에 적어 본다. 또는 종이 위에 1~27까지 번호를 적고, 당신이 죽기 전에 하고 싶거나 경험해 보고 싶은 것들을 열거해 보도록 한다.

❧ 27번에서 중단할 필요는 없으며, 우선순위나 실용성은 고려하지 않아도 된다. 생각나는 대로 기록하면 된다.

❧ 실제로 열거해 보는 일은 보기보다 어렵다. 인간은 보통 '내일까지, 다음 주 또는 다음 달까지 무엇을 해야 하는가'라는 관점에서 생각하기 때문이다.

② 짧은 시야로는 당장 급한 일들에만 집중할 수 있을 뿐, 중요한 것에는 집중하지 못한다.

▶ 죽기 전 할 일과 같은 확장된 시야의 관점에서 생각할 때 사람은 새로운 범위의 가능성을 터놓는데 이때 놀라운 패턴을 발견할 수 있다. 대부분의 사람들은 몇 가지 경력 목표를 적어 두지만, 리스트의 80% 이상은 일과 관계가 없다.

▲ 실습을 마치고 자신들이 기록한 것을 검토해 보면 자신의 꿈과 열망을 구체화하기 시작하는 데 도움을 준 항목들을 파악할 수 있다.

③ 지금도 늦지 않았다

누구든 어떤 일을 시작할 땐 망설이게 된다. 가장 큰 이유는 너무 늦었다고 생각하기 때문이다. 하지만 그것은 과거 지향적인 마음의 산물이다. 초등학교를 졸업하고 중학교에 올라가면서 '다시 초등학교로 돌아간다면 정말 열심히 공부할 텐데.'하는 마음은 한 번쯤 가져 보았을 것이다. 중학교를 마치고 고등학교에 진학을 할 때도, 직장 생활을 하면서도 이런 생각을 한 적이 한두 번이 아닐 것이다.

사실, 늦었다고 생각할 때가 가장 빠른 시기이다. 어떤 일은 너무 일찍 시작하는 바람에 앞으로 나아가지 못 하는 경우가 있다. 또는 가장 적절한 시기라고 생각했는데 일을 시작해 보니 주변 상황이 맞지 않아 늦어지는 경우도 허다하다. 늦었다고 생각하는 시기는 어느 정도 여유도 있고 금전적·시간적 자원이 풍부한 상황 속에서 뉘우치는 것이다. 정말 늦은 것이 아니라, 가장 중요한 적기임를 알려주는 신호일 수 있다.

작가 박완서는 40살이 넘어서 글을 쓰기 시작했다. KFC의 창업자 커넬 샌더스도 1009번의 사업 제안을 거절당하고 1010번째에 첫 계약을 따냈다. 그의 나이, 68세였다. 앤 우드는 오랜 교사생활 끝에 62세에 텔레토비를 제작했다. 코코 샤넬은 71세에 프랑스 파리에서 '트위드 투피스'라는 샤넬 부티크를 성공시켰다.

이처럼 나이는 정말 숫자에 불과하다. 현재 팀장으로 살아가는 이 시점이 가장 젊은 시기이고 열정을 점검해 볼 수 있는 좋은 시기라는 것임은 틀림없다.

다음은 웨스트민스터 사원의 지하 묘지에 있는 한 영국 성공회 주교의 비문이다. 변해야 하는 주체는 나 자신부터라고 강조하며 어쩌면 지금 당장이 바로 그 때라는 뜻도 내포하고 있다.

내가 젊고 자유로워 상상력에 한계가 없을 때 나는 세상을 변화시키겠다는 꿈을 가졌었다.

좀 더 나이가 들고 지혜를 가졌을 때 나는 세상이 변하지 않으리라는 것을 알았다.

그래서 내가 살고 있는 나라를 변화시키겠다고 결심했다.

그러나 그것 역시 불가능한 일이었다,

황혼의 나이가 되었을 때 나는 마지막 시도로 나와 가까운 내 가족을 변화시키겠다고 마음을 정했다.

그러나 아아, 아무도 달라지지 않았다.

이제 죽음을 맞이하기 위해 누운 나는 문득 깨닫는다.

만약 내가 내 자신을 먼저 변화시켰다면, 그것을 보고 내 가족이 먼저 변화되었을 것을, 또한 그것에 용기를 얻어 내 나라를 더 좋은 곳으로 바꿀 수 있었을 것을.

그리고 누가 아는가. 세상까지도 변화되었을지를…….

나만의 브랜드, 그리고 경쟁력

앞으로의 경쟁력은 자신만의 브랜드를 갖는 것이다. 'One of them'이 아니라 'Only one'이 되어야 한다. 할 줄 아는 것이 많은 사람들은 항상 2등, 3등에 머물고 만다. 하지만 어떤 것이든 그 분야에서 독보적인 1위가 되면 엄청난 파워를 갖게 된다. 기업을 대표하는 제품이 그렇다. 동아제약의 박카스, 동화약품의 까스활명수, 보령제약의 겔포스, 광동제약의 비타 500 등 하나의 효자 상품이 그 기업을 대표하는 브랜드이며 오랫동안 소비자의 기억에 남아 있다. 마찬가지로 사람도 그만의 독보적인 경쟁력을 갖춘 존재가 되어야 한다.

약방의 감초처럼 재미있는 조연은 임현식, 강한 카리스마와 엄격한 아버지를 대표하는 인물은 이순재, 성공한 50~60대 CEO 이미지는 노주현인 것처럼 배우들도 자신만의 명확한 캐릭터를 가져야 오랫동안 그 자리에 있을 수 있다. 조직 내 위치도 프레젠테이션 하면 김 아무개, 소비재 마케팅 하면 이 아무개, 이벤트 하면 박 아무개라고 떠오르듯 자기만의 강점을 명확히 해야 한다. 이런 자신을 발견하게 도와주는 방법으로 SWOT 분석이 있으며, 그 강점과 기회 요인을 구체화하기 위해 ERCR법을 사용할 수 있다.

나의 브랜드 디자인하기

SWOT 분석

SWOT 분석은 현재 자신의 상태를 체크할 수 있게 해준다. SWOT란 각각 강점(Strength), 약점(Weakness), 기회 요인(Opportunity), 위협 요인(Threat)의 약자이다. 내부적으로 자신의 강점, 약점을 적고 외부적으로 기회 요인과 위협 요인을 찾아보는 것이다.

표와 같이 강점과 약점, 그리고 기회 요인과 위협 요인을 뽑아냈다

강점	약점
•프리젠테이션을 잘한다. •협상 능력이 뛰어나다. •마케팅분야 석사 학위가 있다. •창의력이 뛰어나다.	•문서 작성 능력이 약하다. •급한 성격이다. •기계에 약하다. •마음이 약하다.
기회 요인	위협 요인
•기업은 창의적 인재를 선호한다. •보안 전문가 육성이 시급하다. •협상 능력을 매우 중요시한다.	•지방 대학 출신이다. •구조조정을 하고 있는 중이다. •인맥이 별로 없다.

면 강점과 기회 요인을 합쳐 나를 강화할 수 있는 방안을 만들면 된다. 전에는 자신의 강점을 더 강하게 하기보다는 약점을 보완하는 쪽으로 만들었지만, 요즘은 강점을 강화하여 약점의 문제를 덮어 버리는 전략을 사용하는 것이 일반적이다.

강점에 집중하기

위와 같은 결과가 나왔다면, 이제 협상 능력이 뛰어나고 창의적인 자신으로 만들어 가야 한다. 특히 창의성은 문제 해결과 직접적인 관련이 있으며 문제 해결의 궁극적 도착점은 협상력과 일맥상통한다. 협상력을 키워, 회사에서 협상력하면 첫 번째로 언급될 수 있도록 자신을 키우고 만들어 가면 된다.

ERCR법

SWOT 분석이 마무리되었다면 다음으로 해야 할 일이 ERCR법으로 자신을 다지는 일이다. ERCR은 제거하기(Eliminate), 줄이기(Reduce), 창조하기(Create), 늘리기(Raise)의 약자이다. 즉, 강점을 살려 나만의 브랜드를 만들어 가기 위해 필요한 자원을 구체화시켜 나가는 방법이다. 다음 표는 ERCR법으로 나 자신을 만들어 가는 과정의 일부 사례이다.

어떤 것이든 스스로를 관리하겠다는 목표를 세웠으면, 자신도 대가를 지불해야 한다. 그 대가는 살아 온 삶의 우선순위를 바꾸는 일이다. 자신은 전혀 바뀌지 않고 목표를 이루려는 것은 그물이나 낚싯대

제거하기	줄이기
•흡연 •게으름 •비전과 관계없는 시샵 모임(1개)	•음주량 •많은 사이버 동호회(3개 이내로 활동)
창조하기	늘리기
•운동하는 습관(매월 2일 등산) •경영학 박사 학위 •나의 비전 Flow •신문 스크랩 활동(협상 및 M&A)	•독서량(협상 관련 서적) •인간관계(상사 및 타 부서 사람) •협상 동호회 활동 •변호사들과의 관계

도 없이 고기를 잡으려는 심보와 같다. 나부터 먼저 변화를 시도하고 내가 원하는 것을 얻어야 한다.

위의 표와 같이 협상에 관한 분야로 자신을 바꾸기로 마음먹었다면 그 다음에는 철저하게 실행해야 한다. 먼저 협상과 관련이 먼 커뮤니티는 우선순위에서 빼거나 한참 뒤로 밀어 놓고, 독서나 만나는 사람도 협상과 관련 있는 쪽으로 선택하려고 노력해야 한다. 동호회 활동에서도 가급적 임원급으로 움직이는 것이 좋으며 고급 정보를 주고받는 습관을 들여야 한다.

가끔 자신은 절대 변하려 하지 않으면서 원하는 것을 얻으려는 사람들을 만난다. 그런 부류의 사람들은 얼마를 가든 자신의 목표를 다루는 데 곤란함을 겪을 것이다. 미끼도 없이 낚싯대를 드리우는 우둔한 행동과 같기 때문이다.

나의 브랜드 홍보하기

브랜드 컨셉을 명확하게 잡았다면 이제는 꾸준히 홍보를 해야 한다. 홍보에서 가장 중요한 것은 지속성이다. 일시적으로 홍보를 해서 소비자에게 기억된다면 어느 기업이 막대한 자금을 들여 CF를 만들까? 다음과 같은 방법을 활용하여 꾸준히 나를 알려야 한다.

사내에 홍보하기

나에 대해 가장 많이 아는 사람은 당연히 나와 가장 많은 시간을 보내는 사람일 것이다. 그 때문에 같은 회사의 직장 동료는 제일 중요한 홍보 수단이다. 더구나 한국인에게는 입소문이 아주 중요하므로 가까운 동료에게 얻는 긍정적 평가는 가장 중요한 마케팅 방법이다. 이를 위해서는 내가 하는 일을 정확하게 알리고 열심히 일함으로써 가장 좋은 성과를 내도록 노력해야 한다. 또한 좋은 관계를 통하여 동료들에게 먼저 인정받아야 한다. 멀리 있는 사람으로부터 칭찬을 듣고 인정을 받는 것은 쉬운 일이지만 가까이 있는 사람에게 인정을 받는 것은 정말 힘든 일이다. 하지만 인정받았을 때의 그 영향력은 정말 대단하다. 아무리 훌륭한 리더라고 칭찬을 받아도 자신의 직원들이 존경하면서 멘토로 삼는 사람은 극히 일부분이다.

블로그 활용하기

취직이 안 되던 한 백수가 항상 끼니를 걱정하면서 어떻게 하면 가장 저렴하게 밥을 먹을 수 있을까 고민하며 만들었던 레시피는 인터

넷상에서 가장 유명한 식단 꾸미기 대명사가 되었다. 뿐만 아니라 그런 요리를 만드는 비법을 정리한 책이 엄청나게 팔리면서 베스트셀러가 되었다. 요즘은 자기 PR 시대이다. 전에는 자신을 홍보하고 싶어도 어떻게 해야 하는지 몰라서 못했다면, 요즘은 몰라서 못했다는 변명이 무색할 정도로 개인 홍보 도구가 많이 발달되어 있다.

그중 하나가 블로그다. 과거 블로그는 금전적인 부담 없이 자신이 좋아하는 것이나 개인사를 기록하는 하나의 수단이었다. 그런데 오늘날은 개인을 홍보하는 수단으로 많이 활용되고 있다. 자신이 쓴 책을 홍보하기도 하고 다른 책을 홍보하며 방송 활동을 하는 사람도 있다.

동호회 활동하기

최근의 사이버 동호회는 자기 계발도 하고 자신의 브랜드도 알릴 수 있는 아주 좋은 공간이다. 한 사람이 만든 자료에 열 명이 모이면 열 개의 자료가 되고 백 명이 모이면 백 개의 자료가 된다. 관심 분야에 맞는 동호회를 만들고 활동을 하면 자신을 알리는 데 아주 유용하다. 3~5가지 정도의 활동을 하는 것이 좋으며 그중 1~2가지를 집중적으로 하여 자신의 이름을 알리고 가치를 높여 가도록 해야 한다. 사이버 공간은 공간의 제약을 받지 않으면서 학습과 함께 자신의 브랜드를 만들 수 있는 최적의 장소가 되었다.

인맥 활용하기

이 세상은 다섯 명만 거치면 모든 사람과 연결될 수 있다고 한다.

정말로 그런 것 같다. 아무리 만나기 힘든 사람이라도 연결에 연결을 거듭하면 닿을 수 있다는 뜻이다. 그 연결 고리는 바로 좋은 인맥이다. 좋은 인맥은 동서고금을 막론하고 그 중요성이 이미 증명되었다. 미국 하버드 대학의 조사에 의하면, 성공한 사람들의 80% 이상의 성공 비결은 좋은 인간관계와 인맥이라고 하였다. 자신의 인맥 지도를 한번 그려 보면서 현재 자신의 인맥 구성과 활용도를 체크해 볼 필요가 있다. 최근 인맥을 만들고 활용하기 위해 가장 많이 사용하는 수단은 페이스북이나 트위터이다. SNS는 자신의 생각을 정리할 수 있고 타인들과 소통할 수도 있어 많은 사람의 인기를 얻고 있다.

책 쓰기

책을 쓴다는 것은 지식의 깊이를 확인하는 일이다. 정보의 홍수 속에서 하루에도 엄청난 양의 책들이 쏟아지고 있다. 이런 상황 속에서 자신이 일을 하며 경험하고 느낀 점은 어쩌면 가장 소중한 지식이 될 수 있다. 그 좋은 정보를 사장시키지 말고 하나의 글로 표현해 보는 것이다. 처음에는 단순히 기록의 결과물이 될 수 있지만 그 양이 점점 많아지면 체계를 갖춘 훌륭한 자료가 되어 자신의 브랜드를 알리는 좋은 방법으로 작용할 수 있다.

자신의 업무가 진부하다고 느끼는 사람이 있는가? 비슷한 일을 하는 사람이 많다고 해도 당신과 같은 경험을 하면서 똑같이 느끼는 일은 없다. 자신감을 가지고 그 결과물을 자신의 책으로 만들어 보자.

1. 누구에게나 신입 사원 시절이 있었고 그 때는 많은 꿈을 꾸었다. 하지만 시간이 지날수록 현실에 파묻혀 초기의 마음은 어디론가 사라지고 없다.

2. 아마추어와 프로의 차이

아마추어	프로
• 일 중심이다.	• 삶 중심이다.
• 표준화된 일을 한다.	• 창의적인 일을 한다.
• Generalist	• Specialist
• 성과 공유	• 능력별로 배분된다.
• 애사심을 필요로 한다.	• 업에 대한 애착이 강하다.
• 관광객	• 여행가
• 한때 공부한다.	• 평생 공부한다.
• 돈과 일이 우선이다.	• 돈과 일보다 사람이 우선이다.
• 과거 중심적	• 미래 중심적
• 실패를 한다.	• 실수를 한다.

3. 현실에 안주하려는 마음을 가지는 이유는 다음과 같다.
　① 형식주의적 근무 태도
　② 권위주의적 조직문화
　③ 직업으로서의 불안감

4. 나의 꿈과 열정이 잊혀진 이유는 등대라는 목적지를 잃어버렸기 때문이다. 등대라는 목적지의 상실은 어느 방향으로 가야 하는지, 언제까지 저어야 하는지 알 수 없게 된다.

5. 열정을 구체화하는 방법은 다음과 같다.

   ① 지나간 과거 돌이켜 보기

   ② 삶에 대한 원칙 정의해 보기

   ③ 시야 확장하기

6. 나만의 브랜드를 조직 내에 심는 방법으로는 SWOT 방법, 강점에 집중하는 방법, ERCR방법 등이 있다.

7. SWOT 방법은 강점(Strength), 약점(Weakness), 기회 요인(Opportunity), 위협 요인(Threat)의 약자이다. 자신의 내부적 강점과 약점을 미리 파악하고 최신 흐름에 따라 기회 요인과 자신의 재능을 엮어 나아가는 방식이다. 위협 요인은 미리 알고 처치해야 한다.

8. ERCR 법은 제거하기(Eliminate), 줄이기(Reduce), 창조하기(Create), 늘리기(Raise)의 약자이다. 나의 강점을 살려 앞으로 나란 브랜드를 만들어 가기 위해서 필요한 자원을 구체화시켜 나가는 방법이다.

9. 나의 브랜드를 홍보하는 방법은 다음과 같다.

   ① 사내에 홍보하기

   ② 블로그 활용하기

   ③ 사내 또는 사외 동호회(학습 조직) 만들고 활동하기

   ④ SNS를 활용하여 인맥 넓히기

   ⑤ 책 쓰기

5 장

몸 관리도 중요한 자기 관리다

가장 중요한 밸런스

세상을 살아가면서 인생에서 가장 소중한 것은 무엇일까? 어떤 사람은 자신의 직장에서 성공하는 것이며 또 어떤 사람은 행복한 가정을 꾸리고 건강하게 잘 먹고 잘 살아가는 것일 것이다. 어떤 사람은 자신이 가진 종교의 말씀대로 살아가는 것을 꼽을 것이며 또 어떤 이는 이웃에게 봉사하면서 사는 것이라고 말한다. 사람마다 추구하는 가치가 다르므로 소중하게 느끼는 것도 다르다고 할 수 있다.

이처럼 사람들은 자신만의 소중한 무언가를 가지고 살아간다. 그런 가치를 실현하기 위해 가장 중요한 것이 일과 삶의 균형이다. 《성공하는 사람들의 7가지 습관》을 쓴 저자 스티븐 코비는 성공을 위하여 다음과 같은 습관을 가져야 한다고 말했다.

첫째, 자기 주도적으로 살아라.

둘째, 비전을 가지고 시작하라.

셋째, 소중한 것을 먼저 하라.

넷째, 승승을 생각하라.

다섯째, 경청한 다음에 이해시켜라.

여섯째, 시너지를 내라.

일곱째, 심신을 단련하라.

이 중 첫 번째부터 세 번째 습관은 자신을 관리하는 기술이다. 먼저 자신의 내면을 잘 관리하고 난 다음에 자기 주변을 보라는 것이다. 네 번째 습관부터 여섯 번째 습관까지는 다른 사람과의 관계, 즉 대인 관계와 관련한 습관을 말하고 있다.

마지막 일곱 번째 습관은, 이 모든 습관들을 제대로 관리하기 위해서는 자신의 심신을 단련해야 한다고 말하고 있다. 아무리 좋은 능력을 가지고 있다 하더라도 신체가 건강하지 못하면 능력 발휘에 한계가 있다. 우리가 인생을 살아가면서 유지해야 할 가장 중요한 밸런스가 정신적인 면과 신체적인 면의 조화이다. 하지만 지식근로자로 살아가는 현대인은 정신적인 면에만 치중하며 살아갈 뿐 신체적인 면은 소홀히 하며 살아간다.

신체 관리가 중요한 이유는 크게 두 가지로 말할 수 있다.

첫째, 신체가 정신을 지배하기 때문이다. 앞서 이야기한, 팀장에게 필요한 요소들을 모두 지키는 일은 무척 힘든 일이다. 자기 업무를 보는 것만으로도 바쁜 시대에 업무 이외의 리더십까지 길러가며 성과를 만들어 내는 것은 고되고 힘들다는 표현만으로는 부족하다.

보통 몸이 쉬면 충전이 된다고 생각하기 쉽다. 하지만 하루 종일 아무것도 하지 않고 쉰 다음날 출근할 때의 기분이 어떤지 떠올려 보자. 에너지가 100% 충전되어 열심히 일할 수 있을 것 같다면 제대로 휴식을 취한 것이겠지만, 또 일을 하러 나가야 한다는 생각에 지겨운 마음이 들고 월요병이 느껴진다면 몸을 제대로 관리하지 못하고 있다고 봐도 좋다. 육체적 피로는 신경을 날카롭게 만들고 쉽게 부정적인 생각에 빠져들게 한다. 이는 곧 일에 영향을 미친다.

우리 몸은 신체와 정신을 제대로 관리함으로써 피로를 버티고 이겨낼 수 있는 몸으로 만드는 것이 중요하다. "건강한 신체에 건강한 정신이 깃든다."는 말은 아무리 강조해도 지나침이 없다.

둘째, 자기 관리가 모든 관리 능력의 기본이다.

시간 관리를 예로 들어 보자. 한 달이 걸리는 프로젝트가 있다. 이 프로젝트에 성공하려면 30개의 하루가 모여야 한다. 그 30개의 하루마다 정해진 업무량을 해내지 못하면 프로젝트는 실패하고 만다. 하루 이틀 정도라면 어느 정도 수습할 수 있겠지만, 업무량이 눈덩이처럼 불어났을 때는 이미 늦어버렸다. 하루하루를 관리하는 습관이 모여 한 달을 관리하는 능력이 된다.

팀장은 자기 관리에 익숙한 사람이어야 한다. 자기 관리도 힘들어

하는 사람이 과연 조직 관리를 해낼 수 있을까? "자리가 사람을 만든
다."는 말이 있다. 하지만 그것은 자리로 인해 자기 관리의 필요성을
깨달은 사람에게만 적용되는 말이다.

이런 관점에서 볼 때, 신체 관리는 자기 관리의 시작이자 기본이다.
업무 능력만이 전부는 아니다. 업무는 성과로 측정이 되지만, 몸은 자
기 자신이 가장 잘 아는 것이기 때문이다. 이렇게 자기 관리에 충실한
사람만이 팀의 성과 관리가 가능해진다.

몸 투자의 중요성

우리 인생에서 삶이 소중하다고 느껴지는 순간은 언제일까?

평소 소중함을 모르고 살다가 갑자기 그 존재가 사라졌을 때 가장
크게 느끼게 된다. 아픈 곳이 없기 때문에 건강의 소중함을 모르다가
갑자기 찾아온 질병으로 인해 그동안 건강하게 살아 온 것에 대한 감
사함을 깨닫는다. 작은 평수라 할지라도 자기 집이 있다는 것에 대해
소중함을 느끼지 못하다가, 집을 잃은 서러움을 당해 보았을 때 그동
안 행복했었다는 것을 깨닫는 것과 같은 이치이다.

아침에 빨리 일어나라며 잔소리를 하는 엄마의 모습, 학교에 지각
했다고 선생님께 야단을 맞던 모습, 자신이 좋아하는 프로그램을 보
겠다고 아웅다웅하던 작은 일상들이 행복의 조각들이었음을 깨닫게
된다.

일상을 살면서 사람들은 존재한다는 것 자체의 감사함을 잘 모르고 산다. 하지만 존재함을 깨닫는 순간 현재에 감사하게 되고 그것을 계기로 또 다른 변화를 시도할 수 있게 된다. 인간은 절박함이 없으면 절대 변화하려 하지 않는다. 10대, 20대의 젊음과 강건함을 과시하던 대부분의 사람들이 30대를 거쳐 40대가 되어야만 자신이 그동안 건강하게 살았다는 것을 느끼곤 한다. 그래도 아직은 별 문제없다고 과신하다가 차후 급격한 체력 저하를 겪게 된다.

대체로 직장에서 팀장의 위치에 있는 사람들은 30대와 40대이다. 과거 20년 전만 해도 30대와 40대는 건강 문제가 크게 발생하지 않았었다. 하지만 최근에는 환경과 음식 문화의 변화 때문인지 30대 때부터 성인병의 문제가 대두되고 있다. 비만과 음식의 과용으로 인한 영양 과다가 성인병의 주범이 되고 있다. 충분히 섭취하는 것도 중요하지만 먹은 양 중에서 필요한 만큼을 제외하고 배출시키는 것도 무척 중요하다. 이 또한 균형의 문제이다.

최 팀장은 슬하에 두 자녀를 두고 열심히 살아가고 있는 일반적인 집안의 가장이다. 큰 문제없이 자녀들이 잘 자라주고 있었으며 맞벌이를 통해 장래를 위한 저축과 재테크도 게을리 하지 않았고 노후를 위한 아파트도 준비하였다. 정년 이후에도 무리 없이 잘 살 수 있겠다는 믿음으로 행복한 삶을 살아가고 있었다.

그러던 어느 날 최 팀장이 건강 검진을 마치고 온 후 병원에서 연락이 왔다. 작은 종양 같은 것이 의심되므로 재검을 해봐야 한다는 것이었다. 급히 병원에 들러 재검을 한 결과, 청천벽력 같은 소식을 접하게 되었다. 폐암으로 판정난 것이었다. 폐암은 다른 암과 다르게 생존율이 극히 희박한 암으로 알려져 있으며 대부분 중기나 말기에 발견되었다.

불행 중 다행으로 최 팀장은 초기에 발견되어 완치가 가능하다는 의사 소견을 들었다. 수술 후 한동안 입원 및 통원 치료를 받던 최 팀장은 몇 년 후 폐암 완치 판정을 받았다.

수술과 입원을 하며 보낸 세월은 그리 길지 않았지만, 이후 최 팀장의 생활 패턴은 완전히 바뀌었다. 노후와 재테크를 위해 가지고 있던 별장과 아파트를 모두 팔고 인적 드문 시골에 예쁜 전원주택을 지었다. 집 주변 산에는 500여 종의 각종 풀과 약초들로 가득 채웠고, 가축우리에는 강아지, 토끼, 오리, 닭을 키웠다. 특히 청리닭, 고려닭이라는 명품 토종닭들을 키웠다. 주말에는 성당을 다니며 근처 외가에 가서 식사도 했다. 집안의 모든 기준과 원칙이 가족의 건강과 행복이 된 것이다.

몇 년 전 최 팀장의 모습은 노후 준비를 위해 재테크에 전념하며 열심히 돈을 모으는 것에만 신경을 썼었다. 자녀에게도 미래를 위해 열심히 공부에 전념해야 한다며 동기부여를 게을리하지 않았다. 하지만 지금은 자녀에게 공부에 대한 스트레스를 주지 않는다. 건강하고 행복한 마음을 가지고 살아가는 것이 얼마나 중요한지에 대해 설명하고, 화목함 자체에 소중함을 느끼면서 살아가게 하고 있다. 그리고 자기 관리의 가장 중요한 부분이 건강을 유지하는 것이라고 생각하면서 매일매일 신체적 운동뿐만 아니라 스트레스를 받지 않기 위해서도 신경을 쓴다.

이 이야기를 통해 무엇을 느꼈는가? 은퇴 후 생활을 위한 재테크에만 신경을 쓴 나머지 자기 관리를 하지 않고 일에만 전념한다면 최 팀장처럼 건강을 잃을 확률도 높아진다. 건강을 잃으면 이후 인생을 송두리째 바꿔야 할 정도의 위기가 찾아오게 된다. 위기를 미연에 방지하기 위한 자기 관리, 자기 몸에 대한 투자를 소홀하면 안 된다. 일을 하면서 더욱 건강하고 의욕 있게 살아가기 위한 자기 투자라고 보면 간단할 것이다.

평소 신체의 건강에 투자를 하지 않는 사람도 건강에 대한 소중함은 알고 있다. 하지만 그토록 소중한 건강을 유지하기 위해 얼마나 투자를 하는지 물으면 대부분 고개를 젓는다. 때문에 20대에 취직하여 30대를 거쳐 40대 때까지 열심히 벌어 놓은 돈으로 50대부터는 찾아오는 온갖 병들을 고치는 데 사용하며 살아간다는 말이 그냥 나온 우스갯소리가 아니다.

자기 관리의 기초, 건강을 유지하는 법

먹는 것에 신경을 쓰자

인스턴트식품과 화학조미료, 식품 첨가물의 위험성이 대두되고 있다. 기본적으로 건강에 좋지 않을 가능성이 있는 음식은 피하는 것이 좋다. "그럼 도대체 뭘 먹고 살라는 말인가?"라며 되물을 사람들도 많을 것이다. 하지만 섭생은 신체 관리와 관련하여 절대 빼놓을 수 없는 중요한 문제이다. '아무거나 잘 먹고 적당히 운동만 하면 건강하겠지.'라는 생각은 막연한 기대에 불과하다.

일단은 인스턴트식품과 식품첨가물이 많은 음식을 피하는 것만으로도 현대인이 지닌 건강 문제의 상당수를 해결할 수 있다. 거기서 한 걸음 더 나아가, 자신을 건강하게 만들어 줄 음식들을 찾고 몸을 망치는 음식은 피할 수 있다.

먹기만 하면 살이 찐다고 말하는 사람이 있다. 결론부터 말하면 틀린 말은 아니다. 필자는 사상 체질과 관련하여 오랫동안 공부를 하였는데, 이런 사람은 음식을 먹으면 대부분 배부터 나오는 태음인일 확률이 높다. 그렇다고 태음인이 모두 배가 나오고 뚱뚱한 체질인 것은 아니다. 체질에 맞는 운동을 해주면 맵시 있는 몸매를 만드는 것이 가능하다.

사상 체질로 태음인에 속하며 8체질 중 목양인에 속하는 필자는 어릴 적 충남 바닷가에서 살았다. 그 때문에 바닷가 음식을 좋아하고 즐겨 먹었다. 하지만 목양인의 특징 중 하나가 해산물이 몸에 좋지 않다는 것이었다. 그것도 모른 채 필자는 아토피 비슷한 피부질환을 20년 넘게 가지고 살다가, 체질을 알고 난 후 가급적 해산물은 피하고 육식 위주로 식사를 하게 되었다. 채소는 적당량만을 섭취한다.

어릴 적 시골에서 소를 키우던 필자는 소가 들판에 있는 풀을 아무거나 먹지 않는다는 것을 알았다. 어떤 풀은 좋아하지만 어떤 풀은 절대로 먹지 않았으며, 또 어떤 풀은 근처에도 가지 않는다는 사실을 발견하였다. 특히 우리가 자주 먹는 들깨 잎은 기피한다는 것도 알았다. 소도 자신에게 맞는 음식과 그렇지 않은 음식을 구별해 먹는다. 혹시 소가 독초를 먹고 죽었다는 소리를 들은 사람이 있는가? 절대 그렇지 않다. 감각적으로 소는 자신에게 맞는 음식을 구별할 줄 안다.

편식을 하는 아이를 보면 아이의 영양불균형 때문에 부모가 고민을 하는 경우가 많다. 반찬이나 음식이 정말 소량이라면 문제가 있겠지만, 지금처럼 먹을거리와 간식이 풍부한 시대에서는 오히려 영양 과잉을 걱정하는 것이 타당하다.

일상생활에 쉽게 적용할 수 있는, 자신에게 맞는 음식과 그렇지 못한 음식을 고르는 방법을 소개한다. 음식을 많이 먹었는데도 배가 부르지 않고 편안한 느낌이 들 때가 있고, 적은 양만 먹었는데도 배가 더부룩하고 불편할 때가 있다. 이것이 음식과 자신과의 궁합이다. 나에게 편안한 음식은 약간 과식을 해도 속이 편안하고 더부룩한 기분이 들지 않으며 포만감으로 인해 의욕이 생기고 상쾌한 기분이 든다.

나에게 맞는 음식을 골라 먹는다면 건강에 관련한 많은 문제들을 피하고 더 건강해질 수 있다. 가까운 한의원이나 전문가를 만나 좀 더 자세하게 확인을 받고 자신에게 맞는 음식을 찾아 섭취하는 것이 좋다.

운동을 하자

운동은 몸을 관리하는 직접적인 방법이다. 투자한 시간을 계산할 수 있고, 몸무게나 체지방량, 근육량을 측정해 성과를 확인할 수 있다. 땀을 흘리며 스트레스를 해소할 수도 있다. 운동을 싫어하는 현대인들이 많다. 하지만 이것은 자기 관리를 싫어한다는 말과도 같다. 자기 성격과 안 맞는다거나 이것보다 더 중요한 일들이 훨씬 더 많다는 핑계로 운동을 피하고 싶은 건 아닌지 스스로 생각해 볼 필요가 있다. 신체 관리는 단순히 건강을 지키자는 시간적 호사가 아니라 자기 자신을 위한 확실한 투자라고 생각해야 한다.

운동도 위의 섭생과 마찬가지로 체질 등의 개인차가 있으므로 자신에게 어떤 운동이 맞는지를 파악해야 한다. 땀이 많으면 몸이 허해서 그런 것이라는 옛 어른들의 말씀과는 다르게, 필자는 땀이 많이 나면 건강하다는 신호이다. 운동도 유산소 운동 위주로 하는 것이 좋으며 땀이 흥건하게 나오면 몸이 개운하고 가벼운 느낌이 든다.

한국인의 체질은 대략 태음인이 50%, 소음인이 20%, 소양인이 30%이다. 태양인은 그다지 흔한 체질이 아니다. 소양인은 태음인과 마찬가지로 약간의 땀이 흐르도록 운동하는 것이 좋고 하체가 약한 소양인은 하체 위주의 운동이 필요하다. 소음인은 땀을 흘리면 몸에 문제가 발생할 여지가 있으므로 가벼운 운동이나 산책이 잘 맞는다.

자기 관리 차원에서 운동을 어려워하고 있다면, 생활 속의 작은 운동법부터 실천해 보기를 권한다.

가정 내 손쉬운 운동법

① 아침 국민체조

피트니스 센터가 가까이 있으면 아침에 일어나서 편하게 운동을 할 수 있다. 하지만 아침의 1시간은 오후의 몇 시간에 해당할 정도로 중요한 시간이기 때문에 피트니스 센터까지 가서 운동을 하기란 쉽지 않다. 자기 관리는 습관에서 시작한다. 바쁜 현대인에게 아침에 일어나 습관처럼 국민 체조를 해보길 권한다. 국민 체조는 누구나 알고 있는 체조지만 실생활 활용 면에서 '국민'타이틀이 무색할 지경이다. 하지만 꾸준히 실천할 경우 그 효과는 정말 최고다.

국민 체조는 의학 및 체육 전문가들이 모여 오랜 연구 끝에 인간의 모든 근육과 관절을 움직이게끔 조합한 가장 효과적인 맨손 운동이다. 체조를 한 번 하는 데 드는 시간은 되풀이 없이 3분, 되풀이까지 해도 5분이다. 아침에 5분 정도 맨손 운동을 하면 몸이 약간 더워지면서 호흡기에도 도움이 되고 전신 스트레칭이 된다.

② 양치를 하며 앉았다 일어서기

아침에 일어나 양치를 하면서 앉았다 일어나는 것을 반복하면 허리, 무릎 그리고 하체가 단련된다. 만약 칫솔질과 함께하기가 부담이 된다면 수건을 앞으로 들고 앉았다 일어나는 것도 효과적이다.

처음 시작할 때는 습관을 들이기 위해 정해진 횟수를 채우겠다는 목표를 세우는 것도 좋다. 횟수는 대략 자신의 나이만큼을 추천한다. 처음에는 무척 힘들겠지만, 꾸준히 하다 보면 자기 스스로 횟수를 늘려가게 될 것이다.

이 운동을 자주 하면 하체가 튼튼해지면서 뱃살도 들어간다. 허리가 강해지므로 골프를 하는 사람은 비거리가 갑자기 늘어나는 것을 체험할 것이다. 직장 생활 중 대부분의 시간을 앉아서 생활하다 보면 허리와 하체가 약해지기 마련이고, 지위가 올라갈수록 더욱 그러하다. 30대를 넘겨 40대를 달리고 있는 팀장들에게 가장 필요한 운동으로 추천한다.

③ 세수하며 허벅지 스트레칭하기

필자는 세수를 할 때 세면대 앞에서 하지 않고 대야에 물을 담아서 한다. 대야를 사용하면 자연히 몸을 숙이게 되고 앉은 자세를 유지하게 한다. 자연스럽게 자세를 유지하려다 보니 다리에 힘이 들어가게 된다. 몸을 움직이는 운동이라고 할 수는 없겠지만, 매일 꾸준히 반복하면 허벅지 근육이 발달돼 탄탄한 허벅지가 만들어 질 것이다.

④ TV 시청하며 허리 스트레칭하기

현대인이 아픔을 가장 많이 호소하는 부위 중의 하나가 허리다. 대부분 잘못된 자세 습관과 관계가 깊다. 전문가들은 제대로 앉기만 해도 허리 통증을 많이 줄일 수 있다고 말한다. TV를 볼 때는 무릎을 꿇고 앉아서 보다가 30분 정도 지나면 양반 다리로 바꿔 보자. 익숙하지 않아서 처음에는 불편할 것이다. 아마 5분을 채 넘기지 못하고 자세를 바꿔야 할지도 모른다. 하지만 오랫동안 앉아서 생활하는 현대인들의 하체 혈액 순환과 허리 건강에 많은 도움이 될 것이다.

⑤ 하루를 마치며 반신욕하기

반신욕의 효과는 많은 미디어를 통해 증명이 된 바 있다. 책을 보거나 간단한 영화, SNS를 즐기면서 반신욕하는 것을 권한다. 특히 땀을 내야 하는 체질이라면 무척 도움이 될 것이다. 정적인 반신욕을 하고 나서, 동적으로 목욕탕 청소까지 한다면 제대로 땀을 흘릴 수 있고 청결한 가정 분위기도 지킬 수 있다.

회사에서 할 수 있는 손쉬운 운동법

가정 내에서 하는 손쉬운 운동법도 있지만 직장 내에서 가볍게 할 수 있는 운동도 있다. 그 방법은 다음과 같다.

① 출퇴근 전·후 정리 정돈하기

출근할 때나 퇴근을 할 때 정리를 하고 가는 사람이 있는 반면, 그대로 두고 가는 사람이 있다. 시달린 업무로 머리가 복잡할 때는 책상의 위치를 바꾸거나 서랍 또는 책꽂이를 정리하면 머리가 한결 시원해지는 것을 느낄 수 있다. 출, 퇴근 시 정리 정돈은 다른 사람에게 깔끔한 이미지를 주면서 정신 건강에도 도움을 준다.

② 점심 식사 후 몸통 운동하기

점심 식사 후, 아침에 한 국민 체조를 하면 참 좋다. 하지만 회사에서 혼자 국민 체조를 하고 있으면 웃음거리가 될 수도 있다. 가볍게 몸통 운동을 하면 소화도 잘되고 허리가 강화돼 긴장을 풀어주는 효과가 있다.

③ 화장실에서 복부 운동

화장실에 앉아 심호흡을 하면서 배를 넣었다 부르게 했다를 반복하는 운동이다. 호흡을 들여 마시는 데 10초 정도를 유지하다가 7~8초 정도 사이에 내뱉으면 된다. 아주 간단해 보여도 효과는 최고다. 내장 지방이 있는 사람은 이 운동을 1일 3회만 해도 호흡이 가빠질 것이다. 하지만 꾸준히 하다 보면 허리가 가늘어지고 내장지방은 사라지며 폐활량도 늘어나 전체적인 호흡기 질환도 예방될 것이다.

④ 음주 후에는 홍초나 연한 식초 마시기

직장 생활을 하다 보면 같이 모여서 음식을 먹고 음주를 하는 일도 일과 중 하나이다. 팀장은 후배들의 걱정거리나 고민을 들어주는 일이 많다. 음주를 무작정 피하는 것도 어느 정도 한계가 있다. 그렇기 때문에 음주 후에 어떻게 처리하는가가 건강을 유지하는 데 중요하다. 음주 후에는 연한 식초나 홍초를 마시면 PH농도가 중화되어 건강유지에 도움이 된다.

⑤ 전철을 타거나 운전 중일 때는 케겔 운동하기

한때 가수 김도향 씨가 자신의 건강 비법으로 밝힌 케겔 운동이 무척 효과가 좋은 운동으로 알려져 있다. 이 운동은 출퇴근 시 전철이나 버스를 타고 가면서도 할 수 있다. 방법은 편안하게 앉은 자세로 항문을 조이면 된다. 자가 운전을 하는 사람도 할 수 있으며, 남녀 모두에게 건강과 활력을 유지해 주는 비법으로 통하고 있다.

취미로서의 운동

운동이 몸에 좋고 필요하다는 것은 누구나 알고 있다. 하지만 실제로 해본 사람은 운동도 자신과의 힘겨운 싸움이라는 것을 알 것이다. 따라서 운동을 취미로 가진 사람은 행운아다. 사람마다 취미는 다르다. 등산이나 하이킹하는 것을 취미로 가지고 있는 사람은 언제나 활력이 넘치고 자신감이 있다는 것을 느낄 수 있다. 그럼에도 불구하고 운동은 혼자하기 정말 힘든 일이다. 따라서 운동은 동료와 함께하는 것을 권한다. 자신과 마음이 맞는 사람 두 사람 정도만 같이 운동하더라도, 서로에게 위로가 되고 동기부여 역할도 해주며 나오지 않는 날에는 건전한 핀잔도 준다. 동료와 함께 운동하지 못하는 사람은 자신에게 맞는 운동을 취미로 삼아 보자.

1. 체력관리는 가장 중요한 자기 관리이다. 아무리 능력이 좋아도 신체가 건강하지 못하면 한계가 드러난다. 우리가 인생을 살아가면서 지켜야 할 가장 중요한 밸런스가 정신과 신체의 조화이다.

2. 자기 관리를 위한 건강 유지법으로 음식을 조절하는 법, 신체적 운동, 정신적 운동이 있다.

3. 음식 조절은 자신에게 맞는 음식을 찾아 체질에 맞게 섭취하는 것이다. 혈압이나 당뇨 등 자신의 건강 상태뿐 아니라 체질을 알면 손쉽게 건강을 유지할 수 있다.

4. 가정 내 손쉬운 운동법
   ① 아침에 맨손 체조
   ② 이 닦으면서 앉았다 일어서기 반복하기
   ③ 세수할 때 쭈그리고 앉아서 하기
   ④ 반신욕하기
   ⑤ TV 시청할 때 무릎을 꿇고 시청하기
   ⑥ 목욕할 때 욕실 청소하기

5. 회사 내 운동법
   ① 출퇴근 시 정리 정돈하기
   ② 식사 후에는 몸통 운동하기
   ③ 화장실에서는 복부 운동하기
   ④ 음주 후에는 연한 식초마시기
   ⑤ 전철이나 버스를 탈 때는 케겔 운동하기

참고문헌

노드하우스 지음, 김남현 옮김, 《리더십》경문사,(2009)

래리 보디시, 챔 차란 지음, 김광수 옮김, 《실행에 집중하라》21세기북스, (2004)

앨빈 토플러 지음, 원창엽 옮김, 《제3의 물결》홍신문화사, (2006)

이석재 지음, 《18가지 리더십 핵심역량을 개발하라》김앤김북스, (2006)

존 맥스웰 지음, 홍성화 옮김, 《리더십 21가지 법칙》청우, (2005)

존 맥스웰 지음, 강혜정 옮김, 《지금 바로 리드하라 360도 리더》넥서스Biz, (2007)

최은수 지음, 〈성인교육자 리더십과 리더십 개발연구를 위한 이유의 개념화와 이론적 틀〉 성인교육학회, (2008).

오런 해러리 지음, 한근태 옮김, 《콜린 파월 리더십》좋은책만들기, (2002)

피터 드러커 지음, 이재규 옮김, 《자기경영노트》한국경제신문, (2003)

박지원, 황인경 지음, 〈LG Business Insight, 조직 내 침묵 현상〉 LG경제연구원,(2008)

박지원 지음 〈LG Business Insight, 나보다 똑똑한 부하를 리드하는 방법〉 LG경제연구원, (2007)

Apps, J. W, 《Leadership for emerging age: Transforming practice in adult and continuing education》, SF: Jossey-Bass Publishers, 1994

Blake, R. R., & Mouton, J. S, 《The managerial grid. Houston》, TX: Gulf, 1991

Heifetz. R. A, 《Leadership without easy answer》, Cambridge, MA: Harvard University Press, 1994

Hersey, P, & Blanchard. K. H, 《Management of organizational behavior: Utilizing human resources(6th ed)》, Eaglewood Cliffs, NJ : Prentice Hal, 1993

Schein, E. H, 《Organizational culture and leadership; A dynamic view》, San Francisco: Jossey-Bass, 1991

Yukl, G, 《Leadership in Organizations(7th ed.)》, Upper Saddle River, NJ: Prentice-Hall, 2009

팀, 활성화 전략과 팀장 리더십

펴   냄 2014년 5월 25일 1판 1쇄 박음 | 2016년 4월 20일 1판 2쇄 펴냄
지 은 이 김진혁
펴 낸 이 김철종
펴 낸 곳 (주)한언
등록번호 제1-128호 / 등록일자 1983. 9. 30
주   소 서울시 종로구 삼일대로 453(경운동) KAFFE 빌딩 2층(우 110-310)
         TEL. 02-723-3114(대) / FAX. 02-701-4449
홈페이지 www.haneon.com
e-mail haneon@haneon.com

ISBN 978-89-5596-689-3   13320